职业教育财经类专业群
核心课程系列教材

财经素养

微课版

胡敏 程范涛 骆剑华 / 主编

人民邮电出版社

北京

图书在版编目（CIP）数据

财经素养：微课版 / 胡敏，程范涛，骆剑华主编
. -- 北京 ：人民邮电出版社，2024.8
职业教育财经类专业群核心课程系列教材
ISBN 978-7-115-64536-4

Ⅰ．①财… Ⅱ．①胡… ②程… ③骆… Ⅲ．①财政经
济－素质教育－职业教育－教材 Ⅳ．①G711

中国国家版本馆CIP数据核字(2024)第108069号

内 容 提 要

本书以资金在企业的流动顺序为主线，设计了筹钱、花钱、赚钱、分钱、管钱 5 个专题，内容涉及企业从创立到成长过程中的基本财务知识，以及个人理财等财务技能，具体包括企业设立、企业资金筹集、复利计算、企业购建固定资产、企业日常支出、企业业务合同审查、企业成本管理、个人所得税计算、企业竞争战略、企业风险管理、个人理财基础知识、个人投资理财、企业利润分配、资产负债表分析、利润表分析、现金流量表分析等 16 个模块。

本书既可作为职业本科和高职专科学生财经通识教育的教学用书，也可作为企业员工、个人投资者了解财务知识的培训用书，还可作为创业者、小微企业管理者了解企业运作的参考用书。

◆ 主　编　胡　敏　程范涛　骆剑华
　　责任编辑　崔　伟
　　责任印制　王　郁　彭志环
◆ 人民邮电出版社出版发行　　北京市丰台区成寿寺路 11 号
　　邮编　100164　电子邮件　315@ptpress.com.cn
　　网址　https://www.ptpress.com.cn
　　北京市艺辉印刷有限公司印刷
◆ 开本：787×1092　1/16
　　印张：14.25　　　　　　　　　2024 年 8 月第 1 版
　　字数：338 千字　　　　　　　　2024 年 8 月北京第 1 次印刷

定价：52.00 元

读者服务热线：(010)81055256　印装质量热线：(010)81055316
反盗版热线：(010)81055315
广告经营许可证：京东市监广登字 20170147 号

前 言
PREFACE

随着高等职业教育的高质量发展，培养发展型、创新型、复合型人才已成为其首要任务和目标，而财经素养作为职业院校学生应具备的基本素养越来越受到重视。针对职业本科和高职专科学生参加创业比赛、毕业后就业创业及毕业 3～5 年后岗位提升对财务知识的需求，编者将财经专业核心课程进行通识化改造，按照"必需够用"的原则，编写了本书。本书可以帮助学习者了解企业的资金流动状态，分析商业活动对企业及个人收支的影响，建立对商业基本运行规律的认知，掌握筹钱、花钱、赚钱、分钱、管钱等实用技能，了解个人所得税法、公司法、证券法等财经法规知识。

本书按资金在企业中的流动顺序分为筹钱、花钱、赚钱、分钱、管钱 5 个专题，共设置了 16 个内容模块。专题一"筹钱"，主要介绍企业设立和企业资金筹集的渠道、方式、特征等，包括企业设立、企业资金筹集两个模块。专题二"花钱"，主要介绍利息计算、资产购置、合同审查、成本管理、个人所得税方面的知识，包括复利计算、企业购建固定资产、企业日常支出、企业业务合同审查、企业成本管理、个人所得税计算 6 个模块。专题三"赚钱"，主要介绍企业经营和投资、企业风险管控、个人理财等方面的知识，包括企业竞争战略、企业风险管理、个人理财基础知识、个人投资理财 4 个模块。专题四"分钱"，主要介绍利润的分配及企业的社会责任，包括企业利润分配 1 个模块。专题五"管钱"，主要介绍如何通过财务报表分析企业经营成效及成长能力，包括资产负债表分析、利润表分析、现金流量表分析 3 个模块。

本书建议学时为 32 学时，学时分配如下。

专题	模块	建议学时
筹钱	模块 1　企业设立	2
	模块 2　企业资金筹集	2
花钱	模块 3　复利计算	2
	模块 4　企业购建固定资产	2
	模块 5　企业日常支出	2
	模块 6　企业业务合同审查	2
	模块 7　企业成本管理	2
	模块 8　个人所得税计算	2
赚钱	模块 9　企业竞争战略	2
	模块 10　企业风险管理	2
	模块 11　个人理财基础知识	2
	模块 12　个人投资理财	2
分钱	模块 13　企业利润分配	2

专题	模块	建议学时
管钱	模块 14　资产负债表分析	2
	模块 15　利润表分析	2
	模块 16　现金流量表分析	2
合　计		32

本书特色如下。

1. 模块化组织内容

本书各模块内容来源于生活、贴近生活，知识讲解深入浅出，兼具趣味性和操作性。不同模块的灵活组合，能够满足创业者、小微企业管理者、企业员工、个人投资者及学生的不同学习需求。

2. 案例丰富，强调应用

本书包含企业从设立到扩大再生产的完整经营循环周期，并采用大量实例讲解企业经营中筹资、成本及税费计算、竞争战略、风险管理及报表分析等方面的基本问题，同时介绍了个人理财技巧，便于学习者快速理解并应用。

3. 配套资源丰富

本书配有省级在线精品课程，包括微课视频、教学 PPT、测试卷、拓展学习等教学资源，其中 38 个微课视频的讲解通俗易懂、生动有趣，既相互联系又相对独立，有助于课堂翻转教学。学习者可以扫描封面上的二维码浏览微课视频，也可登录"重庆高等教育智慧平台"，搜索高职课程"财经素养"进行在线学习。

4. 满足个性化学习需求

本书既可作为职业本科和高职专科学生财经素养通识教育的教学用书，也可作为企业员工、个人投资者了解财务知识的培训用书，还可作为创业者、小微企业管理者了解企业运作的参考用书。

本书由重庆电子科技职业大学会计专业创新教学团队与中联企业管理集团有限公司联合开发完成。胡敏、程范涛、骆剑华担任主编，李谷音、解洁、贺霞、蒋华担任副主编。本书各模块编写人员分别为：模块 1、模块 5、模块 8 由骆剑华编写；模块 2、模块 3、模块 9 由李谷音编写；模块 4、模块 13、模块 16 由程范涛编写；模块 6 由解洁编写；模块 7 由贺霞编写；模块 10 由蒋华编写；模块 11、模块 12、模块 14、模块 15 由胡敏编写。中联企业管理集团有限公司贺育华在本书编写过程中做了大量前期调研工作，中联企业管理集团有限公司杨尚想为本书的编写提供了许多指导意见。

在编写本书的过程中，编者获得了大量文献支持，在此对被引用的文献作者表示深深的谢意。

由于编者水平有限，书中难免存在不足之处，恳请广大读者批评指正。

编　者
2024 年 5 月

目 录
CONTENTS

专题一　筹钱

模块 1　企业设立

学习目标

【知识目标】

1. 了解我国企业常见的组织形式、种类及其特点
2. 熟悉个体工商户、合伙企业相关的基础知识
3. 熟悉公司制企业相关的基础知识
4. 了解企业登记的相关流程

【能力目标】

1. 能准确判定组织形式的类型
2. 能对比各类组织形式的优势与劣势
3. 能正确梳理个体工商户、公司制企业的设立流程

【素质目标】

1. 树立依法办事、自觉遵守法律的意识
2. 培养主动思考、创新进取的精神
3. 养成团队协作、合作共赢的经营管理意识

引例

1995—1997 年，起步阶段。创始人甲登记注册为个体工商户，从事打印、复印等业务，由其独自经营管理，所有事务都由甲一人决策，当然，经营所得也全部归甲所有。

1998—2002 年，转型升级阶段。甲邀请乙、丙两人一起创业，将个体工商户变更为合伙企业，从事互联网开发等业务。根据合伙协议，三人各自负责相应业务的经营与管理。在此阶段，甲为企业合伙事务的决策者和实际执行人，甲、乙、丙三人均为普通合伙人，对企业债务承担无限连带责任。

2003—2008 年，企业治理改革阶段。松散的合伙企业演变为有限责任公司（集团），总公司设在北京，在上海、成都等重点城市设立子公司，股权决策制度刚刚建立，集

团公司决策、管理方面尚处于探索阶段，内耗比较严重。

2009—2019年，股份制阶段。在该阶段，公司进行股份制改造，通过引入战略投资者等方式，不断优化公司股权结构，持续提升公司治理水平和能力，公司经营管理更加科学合理，步入稳定发展阶段。

2020年至今，实现上市，进入高质量发展阶段。公司主动拥抱大数据、人工智能等信息技术，积极应对市场环境变化，调整优化产品和服务结构，持续高质量发展，实现了在国内资本市场上市，市场地位进一步巩固和提升。

【点评】可以看出，上述公司从初设、发展到壮大，其组织形式经历了从初级到高级、从简单到复杂的演变。创业之初，其为个体工商户，创始人甲既是老板又是员工，决策效率高，承担无限责任。发展演变为合伙企业后，随着投资者乙、丙加入，甲的控制权和决策权受到一定制约，相应地，企业盈利按合伙协议约定分配。随着组织形式由合伙企业变更为有限责任公司，新股东的加入使甲、乙、丙的股权逐步减少，股权结构进一步优化，公司决策能力和管理水平得到提升。随着股份制改造完成，以及成功上市，公司股权结构更加合理，财务信息更加公开、透明，公司经营、管理、决策体系更加健全和完善，促进公司稳健发展。

上述公司成长、发展、壮大的案例表明，创业者设立不同组织形式的企业与诸多因素有关，组织形式经历了由简单到复杂、由粗放到完善的发展过程，不是一蹴而就的。

任务一　掌握企业组织形式基础知识

根据我国企业设立相关法律制度规定，个人投资者可以设立个体工商户、个人独资企业、合伙企业等非法人组织，也可以设立有限责任公司（含一人有限责任公司，如无特殊说明，下同）、股份有限责任公司等法人组织。

一、个体工商户

个体工商户作为初级形态的市场主体，其概念、特征、登记要求、登记管理、法律责任、监督管理等主要内容如下。

（一）概念及特征

个体工商户是指在中国境内，以个人或者家庭为单位，自主经营、自负盈亏、自负责任，从事生产、经营、服务等活动的个人和家庭经济组织。

2022年11月1日起，《促进个体工商户发展条例》施行。该条例规定，个体工商户可以个人经营，也可以家庭经营。

根据《中华人民共和国民法典》（以下简称《民法典》）规定，个体工商户的债务，个人经营的，以个人财产承担；家庭经营的，以家庭财产承担；无法区分的，以家庭财产承担。

（二）登记要求

自然人从事工商业经营，经依法登记，为个体工商户。个体工商户须经核准登记，取得营业执照，方可执业；个体工商户转业、合并、变更登记事项或歇业，也应办理相应登记手续。个体工商户的登记机关是县、自治县、不设区的市、市辖区市场监督管理部门，个体工商户可以起字号。有经营能力的公民经市场监督管理部门登记，可领取个体工商户营业执照，依法开展经营活动。

（三）登记管理

市场监督管理部门是个体工商户的登记管理机关。个体工商户的登记事项主要包括：经营者姓名和住所、组成形式、经营范围、经营场所。个体工商户使用名称的，登记事项还应当包括名称。

① 经营者姓名和住所，是指申请登记为个体工商户的公民姓名及其户籍所在地的详细住址。

② 组成形式，包括个人经营和家庭经营。家庭经营的，参加经营的家庭成员姓名应当同时备案。

③ 经营范围，是指个体工商户开展经营活动所属的行业类别。登记机关根据申请人申请，参照《国民经济行业分类》中的类别标准，登记个体工商户的经营范围。

④ 经营场所，是指个体工商户营业所在地的详细地址。个体工商户经登记机关登记的经营场所只能为一处。

1. 个体工商户名称登记管理

（1）个体工商户使用名称的，应当在名称中标明"个体工商户"字样。

（2）个体工商户名称应当使用规范汉字，需将名称译成外文使用的，应当依据相关外文翻译原则进行翻译使用。

（3）个体工商户名称不得存在下列情形：

① 使用与国家重大战略政策相关的文字，使公众误认为与国家出资、政府信用等有关联关系；

② 使用"国家级""最高级""最佳"等带有误导性的文字；

③ 使用与同行业在先有一定影响的他人名称（包括简称、字号等）相同或者近似的文字；

④ 使用明示或者暗示为非营利性组织的文字；

⑤ 法律、行政法规禁止的其他情形。

2. 注册登记

个体工商户注册登记要求包括以下内容。

（1）个人经营的，以经营者本人为申请人；家庭经营的，以家庭成员中主持经营者为申请人。

（2）申请个体工商户注册登记，应当提交下列文件：申请人签署的个体工商户注册登记申请书、申请人身份证明、经营场所证明、国家市场监督管理总局规定提交的其他文件。

3. 变更登记

个体工商户按法律规定须变更登记项目的，应当申请个体工商户变更登记，并提交下列文件：申请人签署的个体工商户变更登记申请书；申请经营场所变更的，应当提交新经营场所证明；国家市场监督管理总局规定提交的其他文件。

（四）法律责任

（1）以个人名义申请登记的个体工商户，经营、收益归个人，债务由个人承担。

（2）以家庭共同财产投资，或者收益的主要部分供家庭成员消费的，其债务由家庭共有财产清偿。

（3）在夫妻关系存续期间，一方从事个体工商户经营，其收入作为夫妻共有财产的，其债务由夫妻共有财产清偿。

（4）家庭全体成员共同出资、共同经营的，其债务由家庭共有财产清偿。

（五）监督管理

个体工商户的监督管理，主要内容包括以下几个方面。

（1）个体工商户应当于每年1月1日至6月30日向登记机关报送上一年度年度报告，并对其年度报告的真实性、合法性负责。

（2）个体工商户营业执照分为正本和副本，载明个体工商户的名称、经营者姓名、组成形式、经营场所、经营范围、注册日期和注册号、发照机关及发照时间信息，正、副本具有同等法律效力。

（3）营业执照正本应当置于个体工商户经营场所的醒目位置。

（4）个体工商户变更登记涉及营业执照载明事项的，登记机关应当换发营业执照。

任务训练 1-1

张某开设小面馆，性质属于个体工商户。经营两年后，张某能否直接将该店转让给李某继续经营？

二、个人独资企业

《中华人民共和国个人独资企业法》（以下简称《个人独资企业法》）对个人独资企业的概念、特征、设立、投资人及事务管理等内容做出了规定，具体内容如下。

（一）概念及特征

个人独资企业，是指依法在中国境内设立，由一个自然人投资，财产为投资人个人所有，投资人以其个人财产对企业债务承担无限责任的经营实体。

个人独资企业的负责人是投资者本人，投资者个人对企业的债务负无限责任。

知识拓展

自然人、法人和非法人的区别如下。

1. 自然人

自然人是基于自然规律出生、生存的人。自然人依法享有民事权利，具备相应的民事行为能力。

2. 法人

法人是一种组织，具有民事权利能力和民事行为能力，依法独立享有民事权利和承担民事义务。法人应具备以下条件：依法成立；有必要的财产和经费；有自己的名称、组织机构和场所；能独立承担民事责任。

3．非法人

非法人是指不具有法人资格，但是可以依法以自己的名义进行民事活动的组织。非法人组织包括个人独资企业、合伙企业、不具有法人资格的专业服务机构等。

（二）设立

对于个人独资企业的设立，相关规定具体如下。

（1）设立个人独资企业应具备以下条件：①投资人为一个自然人；②有合法的企业名称；③有投资人申报的出资；④有固定的生产经营场所和必要的生产经营条件；⑤有必要的从业人员。

（2）个人独资企业设立时，其设立申请书应当载明下列事项：①企业的名称和住所；②投资人的姓名和居所；③投资人的出资额和出资方式；④经营范围。

（3）申请设立个人独资企业，应当由投资人或者其委托的代理人向个人独资企业所在地的登记机关提交设立申请书、投资人身份证明、生产经营场所使用证明等文件。

（4）个人独资企业营业执照的签发日期，为其成立日期。

（5）个人独资企业可以设立分支机构，具体要求如下：①个人独资企业设立分支机构，应当由投资人或者其委托的代理人向分支机构所在地的登记机关申请登记，领取营业执照；②分支机构经核准登记后，应将登记情况报该分支机构隶属的个人独资企业的登记机关备案；③分支机构的民事责任由设立该分支机构的个人独资企业承担。

（三）投资人及事务管理

个人独资企业的投资人及事务管理主要包括以下几个方面。

（1）投资人对本企业的财产依法享有所有权，其有关权利可以依法进行转让或继承。

（2）投资人在申请企业设立登记时明确以其家庭共有财产作为个人出资的，应当依法以家庭共有财产对企业债务承担无限责任。

（3）投资人可以自行管理企业事务，也可以委托或者聘用其他具有民事行为能力的人负责企业的事务管理。

投资人委托或者聘用他人管理个人独资企业事务，应当与受托人或者被聘用的人签订书面合同，明确委托的具体内容和授予的权利范围。

（4）个人独资企业应当依法设置会计账簿，进行规范会计核算。

（5）个人独资企业招用职工的，应当依法与职工签订劳动合同，保障职工的劳动安全，按时、足额发放职工工资。

（6）个人独资企业应当按照国家规定参加社会保险，为职工缴纳社会保险费。

📚 任务训练 1-2

梳理个体工商户与个人独资企业之间的相同与不同之处。

三、合伙企业

《中华人民共和国合伙企业法》（以下简称《合伙企业法》）对合伙企业的相关规定如下。

（一）概念及分类

合伙企业是指由各合伙人订立合伙协议，共同出资，共同经营，共享收益，共担风险，并对企业债务承担无限连带责任的营利性组织。

合伙企业分为普通合伙企业和有限合伙企业。普通合伙企业由普通合伙人组成，合伙人对合伙企业债务承担无限连带责任。有限合伙企业由普通合伙人和有限合伙人组成，其中，普通合伙人对合伙企业债务承担无限连带责任，有限合伙人以其认缴的出资额为限对合伙企业债务承担责任。国有独资公司、国有企业、上市公司以及公益性的事业单位、社会团体不得成为普通合伙人。

（二）基本规定

《合伙企业法》对合伙企业的基本规定主要包括以下几方面。

（1）合伙协议依法由全体合伙人协商一致、以书面形式订立。

（2）订立合伙协议、设立合伙企业，应当遵循自愿、平等、公平、诚实信用原则。

（3）合伙企业的生产经营所得和其他所得，按照国家有关税收规定，由合伙人分别缴纳所得税。

（4）申请设立合伙企业，应当向企业登记机关提交登记申请书、合伙协议书、合伙人身份证明等文件。

（5）合伙企业的营业执照签发日期，为合伙企业成立日期。

（6）合伙企业设立分支机构，应当向分支机构所在地的企业登记机关申请登记，领取营业执照。

（7）合伙企业登记事项发生变更的，执行合伙事务的合伙人应当自作出变更决定或者发生变更事由之日起十五日内，向企业登记机关申请办理变更登记。

（三）合伙企业的设立

普通合伙企业、特殊的普通合伙企业、有限合伙企业，其设立的相关规定如下。

1. 普通合伙企业设立

（1）《合伙企业法》规定，设立普通合伙企业应具备以下条件：①有二个以上合伙人，合伙人为自然人的，应当具有完全民事行为能力；②有书面合伙协议；③有合伙人认缴或者实际缴付的出资；④有合伙企业的名称和生产经营场所；⑤法律、行政法规规定的其他条件。

（2）合伙企业名称中应当标明"普通合伙"字样。

（3）合伙人可以用货币、实物、知识产权、土地使用权或者其他财产权利出资，也可以用劳务出资。

合伙人以实物、知识产权、土地使用权或者其他财产权利出资，需要评估作价的，可以由全体合伙人协商确定，也可以由全体合伙人委托法定评估机构评估。

合伙人以劳务出资的，其评估办法由全体合伙人协商确定，并在合伙协议中载明。

（4）合伙人应当按照合伙协议约定的出资方式、数额和缴付期限，履行出资义务。以非货币财产出资的，依照法律、行政法规的规定，需要办理财产权转移手续的，应当依法办理。

（5）根据规定，合伙协议应载明以下事项：①合伙企业的名称和主要经营场所的地点；②合伙目的和合伙经营范围；③合伙人的姓名或者名称、住所；④合伙人的出资方式、数额和缴付期限；⑤利润分配、亏损分担方式；⑥合伙事务的执行；⑦入伙与退伙；⑧争议解决办法；⑨合伙企业的解散与清算；⑩违约责任。

（6）合伙协议经全体合伙人签名、盖章后生效。合伙人按照合伙协议享有权利，履行义务。修改或者补充合伙协议，应当经全体合伙人一致同意，合伙协议另有约定的除外。

（7）普通合伙企业入伙规定主要包括以下方面。

① 新合伙人入伙，除合伙协议另有约定外，应当经全体合伙人一致同意，并依法订立书面入伙协议。

② 订立入伙协议时，原合伙人应当向新合伙人如实告知原合伙企业的经营状况和财务状况。

③ 入伙的新合伙人与原合伙人享有同等权利，承担同等责任。入伙协议另有约定的，从其约定。

④ 新合伙人对入伙前合伙企业的债务承担无限连带责任。

2. 特殊的普通合伙企业设立

对于特殊的普通合伙企业，其设立规定主要包括以下内容。

（1）以专业知识和专门技能为客户提供有偿服务的专业服务机构，可以设立为特殊的普通合伙企业。

（2）特殊的普通合伙企业名称中应当标明"特殊普通合伙"字样。

（3）合伙人债务责任：一个合伙人或者数个合伙人在执业活动中因故意或者重大过失造成合伙企业债务的，应当承担无限责任或者无限连带责任，其他合伙人以其在合伙企业中的财产份额为限承担责任；合伙人在执业活动中非因故意或者重大过失造成的合伙企业债务以及合伙企业的其他债务，由全体合伙人承担无限连带责任。

（4）除另有要求外，特殊的普通合伙企业设立与普通合伙企业相同。

3. 有限合伙企业设立

有限合伙企业的设立主要包括以下具体内容。

（1）有限合伙企业由二个以上五十个以下合伙人设立，法律另有规定的除外。

（2）有限合伙企业至少应当有一个普通合伙人。

（3）有限合伙企业名称中应当标明"有限合伙"字样。

（4）有限合伙企业合伙协议，除符合普通合伙企业合伙协议规定外，还应载明下列事项：①普通合伙人和有限合伙人的姓名或者名称、住所；②执行事务合伙人应具备的条件和选择程序；③执行事务合伙人权限与违约处理办法；④执行事务合伙人的除名条件和更换程序；⑤有限合伙人入伙、退伙的条件、程序以及相关责任；⑥有限合伙人和普通合伙人相互转变程序。

（5）有限合伙人可以用货币、实物、知识产权、土地使用权或者其他财产权利作价出资。有限合伙人不得以劳务出资。

（6）有限合伙人应当按照合伙协议的约定按期足额缴纳出资；未按期足额缴纳的，应当承担补缴义务，并对其他合伙人承担违约责任。

（7）有限合伙企业登记事项中应当载明有限合伙人的姓名或者名称及认缴的出资数额。

（8）有限合伙企业由普通合伙人执行合伙事务。执行事务合伙人可以要求在合伙协议中确定执行事务的报酬及报酬提取方式。

（9）新入伙的有限合伙人对入伙前有限合伙企业的债务，以其认缴的出资额为限承担责任。

（10）有限合伙人转变为普通合伙人的，对其作为有限合伙人期间有限合伙企业发生的债务承担无限连带责任。

（11）普通合伙人转变为有限合伙人的，对其作为普通合伙人期间合伙企业发生的债务承担无限连带责任。

（12）除另有要求外，有限合伙企业设立与普通合伙企业相同。

任务训练 1-3

请列举现实中常见合伙企业的具体例子。

四、有限责任公司

（一）概念及特征

有限责任公司是由一个以上五十个以下股东出资设立的企业法人。

有限责任公司主要包含以下特征：

（1）股东数不得超过法律规定上限；

（2）公司以其全部财产对公司的债务承担责任；

（3）股东以其认缴的出资额为限对公司承担责任。

（二）设立

根据《中华人民共和国公司法》（以下简称《公司法》）等规定，设立有限责任公司，应当在公司名称中标明"有限责任公司"或者"有限公司"字样。

1. 设立条件

设立有限责任公司，应当具备下列条件：

（1）股东符合法定数量，即一个以上五十个以下；

（2）股东签订设立协议，明确各自在公司设立过程中的权利和义务；

（3）股东共同制定公司章程；

（4）有公司名称，建立符合有限责任公司要求的组织机构；

（5）有公司住所等。

2. 公司章程

有限责任公司章程应当载明下列事项：

（1）公司名称和住所；

（2）公司经营范围；

（3）公司注册资本；

（4）股东的姓名或者名称；

（5）股东的出资额、出资方式和出资日期；

（6）公司的机构及其产生办法、职权、议事规则；

（7）公司法定代表人的产生、变更办法；

（8）股东会认为需要规定的其他事项。

3. 出资要求

有限责任公司的注册资本为在公司登记机关登记的全体股东认缴的出资额。全体股东认缴的出资额由股东按照公司章程的规定自公司成立之日起五年内缴足。但是，法律、行政法规以及国务院决定对有限责任公司注册资本实缴、注册资本最低限额、股东出资期限另有规定的，从其规定。

有限责任公司股东可以用货币出资，也可以用实物、知识产权、土地使用权、股权、债权等可以用货币估价并可以依法转让的非货币财产作价出资；但是，法律、行政法规规定不得作为出资的财产除外。对作为出资的非货币财产应当评估作价，核实财产，不得高估或者低估作价。

4. 出资责任

有限责任公司股东未按期足额缴纳出资的，除应当向公司足额缴纳外，还应当对给公司造成的损失承担赔偿责任。

有限责任公司设立时，股东未按照公司章程规定实际缴纳出资，或者实际出资的非货币财产的实际价额显著低于所认缴的出资额的，设立时的其他股东与该股东在出资不足的范围内承担连带责任。

5. 出资证明书

有限责任公司成立后，应当向股东签发出资证明书，记载下列事项：

（1）公司名称；

（2）公司成立日期；

（3）公司注册资本；

（4）股东的姓名或者名称、认缴和实缴的出资额、出资方式和出资日期；

（5）出资证明书的编号和核发日期。

（三）组织机构

有限责任公司须设立股东会（一人有限责任公司除外），还可设立董事会、监事会，简称"三会"。有限责任公司"三会"的性质、职权等主要包括以下内容。

1. 股东会

有限责任公司股东会由全体股东组成，股东会是公司的权力机构，其主要行使下列职权：

（1）选举和更换董事、监事，决定有关董事、监事的报酬事项；

（2）审议批准董事会的报告；

（3）审议批准监事会的报告；

（4）审议批准公司的利润分配方案和弥补亏损方案；

（5）对公司增加或者减少注册资本作出决议；

（6）对发行公司债券作出决议；

（7）对公司合并、分立、解散、清算或者变更公司形式作出决议；

（8）修改公司章程；

（9）公司章程规定的其他职权。

首次股东会会议由出资最多的股东召集和主持。股东会会议分为定期会议和临时会议。股东会会议由董事会召集，董事长主持；董事长不能履行职务或者不履行职务的，由副董事长主持；副董事长不能履行职务或者不履行职务的，由过半数的董事共同推举一名董事主持。

股东会会议由股东按照出资比例行使表决权，公司章程另有规定的除外；股东会作出决议，应当经代表过半数表决权的股东通过；股东会作出修改公司章程、增加或者减少注册资本的决议，以及公司合并、分立、解散或者变更公司形式的决议，应当经代表三分之二以上表决权的股东通过。

2. 董事会

有限责任公司董事会主要行使下列职权：

（1）召集股东会会议，并向股东会报告工作；

（2）执行股东会的决议；

（3）决定公司的经营计划和投资方案；

（4）制订公司的利润分配方案和弥补亏损方案；

（5）制订公司增加或者减少注册资本以及发行公司债券的方案；

（6）制订公司合并、分立、解散或者变更公司形式的方案；

（7）决定公司内部管理机构的设置；

（8）决定聘任或者解聘公司经理及其报酬事项，并根据经理的提名决定聘任或者解聘公司副经理、财务负责人及其报酬事项；

（9）制定公司的基本管理制度；

（10）公司章程规定或者股东会授予的其他职权。

有限责任公司董事会成员为三人以上，其成员中可以有公司职工代表；职工人数三百人以上的有限责任公司，除依法设监事会并有公司职工代表的外，其董事会成员中应当有公司职工代表；董事会中的职工代表由公司职工通过职工代表大会、职工大会或者其他形式民主选举产生。

董事会设董事长一人，可以设副董事长；董事长、副董事长的产生办法由公司章程规定；董事任期由公司章程规定，但每届任期不得超过三年；董事任期届满，连选可以连任；董事会会议应当有过半数的董事出席方可举行；董事会决议的表决，应当一人一票；董事会作出决议，应当经全体董事的过半数通过。

规模较小或者股东人数较少的有限责任公司，可以不设董事会，设一名董事，依法行使董事会的职权，该董事可以兼任公司经理。

3. 监事会

有限责任公司设监事会，成员为三人以上；监事会成员应当包括股东代表和适当比例的公司职工代表，其中职工代表的比例不得低于三分之一，具体比例由公司章程规定；监事会中的职工代表由公司职工通过职工代表大会、职工大会或者其他形式民主选举产生。

有限责任公司监事会设主席一人，由全体监事过半数选举产生；监事会主席召集和主持监事会会议，监事会主席不能履行职务或者不履行职务的，由过半数的监事共同推举一名监事召集和主持监事会会议，董事、高级管理人员不得兼任监事；监事的任期每届为三年，监事任期届满，连选可以连任。

有限责任公司监事会主要行使下列职权：

（1）检查公司财务；

（2）对董事、高级管理人员执行职务的行为进行监督，对违反法律、行政法规、公司章程或者股东会决议的董事、高级管理人员提出解任的建议；

（3）当董事、高级管理人员的行为损害公司的利益时，要求董事、高级管理人员予以纠正；

（4）提议召开临时股东会会议，在董事会不履行本法规定的召集和主持股东会会议职责时召集和主持股东会会议；

（5）向股东会会议提出提案；

（6）依法对董事、高级管理人员提起诉讼；

（7）公司章程规定的其他职权。

有限责任公司监事会每年度至少召开一次会议，监事可以提议召开临时监事会会议；监事会决议的表决，应当一人一票；监事会决议应当经全体监事的过半数通过。

规模较小或者股东人数较少的有限责任公司，可以不设监事会，设一名监事，依法行使监事会的职权；经全体股东一致同意，也可以不设监事。

案例分析

甲、乙、丙、丁 4 位同学共同成立一家公司，注册资本 100 万元，公司章程约定每人认缴 25%，实缴截止时间为 202×年 3 月底。截至 202×年 3 月底，甲、乙已全额实缴出资，丙实缴出资 15 万元，丁实缴出资 5 万元。截至 202×年年底，公司经营不善，资不抵债，债权人要求甲、乙、丙、丁清偿债务，请问 4 位股东对公司债务承担的偿债责任分别是多少？

根据《公司法》规定，有限责任公司股东按其在公司章程中认缴的出资额承担公司债务。本例中，甲、乙股东已按公司章程全额实缴出资，已履行出资义务，因此，不再对公司债务承担偿债责任。对于丙股东，其认缴出资为 25 万元，实缴出资 15 万元，因此，还需按二者差额 10 万元，对公司债务承担偿债责任。同理，丁股东认缴出资 25 万元，实缴出资 5 万元，还需对公司债务承担 20 万元的偿债责任。

五、股份有限公司

（一）概念

股份有限公司简称"股份公司"，是指其全部资本划分为等额股份，股东以认购的股份为限对公司承担责任，公司以其全部资产对公司的债务承担责任的企业法人。

（二）特征

1. 股东具有广泛性

股份有限公司通过向社会公众发行股票筹集资本，投资者只要认购股票和支付股款，就可成为股份有限公司的股东，其股东数没有上限。

2. 出资具有股份性

股份有限公司的全部资本划分为金额相等的股份，股份是构成公司资本的最小单位，股东的出资具有股份性。

3．股东责任有限性

股份有限公司的股东对公司债务仅就其认购的股份为限承担责任，公司的债权人不得直接向公司股东提出清偿债务的要求。

4．股份公开性、自由性

股份公开性、自由性体现在股份的发行和转让方面。股份有限公司通常以发行股票的方式公开募集资本，投资者可以自由转让其所持股份。

5．公司的公开性

股份有限公司不仅要向股东公开经营状况，还须向社会公开其财务状况，对财务透明性要求高。

6．设立、解散的复杂性

根据相关规定，股份有限公司设立和解散都有严格的法律程序，涉及的手续比较复杂。

（三）设立

《公司法》规定，依照本法设立的股份有限公司，必须在公司名称中标明"股份有限公司"或者"股份公司"字样。

1．设立条件

设立股份有限公司，应当具备下列条件：

（1）发起人符合法定人数；

（2）有符合公司章程规定的全体发起人认购的股本总额或者募集的实收股本总额；

（3）股份发行、筹办事项符合法律规定；

（4）发起人制订公司章程，采用募集方式设立的经创立大会通过；

（5）有公司名称，建立符合股份有限公司要求的组织机构；

（6）有公司住所。

2．设立方式

设立股份有限公司，可以采取发起设立或者募集设立的方式。

发起设立，是指由发起人认购设立公司时应发行的全部股份而设立公司；募集设立，是指由发起人认购设立公司时应发行股份的一部分，其余股份向特定对象募集或者向社会公开募集而设立公司。

3．股东数量

设立股份有限公司，应当有一人以上二百人以下为发起人，其中应当有半数以上的发起人在中华人民共和国境内有住所。

4．出资要求及责任

股份有限公司的注册资本为在公司登记机关登记的已发行股份的股本总额。在发起人认购的股份缴足前，不得向他人募集股份，但是，法律、行政法规等另有规定的，从其规定。

以发起设立方式设立股份有限公司的，发起人应当认足公司章程规定的公司设立时应发行的股份。以募集设立方式设立股份有限公司的，发起人认购的股份不得少于公司章程规定的公司设立时应发行股份总数的百分之三十五。但是，法律、行政法规另有规定的，从其规定。

发起人不按照其认购的股份缴纳股款，或者作为出资的非货币财产的实际价额显著低于所认购的股份的，其他发起人与该发起人在出资不足的范围内承担连带责任。

由于股份有限公司在公司章程、组织机构等方面的规定，与有限责任公司具有一定相似性，加之本模块侧重企业设立相关知识介绍，因此对该内容不做具体介绍。

📚 任务训练 1-4

梳理我国股份有限公司与上市公司之间的区别和联系。

六、各类组织形式的主要特征

在我国，各类组织形式在主体资格、出资形式、法律责任、所得税、适用法律等方面的特征如表 1-1 所示。

表 1-1　各类组织形式的主要特征

组织形式	主体资格	出资形式	法律责任	所得税	适用法律
个体工商户	自然人	—	无限责任	个税	《民法典》
个人独资企业	非法人	—	无限责任	个税	《个人独资企业法》
合伙企业	非法人	包括货币、实物、知识产权、土地使用权或其他财产权利出资，也可以劳务出资	无限连带责任	个税	《合伙企业法》
有限责任公司	法人	包括货币出资，也可以实物、知识产权、土地使用权等可用货币估价并可依法转让的非货币财产作价出资	有限责任	企税、个税	《公司法》
			有限责任	企税、个税	
股份有限公司	法人		有限责任	企税、个税	

注：本表中"个税"是指个人所得税，"企税"是指企业所得税，"—"表示无内容。

📚 任务训练 1-5

请列出 2～3 种业态（如餐饮、广告设计等），作为初次创业者，请说说你会优先选择哪种组织形式，并说明理由。

🔵 任务二　掌握企业设立流程

一、"多证合一"改革

2016 年 10 月 1 日起，全国范围内实施"五证合一""一照一码"登记制度——营业执照上加载 18 位统一社会信用代码，办理人只需办理一证（营业执照），即可实现以前分别办理五个证（营业执照、组织机构代码证、税务登记证、统计登记证和社会保险登记证）的功能。"五证合一"具体内容如图 1-1 所示。

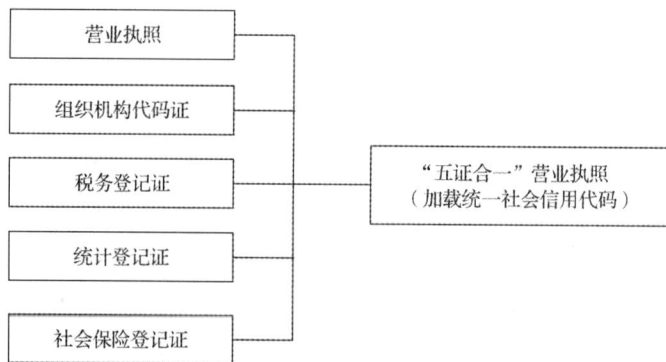

图 1-1 "五证合一"

2017 年 5 月 12 日，国务院办公厅印发《关于加快推进"多证合一"改革的指导意见》（以下简称《意见》）。《意见》明确，将信息采集、记载公示、管理备查类的一般经营项目涉企证照事项，以及企业登记信息能够满足政府部门管理需要的涉企证照事项整合到营业执照上，实行"多证合一"，使"一照一码"的营业执照成为企业唯一的身份证，使全国统一的信用代码成为企业唯一的身份证代码，实现企业"一照一码"走天下。

《意见》提出，要在"五证合一"登记制度改革工作机制及技术方案的基础上，继续全面实行"一套材料、一表登记、一窗受理"的工作模式，申请人办理企业注册登记时只需填写"一张表格"，向"一个窗口"提交"一套材料"，不断完善工作流程。

随着市场主体登记设立流程的持续优化和完善，市场主体设立的程序愈发简便、高效，大大促进了我国市场主体数量的持续增加、结构的不断优化。

二、营业执照办理流程

下面以"五证合一"登记模式为例，简要介绍市场主体登记办理流程。

"五证合一"办证模式，采取"一表申请、一窗受理、并联审批、一份证照"的流程，主要操作流程如下。

1. 核准市场主体名称

新设立市场主体注册，第一步是核准其名称，申请人可在市场监督管理部门网站上核准，也可到市场监督管理部门现场核准。

2. 提交资料

申请人持在市场监督管理部门网报系统申请并审核通过后打印的登记申请表，携带其他纸质资料，前往大厅"多证合一"窗口办理。

市场监督管理部门登记窗口收到申请人申请资料后，经审核，申请资料齐全并符合法定要求的，应向申请人出具受理通知书，并及时将相关申请信息录入企业注册登记系统，进入联合审批流程。申请资料不齐全的，市场监督管理部门登记窗口应当场一次性告知申请人需要补正的全部内容，并出具补办通知书。同时，综合窗口对受理的相关资料进行拍照或扫描，并及时传至平台。

3. 部门审核

市场监督管理部门登记窗口在承诺时间内完成营业执照审批手续后，将申请资料和营业执照信息传至平台。

质监窗口收到平台推送申请资料和营业执照信息后，应在规定时间内办理组织机构代码登记手续，并将组织机构代码发送至平台。

税务、统计、人力资源和社会保障等部门窗口收到平台推送的申请资料、营业执照和组织机构代码信息后，在规定时间内分别办理税务登记证、统计登记证和社会保险登记证相关手续。

4. 及时办结

综合窗口收到各相关部门核准（或确认）登记信息后，应及时打印出加载有统一社会信用代码的营业执照。

5. 一窗发证

申请人凭受理通知书或有效证件到综合窗口领取营业执照。

申请资料原件由市场监督管理部门保存，在申请人需要向有关部门提交资料原件时，可向市场监督管理部门查询、复印。

以某地"五证合一"登记为例，其具体办理流程如图 1-2 所示。

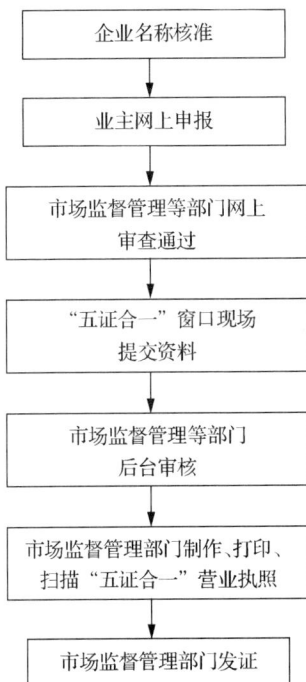

图 1-2 某地营业执照办理流程

需要说明的是，随着大数据、人工智能、移动互联网等技术的普遍应用，除少数情形须到窗口办理外，绝大多数经营组织登记业务都可以通过网上进行办理。

> **任务训练 1-6**
>
> 以 2～5 人为一组，模拟成立一家有限责任公司，阐述该公司注册登记主要涉及哪些流程和步骤，需要注意哪些问题。

素质拓展

近年来，中小企业呈现"量质齐升"的发展态势，以中小企业为主的民营企业已经跃升成中国第一大外贸经营主体，对外贸增长贡献度超半，为经济社会发展做出了重要贡献。

从量的方面看，中小企业数量规模快速壮大。截至2022年年末，中国中小微企业数量已超过5 200万户，比2018年年末增长51%。2022年平均每天新设企业2.38万户，是2018年的1.3倍。中小企业快速发展壮大，是数量极大、极具活力的企业群体，是中国经济社会发展的生力军。

从质的方面看，优质中小企业不断涌现。工业和信息化部（以下简称"工信部"）已培育近9 000家专精特新"小巨人"企业，带动地方培育8万余家省级专精特新中小企业。其中，"小巨人"企业以专注铸专长、以配套强产业、以创新赢市场，平均研发投入占比达8.9%，平均研发人员占比达28%，累计参与制修订国家标准6 000余项，获得授权发明专利数14万余项。近年来，70余家"小巨人"企业荣获国家科学技术奖，1 500余家"小巨人"企业承担过国家重大科技项目。中小企业加快专精特新发展，展现了强劲创新活力，日益成为创新的重要发源地。

从贡献看，中小企业在经济社会发展全局中发挥着重要作用。中小企业广泛分布于细分领域、专注于产业链配套，以产业链、供应链为纽带促进大中小企业融通、产学研协同，助力形成环环相扣的完整产业生态。中小企业既为广大人民群众直接提供了大量物质产品和服务，又成为吸纳和调节就业的"蓄水池"。中小企业发展好的地区，往往就业更充分，经济也更活跃，人民生活更富裕。

工信部积极探索新举措，努力开创中小企业国际化发展新局面，先后建立或参与了中小企业领域的17个双边和多边合作机制，对接国家约50个，覆盖亚欧美非等大洲，为推进中小企业对外交流合作奠定了良好基础。对外交流合作取得新成效，中国国际中小企业博览会已成功举办17届，中外参展企业超5.2万家，达成合同及意向金额近1万亿元。国际合作服务取得新拓展，截至2022年，已在全球以线上线下方式举办500余场跨境撮合对接会，帮助近8万家中外中小企业拓展市场，还在德国设立了首个中国中小企业中心，帮助中小企业融入国际市场。

（来源：人民日报海外版，2023-06-20）

模块 2　企业资金筹集

📌 学习目标

【知识目标】

1. 熟悉企业筹资的含义与分类
2. 理解筹资原则
3. 掌握筹资渠道和筹资方式

【能力目标】

1. 能运用销售百分比法预测资金需要量
2. 知道各种筹资方式的种类、程序和特点
3. 能够计算资本成本

【素质目标】

1. 培养分析判断能力和决策能力
2. 遵守国家法律法规，诚实守信，积极履行社会责任

📖 引例

　　海南航空（以下简称"海航"）最初创办资金仅为人民币 1 000 万元，经过 20 多年资本经营的实践和磨砺，成为同时拥有 A 股、B 股和 H 股上市公司的航空运输企业。由于中国的航空市场发展极为迅速，海航为了争夺快速增长的市场份额，在扩大资本金规模比较困难的情况下，采取了比较积极的财务融资政策，包括增加银行贷款规模建设飞行基地、购置飞机和通过融资租赁方式获得飞机等。海航摆脱了传统经营思路，从资本经营的创新中获得了收获。在敲开资本市场的大门之后，海航的融资渠道得到了极大的拓展，为企业规模化经营铺平了道路。

　　【点评】海航在快速扩张过程中，采用了比较积极的财务融资政策，其融资手段具有多样化的特点。海航通过多种股权筹资和债务筹资方式，及时为公司筹措所需资金，确保了企业规模化和集团化经营目标的实现。

任务一　掌握企业资金筹集方法

一、企业筹资的含义与分类

（一）企业筹资的含义

资金是企业的血液，是企业设立、生存和发展的物质基础，是企业开展生产经营活动的基本前提。

企业筹资是指企业为了满足经营活动、投资活动、资本结构管理等需要，运用一定的筹资方式，通过一定的筹资渠道，筹措和获取所需资金的一种财务行为。

（二）企业筹资的分类

企业筹资，按照不同的分类标准可分为不同的类别。

1．股权筹资、债务筹资与混合筹资

按企业所取得资金的权益特性不同，企业筹资分为股权筹资、债务筹资与混合筹资。

股权筹资是以发行股票的方式进行筹资，是企业经济运营活动中的一个重要筹资手段。股权筹资通常以国家资本、其他公司资本、职工资本与民间资本、境外资本等为筹资渠道，采用吸收直接投资、发行股票、利用留存收益等方式筹措资本。债务筹资是指公司按约定代价和用途取得资金且须按期还本付息的一种筹资方式。债务筹资往往通过银行、非银行金融机构、民间借贷等渠道，采用申请贷款、发行债券、商业信用、融资租赁等方式筹措资金。混合筹资是指兼具股权筹资与债务筹资性质的筹资。

2．直接筹资与间接筹资

按是否以金融机构为媒介来获取社会资金，企业筹资分为直接筹资与间接筹资。

直接筹资是企业直接与资金供应者协商融通资金的筹资活动。直接筹资不需要通过金融机构来筹措资金，是企业直接从社会取得资金的方式。直接筹资方式主要有发行股票、发行债券、吸收直接投资等。间接筹资是指企业借助银行和非银行金融机构来筹集资金。在间接筹资方式下，银行等金融机构发挥中介作用，预先集聚资金，然后提供给企业。间接筹资的基本方式是银行借款，此外还有融资租赁等方式。

3．内部筹资与外部筹资

按资金的来源不同，企业筹资分为内部筹资与外部筹资。

内部筹资是指企业通过利润留存而形成的筹资来源。内部筹资数额主要取决于企业可供分配的利润和利润分配政策。外部筹资是指企业向外部筹措资金而形成的筹资来源。外部筹资主要包括发行股票、发行债券、商业信用、银行借款等。

4．短期筹资与长期筹资

按所筹集资金的使用期限不同，企业筹资分为短期筹资与长期筹资。

短期筹资是指企业筹集使用期限在 1 年及以内的资金。短期筹资通常采取商业信用和银行短期借款等方式。长期筹资是指企业筹集使用期限在 1 年以上的资金。长期投资通常采用吸收直接投资、发行股票、发行债券、取得长期借款、融资租赁和内部积累等方式。

二、企业筹资的渠道与方式

（一）企业筹资渠道

企业筹资渠道是指企业筹集资金的来源与通道。具体来说，企业的筹资渠道主要有国家财政投资和财政补贴、银行与非银行金融机构信贷、资本市场筹资、其他法人单位与自然人投入、企业自身积累等。

（二）企业筹资方式

对于不同渠道的资金，企业可以通过不同的筹资方式取得。

筹资方式是企业筹集资金所采取的具体形式，它受到法律环境、经济体制、融资市场等筹资环境的制约，尤其受国家对金融市场和融资行为方面的法律法规制约。

企业基本的筹资方式就是股权筹资和债务筹资。股权筹资形成企业的股权资金，企业通过吸收直接投资、发行股票、利用留存收益等方式从股东那里取得资金；债务筹资形成企业的债务资金，企业通过向金融机构借款、发行公司债券、商业信用、融资租赁等方式从债权人那里取得资金。企业发行可转换债券筹集资金的方式，属于兼有股权筹资和债务筹资性质的混合筹资方式。

（三）筹资渠道与筹资方式的关系

筹资渠道说明了企业资金的来源，筹资方式则给出了取得资金的具体方法。如果说筹资渠道是客观存在的，那么筹资方式则取决于企业的主观行为，二者之间存在一定的对应关系。一般意义上讲，某一筹资方式可能只适用于某一特定的筹资渠道，但是同一渠道的资金往往可以采用不同的筹资方式取得。不同的筹资渠道与筹资方式，对企业的影响是不同的，因此，企业在筹资时应实现两者的合理搭配。

三、企业筹资的基本原则

企业筹资是企业扩大生产经营规模和调整资本结构必须采取的行动，是一项重要而复杂的工作。为了经济有效地筹集资金，企业筹资时必须遵循以下 4 项基本原则。

（一）合法性原则

企业的筹资活动不仅为自身的生产经营提供了资金来源，而且也会影响投资者的经济利益，影响社会经济秩序。企业的筹资行为和筹资活动必须遵循国家的相关法律法规。企业须依法履行法律法规和投资合同约定的责任，合法合规筹资，依法披露信息，维护各方的合法权益。

（二）合理性原则

企业筹集资金时，要合理预测资金的需要量。筹资规模与资金需要量应当匹配，既要避免因筹资不足影响正常的生产经营，又要防止筹资过多造成资金闲置。同时，企业筹资要综合考虑各种筹资方式，优化资本结构，正确处理股权资金与债务资金的关系、长期资金与短期资金的关系、内部筹资与外部筹资的关系，合理安排资本结构，保持适当偿债能力，防范企业财务危机。

（三）适时性原则

企业筹集资金，要根据资金需求的具体情况，合理安排筹集资金的到位时间，适时获取所需资金。企业要使筹资与用资在时间上相衔接，既要避免因筹资到位时间过早形成的投放前的闲置，又要防止因筹措资金到位时间滞后，错过资金投放的最佳时间。

（四）经济性原则

企业筹资都要付出资本成本的代价。不同筹资渠道、筹资方式所取得的资金，其资本成本各有差异。企业应当在考虑筹资难易程度的基础上，针对不同来源资金的成本进行分析，尽可能选择经济、可行的筹资渠道与方式，力求降低筹资成本。

四、股权筹资

股权筹资形成企业的股权资本是企业基本的筹资方式。其出资者是企业的所有者，对企业享有经营管理权，按出资比例分享利润并承担风险。吸收直接投资、发行股票和利用留存收益是股权筹资的 3 种基本形式。

（一）吸收直接投资

吸收直接投资，是指企业按照"共同投资、共同经营、共担风险、共享收益"的原则，直接吸收国家、法人、社会公众投入资金的一种筹资方式。投资者可以货币资金、实物资产、无形资产等出资。吸收直接投资是非股份制企业筹集权益资本的基本方式。采用吸收直接投资的企业，资本不分为等额股份，无须公开发行股票。

1. 吸收直接投资的种类

吸收直接投资一般包含以下 3 种。

（1）吸收国家投资。国家投资是指有权代表国家投资的政府部门或机构，以国有资产投入企业，这种情况下形成的资本称为国有资本。根据《企业国有资本与财务管理暂行办法》的规定，在企业持续经营期间，企业拟定以盈余公积、资本公积转增实收资本的，国有企业和国有独资公司由企业董事会或经理办公会决定，并报主管财政机关备案；股份有限公司和有限责任公司由董事会决定，并经股东大会审议通过。吸收国家投资一般具有以下特点：产权归属国家，资金的运用和处置受国家约束较大，在国有企业中应用比较广泛。

（2）吸收法人投资。法人投资是指法人单位以其依法可支配的资产投入企业，这种情况下形成的资本称为法人资本。吸收法人投资一般具有以下特点：发生在法人单位之间，以参与企业利润分配或控制为目的，出资方式灵活多样。

（3）吸收社会公众投资。社会公众投资是指社会个人或本企业职工以个人合法财产投入企业，这种情况下形成的资本称为个人资本。吸收社会公众投资一般具有以下特点：参加投资的人员较多，每人投资的数额相对较少，以参与企业利润分配为基本目的。

2. 吸收直接投资的特点

吸收直接投资的特点一般包括：①能够尽快形成生产经营能力；②容易进行信息沟通；③资本成本较高；④企业控制权集中，不利于企业治理；⑤不易进行产权交易；⑥手续比较简便，筹资费用较低。

（二）发行股票

股票是股份有限公司为筹措股权资本而发行的有价证券，是公司签发的证明股东持有公司股份的凭证。股票作为一种所有权凭证，代表着股东对发行公司净资产的所有权。发行股票是股份有限公司筹集权益资本常见的方式。

1. 股票的特征

股票作为一种所有权凭证，体现着股东对发行公司净资产的所有权。股票具有以下4个基本特征。

（1）永久性。公司发行股票所筹集的资金属于公司的长期自有资金，没有期限，不需要归还。

（2）流通性。股票作为一种有价证券，在资本市场上可以自由流通，也可以继承、赠送或作为抵押品。

（3）风险性。由于股票的永久性，股东成了公司风险的主要承担者。风险的表现形式有股票价格的波动性、红利的不确定性、破产清算时股东处于剩余财产分配的最后顺位等。

（4）参与性。股东作为股份有限公司的所有者，拥有参与公司管理的权利，包括重大决策权、经营者选择权、财务监控权等。此外，股东还有承担有限责任、遵守公司章程等义务。

2. 上市公司的股票发行

上市的股份有限公司在证券市场上发行股票，包括公开发行股票和非公开发行股票两种类型。公开发行股票又分为首次上市公开发行股票和上市公开发行股票，非公开发行股票即向特定投资者发行股票，也叫定向增发。

（1）首次上市公开发行股票（initial public offering，IPO），是指股份有限公司对社会公开发行股票并上市流通和交易。实施IPO的公司，应当具备中国证监会颁布的《首次公开发行股票并上市管理办法》规定的相关条件，并经中国证监会核准。

实施IPO的基本程序是：公司董事会应当依法就本次股票发行的具体方案、本次募集资金使用的可行性及其他事项做出决议，并提请股东大会批准；公司股东大会就本次发行股票做出决议；由保荐人保荐并向证监会申报；证监会受理并审核批准；自证监会核准发行之日起，公司应在6个月内公开发行股票；超过6个月未发行的，核准失效，须经证监会重新核准后方可发行。

（2）上市公开发行股票，是指股份有限公司上市后，通过证券交易所在证券市场上对社会公开发行股票。上市公开发行股票包括增发和配股两种方式。增发是指上市公司向社会公众发售股票的再融资方式，配股是指上市公司向原有股东配售股票的再融资方式。增发和配股必须符合规定条件并经证监会核准。

（3）上市公司非公开发行股票，是指上市公司采用非公开方式，向特定对象发行股票的行为，也叫定向增发。其目的往往是引入该机构的特定能力，如管理、渠道等能力。定向增发的对象可以是老股东，也可以是新投资者。

上市公司定向增发的优势在于：有利于引入战略投资者和机构投资者；有利于利用上市公司的市场化估值溢价，将母公司资产通过资本市场放大，从而提升母公司的资产价值；定向增发是一种主要的并购手段，特别是资产并购型定向增发，有利于集团公司整体上市，并同时减轻并购的现金流压力。

3. 发行股票筹资的特点

发行股票筹资的特点一般包括：①两权分离，有利于公司自主经营管理；②资本成本较高；③能够提升公司的社会声誉，促进股权流通和转让；④筹资费用较高，手续复杂；⑤不易及时形成生产能力；⑥容易被经理人控制，容易被恶意收购。

（三）利用留存收益

1. 留存收益的性质

从性质上看，企业通过合法有效地经营所实现的税后净利润，都归属于企业的所有者。企业将本年度的利润部分甚至全部留存下来的原因很多，主要包括以下几点。第一，收益的确认和计量是建立在权责发生制基础上的，企业有利润，但企业不一定有相应的现金净流量增加，因而企业不一定有足够的现金将利润全部或部分派发给所有者。第二，法律法规从保护债权人利益和要求企业可持续发展等角度出发，限制企业将利润全部分配出去。《公司法》规定，企业每年的税后利润，必须提取 10% 的法定盈余公积。第三，企业基于自身扩大再生产和筹资需求，也会将一部分利润留存下来。

2. 利用留存收益的筹资途径

利用留存收益的筹资途径一般包含以下两种。

（1）提取盈余公积。盈余公积是指有指定用途的留存净利润，其提取基数是抵减年初累计亏损后的本年度净利润。盈余公积主要用于企业未来的经营发展，经投资者审议后也可以用于转增股本（实收资本）和弥补以前年度的经营亏损，但不得用于以后年度的对外利润分配。

（2）未分配利润。未分配利润是指未限定用途的留存净利润。未分配利润截至本年度没有分配给企业的股东，可以用于企业未来的经营发展。

3. 利用留存收益筹资的特点

利用留存收益筹资的特点一般包括：①不产生筹资费用；②维持企业的控制权分布；③筹资数额有限。

五、债务筹资

债务筹资形成企业的债务资金，债务资金是企业通过银行借款、向社会发行公司债券、融资租赁等方式筹集和取得的资金。银行借款、商业信用、发行公司债券是债务筹资的基本形式。

（一）银行借款

银行借款即银行贷款，是指企业向银行或其他非银行金融机构借入的、需要还本付息的款项，包括偿还期限超过 1 年的长期借款和不足 1 年的短期借款，主要用于企业购建固定资产和满足流动资金周转的需要。

1. 银行借款的种类

银行借款一般包含以下 3 种。

（1）按提供贷款的机构，银行借款分为政策性银行贷款、商业银行贷款和其他金融机构贷款。

① 政策性银行贷款是指执行国家政策性贷款业务的银行向企业发放的贷款，通常

为长期贷款。如国家开发银行贷款，主要满足企业承建国家重点建设项目的资金需要；中国进出口银行贷款，主要为大型设备的进出口提供买方信贷或卖方信贷；中国农业发展银行贷款，主要用于确保国家对粮、棉、油等政策性收购的资金供应。

② 商业银行贷款是指由各商业银行，如中国工商银行、中国建设银行、中国农业银行、中国银行等，向企业提供的贷款，用以满足企业生产经营的资金需要，包括短期贷款和长期贷款。

③ 其他金融机构贷款，如从信托投资公司取得实物或货币形式的信托投资贷款，从财务公司取得的各种中长期贷款，从保险公司取得的贷款等。其他金融机构贷款的期限一般较商业银行贷款长，要求的利率较高，对借款企业的信用要求和担保的选择比较严格。

（2）按机构对贷款有无担保要求，银行借款分为信用贷款和担保贷款。

① 信用贷款是指以借款人的信誉或保证人的信用为依据而获得的贷款。企业取得这种贷款，无须以财产做抵押。这种贷款风险较高，银行通常要收取较高的利息，往往还附加一定的限制条件。

② 担保贷款是指由借款人或第三方依法提供担保而获得的贷款。担保包括保证责任、财产抵押、财产质押，由此，担保贷款包括保证贷款、抵押贷款和质押贷款。

（3）按企业取得贷款的用途，银行借款分为基本建设贷款、专项贷款和流动资金贷款。

① 基本建设贷款是指企业因从事新建、改建、扩建等基本建设项目需要资金而向银行申请借入的款项。

② 专项贷款是指企业因为专门用途而向银行申请借入的款项，包括更新改造技改贷款、大修理贷款、研发和新产品研制贷款、小型技术措施贷款、出口专项贷款、引进技术转让费周转金贷款、进口设备外汇贷款、进口设备人民币贷款及国内配套设备贷款等。

③ 流动资金贷款是指企业为满足流动资金的需求而向银行申请借入的款项，包括流动资金借款、生产周转借款、临时借款、结算借款和卖方信贷。

2. 银行借款的程序

银行借款的程序一般包含以下 4 步。

（1）提出申请。企业根据筹资需求向银行发出书面申请，按银行要求的条件和内容填报借款申请书。

（2）银行审批。银行按照有关政策和贷款条件，对借款企业进行信用审查，依据审批权限，核准企业申请的借款金额和用款计划。银行审查的主要内容是：企业的财务状况、信用情况、盈利的稳定性、发展前景、借款投资项目的可行性、抵押品和担保情况。

（3）签订合同。借款申请获批准后，银行与企业进一步协商贷款的具体条件，签订正式的借款合同，规定贷款的数额、利率、期限和一些约束性条款。

（4）取得借款。借款合同签订后，企业在核定的贷款指标范围内，根据用款计划和实际需要，一次或分多次将贷款转入企业的存款结算户，以便使用。

3. 银行借款筹资的特点

银行借款筹资的特点主要包括：①筹资速度快；②资本成本较低；③筹资弹性较大；④限制条款多；⑤筹资数额有限。

（二）商业信用

商业信用是企业间在商品交易过程中由于延期付款或预收货款而形成的借贷关系，是企业间直接的短期信用行为。

1. 商业信用的种类

商业信用的具体形式主要包括应付账款、应付票据和预收账款等。

（1）应付账款是企业购买货物暂未付款而欠对方的账项，是一种卖方信用。赊购方可以通过延期付款获得相当于货款金额的短期资金。如果赊购业务能保持一定的规模，则企业可以获得一定数量的、比较稳定的资金来源。

（2）应付票据是企业进行延期付款商品交易时开具的，反映债权债务关系的票据。与应付账款一样，应付票据也是一种卖方信用。应付票据的最长支付期不超过 6 个月，可以带息，也可以不带息。企业通过无息票据获得的信用是免费信用，通过带息票据获得的信用是有代价信用。带息票据的利率一般比银行借款低且企业不用保持相应的补偿余额和支付协议费，但到期必须归还，否则便要交付罚金，因而风险较大。

（3）预收账款是企业在进行商品销售时通过预收部分或全部货款的方式取得的信用形式。与应付账款不同，它是一种买方信用。预收账款相当于向买方借用资金后用货物抵偿，一般用于生产周期长、资金需要量大的货物销售。如果以预收账款方式销售的商品价格低于正常销售商品的价格，则这种信用是有代价信用，信用成本即商品价格的差额；如果以预收账款方式销售的商品价格和正常销售的商品价格相同，则这种信用为免费信用。

此外，还存在一些在非商品交易中产生，但亦为自发性融资的应付费用，如应付职工薪酬、应交税费、其他应付款等。应付费用使企业收益在前、费用支付在后，相当于享用了受款方的借款，一定程度上缓解了企业的资金需要。

2. 商业信用筹资的特点

商业信用筹资的特点主要包括：①限制条件少；②融资便利；③筹资成本低；④融资期限较短；⑤放弃现金折扣的筹资成本很高。

（三）发行公司债券

公司债券又称企业债券，简称"公司债"，是企业依照法定程序发行的、约定在一定期限内还本付息的有价证券。债券是持有人拥有公司债权的书面凭证，它代表持券人同发债公司之间的债权债务关系。

1. 公司债券的种类

公司债券按照不同的标准可分为不同的类别，一般包含以下 3 种分类方式。

（1）按是否记名，公司债券分为记名公司债券和无记名公司债券。

① 记名公司债券，应当在公司债券存根簿上载明债券持有人的姓名及住所、债券持有人取得债券的日期及债券的编号等信息。记名公司债券，由债券持有人以背书方式

或者法律、行政法规规定的其他方式转让；转让后由公司将受让人的姓名或者名称及住所记载于公司债券存根簿。

② 无记名公司债券，应当在公司债券存根簿上载明债券总额、利率、偿还期限和方式、发行日期及债券的编号。无记名公司债券的转让，由债券持有人将该债券交付给受让人后即发生效力。

（2）按是否能够转换成公司股权，公司债券分为可转换债券与不可转换债券。

① 可转换债券，是指债券持有者可以在规定的时间内按规定的价格转换为发债公司股票的债券。这种债券在发行时，对债券转换为股票的价格和比率等都做了详细规定。《公司法》规定，可转换债券的发行主体是股份有限公司中的上市公司。

② 不可转换债券，是指不能转换为发债公司股票的债券，大多数公司债券属于这种类型。

（3）按有无特定财产担保，公司债券分为担保债券和信用债券。

① 担保债券是指以抵押方式担保发行人按期还本付息的债券，主要是指抵押债券。抵押债券按抵押品的不同，又分为不动产抵押债券、动产抵押债券和证券信托抵押债券。

② 信用债券是无担保债券，是仅凭公司自身的信用发行的、没有抵押品做抵押担保的债券。在公司清算时，信用债券的持有人因无特定的资产作担保，只能作为一般债权人参与剩余财产的分配。

2．发行债券的程序

发行债券的程序一般包含以下5步。

（1）做出决议。公司发行债券要由董事会制订方案，股东大会做出决议。

（2）提出申请。根据《中华人民共和国证券法》（以下简称《证券法》）规定，公司申请发行债券由国务院证券管理部门批准。公司申请时应提交公司登记证明、公司章程、公司债券募集办法、资产评估报告和验资报告等正式文件。

（3）公告募集办法。公司发行债券的申请经批准后，公司要向社会公告债券募集办法。公司债券分私募发行和公募发行，私募发行是以特定的少数投资者为对象发行债券，而公募发行则是在证券市场上以非特定的广大投资者为对象公开发行债券。

（4）委托证券经营机构发售。按照规定，公司债券的公募发行采取间接发行方式。在这种发行方式下，发行公司与承销团签订承销协议。承销团由数家证券公司或投资银行组成，承销方式有代销和包销两种。代销是指承销团代为推销债券，在约定期限内未售出的余额可退还发行公司，承销团不承担发行风险。包销是由承销团先购入发行公司拟发行的全部债券，然后再售给社会上的投资者，如果约定期限内未能全部售出，余额由承销团负责认购。

（5）交付债券，收缴债券款，登记债券存根簿。发行债券通常不需经过填写认购证的过程，由债券购买人直接向承销机构付款购买，承销机构向购买人交付公司债券。然后，发行公司向承销机构收缴债券款，登记债券存根簿并结算代理费。

3．发行公司债券筹资的特点

发行公司债券筹资的特点一般包含5点：①一次筹资数额大；②扩大公司的社会影响；③筹集资金的使用限制条件少；④能够锁定资本成本；⑤资本成本较高。

任务训练 2-1

归纳筹资方式的分类图，简述不同筹资方式的特点。

任务训练 2-2

找一家熟悉的上市公司，分析其筹资方式，思考其选择这些筹资方式的原因。

任务二　企业筹资方式分析

资金是企业的血液，是企业设立、生存和发展的物质基础，是企业开展生产经营活动的基本前提。为了满足经营活动、投资活动、资本结构管理等需要，企业需要采用一定的方法预测资金需要量，并通过一定的筹资渠道，运用一定的筹资方式，筹措和获取所需资金。

业务场景

先源环保公司是一家从事废水、废气处理技术研究、开发，以及环保设备制造、环境治理工程总承包的专业公司，与一流的专业水处理设备生产厂家确立了紧密协作关系。本着进取开拓的精神，先源环保公司 2024 年夏季拟扩大经营规模，为此需要大量资金采购原材料，这导致资金严重不足。因此，公司需要预测对外筹资额，并选择合适的短期资金筹集方式。

2024 年夏季，先源环保公司订单量比上年增加 10%，但公司暂无多余资金，急需追加短期资金投入。先源环保公司 2023 年的营业收入为 13 200 万元，净利润为 1 000 万元。目前公司尚有剩余生产能力，增加产量不需要进行固定资产等长期投资，但现金、应收账款、存货、应付账款属于敏感项目，这部分敏感项目与销售收入保持稳定的比率。假设先源环保公司的销售单价不变，销售净利率不变，利润留存率为 35%。公司筹资优先考虑使用留存收益，不足部分再向外部筹集。该公司资产负债表（简表）如表 2-1 所示。请预测该公司的对外筹资额，并分析可使用的筹资方案。

表 2-1　资产负债表（简表）

编制单位：先源环保公司　　　　　　　2023 年 12 月 31 日　　　　　　　单位：万元

资产	金额	负债和所有者权益	金额
库存现金	660	应付账款	1 980
应收账款	1 980	短期借款	3 300
存货	3 960	长期借款	1 320
固定资产	4 620	实收资本	3 300
		留存收益	1 320
资产合计	11 220	负债和所有者权益合计	11 220

一、资金需要量预测

筹资活动是企业一项重要的财务活动，是资金运转的起点。资金持有量不足可能影响企业的生产经营，加大企业的财务风险；但资金持有量过多，也会降低企业的整体盈利水平。因此，在企业筹资之前，采用一定的方法预测资金需要量，使资金不但在数量上，而且在时间上相互衔接，在保证企业经营活动需要的同时，降低企业闲置的资金数量，从而提高资金收益率。

企业资金需要量预测可以采用定性预测法和定量预测法。定量预测法主要有销售百分比法、因素分析法、资金习性预测法等，这里重点分析常用的销售百分比法。

业务分析

销售百分比法能为筹资管理提供短期预计财务数据，以适应外部筹资的需要，且易于使用。确定对外筹资额包括以下 3 个步骤。

（1）确定资产负债表各项目与销售额之间的依存关系。随着销售额的变化，资产中的货币资金、正常的应收账款及存货等项目会产生相应的变化，这些资产称为经营性资产，也称敏感资产。除此之外，负债中的某些项目，如应付账款、应付票据等项目（但不包括短期借款、长期借款等项目）也会随着销售额的变化而变化，这些负债称为经营性负债，也可称为敏感负债。销售百分比法假设经营性资产及经营性负债与销售额之间存在着稳定的比率关系。本例中，随销售额变动而变动的资产项目为库存现金、应收账款、存货，随销售额变动而变动的负债项目为应付账款。

（2）确定经营性资产与经营性负债有关项目与销售额稳定的比率关系。本例中，库存现金、应收账款、存货、应付账款与销售额的比率分别为 5%（即 $660 \div 13\,200 \times 100\%$）、15%（即 $1\,980 \div 13\,200 \times 100\%$）、30%（即 $3\,960 \div 13\,200 \times 100\%$）、15%（即 $1\,980 \div 13\,200 \times 100\%$）。

（3）确定对外筹资额。预计因销售增长而需要的资金增长额，除留存利润后即为所需要的对外筹资额。本例中，对外筹资额 =（经营性资产销售百分比 - 经营性负债销售百分比）× 新增销售额 - 预计销售额 × 销售净利率 × 利润留存率 =（5%+15%+30% - 15%）× $13\,200 \times 10\%$ - $13\,200 \times (1+10\%) \times (1\,000 \div 13\,200 \times 100\%) \times 35\%$ = 77（万元）。

二、股权资金与债务资金的筹集

股权筹资和债务筹资各有其优缺点，企业应结合自身实际情况，选择合适的筹资方式。本例中，为满足临时生产经营需要，公司需要预测对外筹资额，并选择合适的短期资金筹集方式。

业务分析

财务部经过测算对外筹资额，并进行一番讨论后，形成两种备选筹资方案。

方案一：银行短期借款。向银行申请期限为 3 个月的短期借款，月利率为 0.6%，但银行要求保留 10% 的补偿性余额，到期一次还本付息。

方案二：商业信用融资。经过与供应商谈判，供应商同意以"3/30，$n/90$"（即 30 天内付款可享受 3% 的折扣，90 天内付款则没有折扣）的信用条件，向其销售 100 万元的原材料。

三、资本成本的计算

（一）资本成本的影响因素

在市场经济环境中，多方面因素的综合作用决定着企业资本成本，其中主要有利率、市场风险溢价、税率、资本结构和投资政策等因素。这些因素发生变化时，就需要调整资本成本。

1．外部因素

影响资本成本的外部因素主要包含以下 3 个。

（1）利率。利率上升，公司的债务成本会上升，因为投资人的机会成本增加了，公司筹资时必须付给债权人更多的报酬。利率上升也会引起普通股和优先股的成本上升。个别公司无法改变利率，只能被动接受。

（2）市场风险溢价。市场风险溢价由资本市场上的供求双方决定，个别公司无法控制，市场风险溢价会影响股权成本。

（3）税率。税率受政府政策调控，公司无法控制。税率变化直接影响税后债务成本以及公司加权平均资本成本。此外，资本性收益的税务政策发生变化，会影响人们对于权益投资和债务投资的选择，并间接影响公司的最佳资本结构，进而影响加权平均资本成本。

2．内部因素

影响资本成本的内部因素主要包含以下两个。

（1）资本结构。在计算加权平均资本成本时，我们假定公司的目标资本结构已经确定。公司改变资本结构时，资本成本会随之改变。公司增加债务的比重，会使加权平均资本成本趋于降低，同时会加大公司的财务风险。财务风险的提高，又会引起债务成本和股权成本上升。因此，公司应适度负债，寻求资本成本最小化的资本结构。

（2）投资政策。公司的资本成本反映现有资产的平均风险。如果公司向风险高于现有资产风险的新项目大量投资，公司资产的平均风险就会提高，并使资本成本上升。因此，公司投资政策发生变化时，资本成本就会发生变化。

（二）计算资本成本

资本成本可以用绝对数表示，也可以用相对数表示。资本成本用绝对数表示即资本总成本，它是筹资费用和用资费用之和。由于它不能反映用资量，所以较少使用。资本成本用相对数表示即资本成本率，它是资本占用费与筹资净额的比率，资本成本多用资本成本率表示。

1．一般模式

为了便于分析比较，资本成本通常用不考虑货币时间价值的一般模式计算。计算时，将初期的筹资费用作为筹资总额的一项扣除，扣除筹资费用后的筹资额称为筹资净额。资本成本率计算公式如下。

$$资本成本率 = \frac{年资本占用费}{筹资总额 - 筹资费用} \times 100\%$$

由于筹资费用一般以筹资总额的某一百分比计算，因此，上述计算公式也可以表示为：

$$资本成本率=\frac{年资本占用费}{筹资总额\times(1-筹资费用率)}\times100\%$$

2．贴现模式

对于金额大、时间超过一年的长期资本，更准确一些的资本成本计算方式是采用折现模式，即将债务未来还本付息或股权未来股利分红的折现值与目前筹资净额相等时的贴现率作为资本成本率。

由：筹资净额现值－未来资本清偿额现金流量现值=0

可得：资本成本率=所采用的贴现率

业务分析

本例中，采用的筹资方式期限在一年以内，不需考虑货币的时间价值，用一般模式计算资本成本率的结果如下。

方案一中，资本成本率=（0.6%×12）÷（1-10%）×100%=8%。

方案二中，放弃现金折扣的资本成本率=3%÷（1-3%）×[360÷（90-30）]×100%=18.56%。

四、最佳资本结构决策

不同的资本结构会给企业带来不同的后果。企业利用债务资本进行举债经营具有双重作用，既可以发挥财务杠杆效应，也可能带来财务风险。因此企业必须权衡财务风险和资本成本的关系，确定最佳的资本结构。评价企业资本结构最佳状态的标准应该是能够提高股权收益或降低资本成本，最终目的是提升企业价值。根据资本结构理论，当企业平均资本成本最低时，企业价值最大。

业务分析

本例中，放弃现金折扣的资本成本率高达18.56%，因此，企业应利用商业信用融资，在第30天付款，并向银行借款2个月弥补资金缺口。

任务训练 2-3

企业在筹资过程中，如果产生了负债，借款规模和利率水平一旦确定，其负担的利息水平也就固定不变。举债产生的财务杠杆效应具有双重作用，请思考如何将其转化为积极效应，使企业既有规模又有效益。

素质拓展

2022年，我国中小企业总数突破5 000万家，新注册企业超过800万家。中小企业在国民经济中发挥着重要作用。中小企业银行贷款比重较低，与我国中小企业在国民经济中所发挥的重要作用相比，中小企业获得的金融资源是不平衡的。与大型企业相比，中小企业的融资渠道少，筹资能力弱。融资困难是当前中小企业最突出的问题之一。

除了银行借款，中小企业应积极采用吸收直接投资、留存收益、商业信用等多种筹资方式。在确定最佳资本结构时，除了比较资本成本，权衡财务风险，也要注重社会责任、法律合规、企业文化等问题，不得非法筹资，不得为了达到筹资目的弄虚作假，为企业的可持续发展和国家的经济发展服务。

专题二 花钱

模块3 复利计算

学习目标

【知识目标】

1. 理解货币时间价值的内涵
2. 掌握单利终值和现值的计算方法
3. 掌握复利终值和现值的计算方法
4. 理解风险与报酬的关系

【能力目标】

1. 能计算一次性收付款项的终值和现值
2. 能利用货币时间价值和风险价值的相关知识，处理相关理财问题

【素质目标】

1. 培养利用货币的时间价值解决实际问题，做出正确决策的能力
2. 借助复利的原理认清生活中的各种陷阱，提升防诈骗的意识

引例

1797年3月，拿破仑在卢森堡第一国立小学演讲时，潇洒地把一束价值3路易的玫瑰花送给该校的校长，并且说了这样一番话："为了答谢贵校对我，尤其是对我夫人的盛情款待，我不仅今天会献上一束玫瑰花，并且在未来的日子里，只要我们法兰西存在一天，每年的今天我都将派人送给贵校一束价值相等的玫瑰花，作为法兰西与卢森堡友谊的象征。"

后来，拿破仑穷于应付连绵的战争和此起彼伏的政治事件，并最终因失败而被流放，自然也把对卢森堡的承诺忘得一干二净。

没承想，1984年年底，卢森堡人竟旧事重提，要求法国政府兑现当年拿破仑"赠送玫瑰花"的承诺，并且要求索赔。他们要求法国政府：要么从1798年起，用3路易作为一束玫瑰花的本金，以年利率五厘复利计息，全部清偿；要么在法国各大报刊上公开承认拿破仑是个言而无信的小人。法国政府当然不想有损拿破仑的声誉，但算出

来的数字让他们惊呆了，原本 3 路易的许诺，至今本息已高达 1 375 596 法郎。

最后，法国政府冥思苦想，才找到一个令卢森堡比较满意的答复，即"以后无论在精神上还是在物质上，法国始终不渝地对卢森堡的中小学教育事业予以支持与赞助，来兑现拿破仑将军那一诺千金的玫瑰花誓言"。

【点评】也许拿破仑至死也没想到自己一时的承诺会给法兰西带来这样的尴尬，从 1798 年到 1984 年每年赠送价值 3 路易的玫瑰花相当于在 187 年后一次性支付 1 375 596 法郎，但这也正说明了复利在财富增值中的巨大作用。如果不考虑复利，每年赠送价值 3 路易的玫瑰花，则只需要在 187 年后一次性支付 561 路易。这两者的差异，其实就是货币时间价值的体现，即"时间就是金钱"。

任务一　掌握银行存贷利息计算

一、货币时间价值产生的原因

货币时间价值（time value of money）理论认为，当前拥有的货币比未来收到的同样金额的货币具有更大的价值，因为当前拥有的货币可以进行投资。即使有通货膨胀的影响，只要存在投资机会，货币的现值就一定大于它的未来价值。简单来说，钱生钱，并且所生之钱会生出更多的钱，这就是货币时间价值的本质。

货币时间价值产生的原因主要有以下 3 点。

1. 货币时间价值是资源稀缺性的体现

经济和社会的发展要消耗社会资源，现有的社会资源构成现有的社会财富，利用这些社会资源创造出来的物质和文化产品构成了将来的社会财富。由于社会资源具有稀缺性，又能够带来更多社会产品，因此当前物品的效用高于未来物品的效用。在货币经济条件下，货币是商品价值的体现，当前的货币用于支配当前的商品，将来的货币用于支配将来的商品，所以当前货币的价值自然高于未来货币的价值。市场利率是对平均经济增长和社会资源稀缺性的反映，也是衡量货币时间价值的标准。

2. 货币时间价值是信用货币制度下流通中的货币的固有特征

在当前的信用货币制度下，流通中的货币是由中央银行基础货币和商业银行体系派生存款共同构成的。由于信用货币有增加的趋势，因此当前所持有的一定量的货币比未来获得的等量货币具有更高的价值。

3. 货币时间价值是人们认知心理的反映

由于人在认识上的局限性，人们总是对现存事物的感知较清楚，而对未来事物的认识较模糊，结果人们存在一种普遍的心理，就是比较重视当下而忽视未来。当前的货币能够支配当前的商品满足人们的现实需要，而将来的货币只能支配将来的商品满足人们将来不确定的需要，所以当前单位货币价值要高于未来单位货币的价值。为使人们放弃当前货币及其价值，必须付出一定代价，利率便是这一代价的体现。

二、货币时间价值的内涵

货币的时间价值是指货币经过一段时间的投资和再投资所增加的价值。例如：将现在的 1 元钱存入银行，1 年后可得到 1.05 元（假设银行存款年利率为 5%）。这 1 元钱经过 1 年时间的投资增加了 0.05 元，这就是货币的时间价值。

在市场经济条件下，即使没有风险，也不存在通货膨胀，不同时点单位货币的价值也不相等。

> **知识拓展**
>
> 衡量货币时间价值的利率与一般利率（如银行存贷利率、股息率、债券利率等）是有区别的，一般利率除了包含货币时间价值的因素外，还包含风险因素和通货膨胀因素，并受供求关系的影响。货币时间价值量的大小通常可以用利率高低来表示，但这种利率应以社会平均资本利润率为基础，并且以社会平均资本利润率作为货币时间价值量的最高界限。

三、货币时间价值的作用

货币的时间价值主要用于解决资金的现在价值和未来价值之间的换算，即知道了现在的价值如何计算将来的价值，或者知道了将来的价值如何计算现在的价值。例如，房贷利息的计算、项目投资可行性分析等，都离不开货币时间价值。

（一）货币时间价值是评价投资方案是否可行的基本依据

由于货币时间价值是去除风险报酬和通货膨胀等因素后的社会平均资金利润率，而投资方案资金利润率水平至少应达到社会平均资金利润率水平，否则该方案就不值得投资。所以，用货币时间价值作为尺度来衡量投资方案的资金利润率，就成为评价投资方案的基本依据。如果投资方案的资金利润率高于货币的时间价值，则该方案的经济效益良好；反之，该方案的经济效益较差。

（二）货币时间价值是评价企业收益的尺度

企业的财务目标是实现企业价值最大化，为此企业的经营者必须充分利用各种经济资源去实现预期的收益，而预期收益水平的评判应以社会平均资金利润率为标准，所以货币时间价值是评价企业收益的尺度。

四、终值与现值的概念

由于货币有时间价值，因此不同时点的货币金额不宜直接进行比较，需要把它们换算到相同的时点上，然后才能进行比较。在将不同时点的货币金额换算到相同时点的过程中，涉及两个重要概念，就是终值和现值。

（一）终值

终值又称将来值，是指现在一定量的货币折算到未来某一时点所对应的价值，俗称本息和。在银行存入现金 100 元，年利率为 5%，两年后一次性取出本息和为 110 元，这 110 元就是 100 元两年后的终值。

（二）现值

现值又称本金，是指未来某一时点一定量的货币折算到现在所对应的价值。上述两年后的 110 元折合为现在的价值为 100 元，这 100 元就是两年后 110 元的现值。

按照资金的类型及计息方式，资金的终值与现值有以下 3 种情况。

1. 单利终值与现值

单利是指只对借贷的原始金额或本金支付（收取）利息的方式。单利终值是指一定量资金若干期后按单利计算时间价值的本息和。单利现值是指未来某一时点上的一定量资金按单利折算到现在的价值。

2. 复利终值与现值

复利就是不仅本金要计算利息，本金所生的利息在下期也要加入本金一起计算利息，即通常所说的"利滚利"。复利终值是指一定量资金若干期后按复利计算的时间价值的本息和。复利现值是未来一定时点的特定价值按复利折算到现在的价值，即为取得未来一定的本息和所需要的现在的本金。

3. 年金终值与现值

年金终值是一定时期内每期期末（或期初）发生的等额收付款项的复利终值之和。计算年金终值实际上就是求各期复利终值的总计金额。年金现值是指一定时期内，每期期末（或期初）发生的等额收付款项的复利现值之和。计算年金现值实际上就是求各期复利现值的总计金额。

📓 知识拓展

单利和复利的区别如下。

1. 概念不同

单利计息要按照固定本金，在到期后一次性结清本息，本金之外的利息是不会产生利息的；而复利计息要将约定的结息放到下一期中当作本金来计算利息，再产生新的利息。

2. 产生利息不同

同样的本金、利率和贷款期限，复利利息会高于单利利息。贷款的时间越长，复利利息和单利利息之间的差额越大。

3. 计息方式不同

单利是以本金来计算利息的，而复利不仅对本金计算利息，还要对本金所生的利息一起计算利息。

五、货币时间价值的计量

（一）单利的终值和现值

单利利息是指以本金为计息基数，在规定的期限内，以规定的利率所计算的利息。单利方式下，只以本金计算利息，货币时间价值的计算公式如下。

$$I = P \times i \times n$$

式中：I——利息；P——现值；i——利率；n——计息期。

【例 3-1】某人将一笔 5 000 元的现金存入银行，年利率为 5%，以单利计息，则此人在两年后获得的利息 $I = P \times i \times n = 5\ 000 \times 5\% \times 2 = 500$（元）。

单利终值是指现在一定数量的资金在单利方式下，到未来某个时点的本息和，其计算公式如下。

$$F=P\times(1+i\times n)$$

式中：F——终值。

【例 3-2】某人将一笔 5 000 元的现金存入银行，年利率为 5%，则第二年年末的单利终值 $F=P\times(1+i\times n)=5\ 000\times(1+5\%\times2)=5\ 500$（元）。

单利现值是指将以后某一特定时期的资金按单利方式折算为现在的价值。单利现值的计算公式如下。

$$P=F\div(1+i\times n)$$

【例 3-3】某人希望 5 年后获得 10 000 元本息和，银行年利率为 5%，则他现在需存入银行的资金 $P=F\div(1+i\times n)=10\ 000\div(1+5\%\times5)=8\ 000$（元）。

（二）复利的终值和现值

复利方式下，不仅本金要计算利息，而且利息也要计算利息，俗称"利滚利"。按照这种方法，每经过一个计息期，都要将所生利息加入本金再计算利息。这里所说的计息期是指相邻两次计息的间隔，如一年、一个月、一日等。除非特别指明，计息期为一年。

1. 复利终值

复利终值的计算公式如下。

$$F=P\times(1+i)^n$$

【例 3-4】某人现在将 5 000 元存入银行，银行年利率为 5%，则第二年年末的复利终值 $F=P\times(1+i)^n=5\ 000\times(F/P,5\%,2)=5\ 000\times1.102\ 5=5\ 512.5$（元）。

$F=P\times(1+i)^n$ 是计算复利终值的一般公式，其中的 $(1+i)^n$ 被称为复利终值系数或 1 元的复利终值，用符号 $(F/P,i,n)$ 表示。因此，复利终值的计算公式也可以表示为 $F=P\times(F/P,i,n)$，如 $(F/P,5\%,2)$ 表示利率为 5% 的两期复利终值系数。

为方便计算，我们可直接在复利终值系数表中查复利终值系数。复利终值系数表（部分）如表 3-1 所示。复利终值系数表的第一行是利率 i，第一列是计息期 n，相应的 $(1+i)^n$ 在行列相交处。通过该表可查出，$(F/P,5\%,2)=1.102\ 5$。

表 3-1 复利终值系数表（部分）

期数	1%	2%	3%	4%	5%	6%	7%	8%	9%	10%
1	1.010 0	1.020 0	1.030 0	1.040 0	1.050 0	1.060 0	1.070 0	1.080 0	1.090 0	1.100 0
2	1.020 1	1.040 4	1.060 9	1.081 6	1.102 5	1.123 6	1.144 9	1.166 4	1.188 1	1.210 0
3	1.030 3	1.061 2	1.092 7	1.124 9	1.157 6	1.191 0	1.225 0	1.259 7	1.295 0	1.331 0
4	1.040 6	1.082 4	1.125 5	1.169 9	1.215 5	1.262 5	1.310 8	1.360 5	1.411 6	1.464 1
5	1.051 0	1.104 1	1.159 3	1.216 7	1.276 3	1.338 2	1.402 6	1.469 3	1.538 6	1.610 5

但复利终值系数表中只能查到 i 和 n 为整数的情况，现实生活中 i 一般不是整数，就不能利用复利终值系数表了。这时，我们可以在 Excel 中使用财务函数 FV 来解决。具体操作方法是：①在插入函数中选择 FV 函数；②设置利率、支付总期数和现值等参数。

例 3-4 中第二年年末的本息和，我们通过 Excel 计算出来的结果（见图 3-1）和用公式计算得到的结果是一致的。

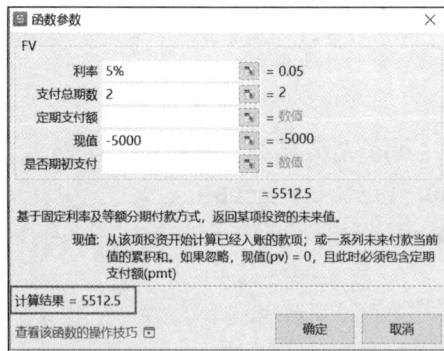

图 3-1　使用财务函数 FV 计算复利终值的结果

注：现在存入 5 000 元，求第二年年末的复利终值，即第二年年末能取出的本息和，存入和取出的方向相反，因此现值用负数表示。

2. 复利现值

复利现值的计算公式如下。

$$P = F \times (1+i)^{-n}$$
$$= F \times (P/F, i, n)$$

复利现值系数表（部分）如表 3-2 所示。

表 3-2　复利现值系数表（部分）

期数	1%	2%	3%	4%	5%	6%	7%	8%	9%	10%
1	0.990 1	0.980 4	0.970 9	0.961 5	0.952 4	0.943 4	0.934 6	0.925 9	0.917 4	0.909 1
2	0.980 3	0.961 2	0.942 6	0.924 6	0.907 0	0.890 0	0.873 4	0.857 3	0.841 7	0.826 4
3	0.970 6	0.942.3	0.915 1	0.889 0	0.863 8	0839 6	0.816 3	0.793 8	0.772 2	0.751 3
4	0.961 0	0.923 8	0.888 5	0.854 8	0.822 7	0.792 1	0.762 9	0.735.0	0.708 4	0.683 0
5	0.951 5	0.905 7	0.862 6	0.821 9	0.783 5	0.747 3	0.713 0	0.680 6	0.649 9	0.620 9

【例 3-5】某人希望 5 年后获得 10 000 元本息，银行年利率为 5%，则他现在需存入银行的资金 $P = F \times (P/F, 5\%, 5) = 10\ 000 \times 0.783\ 5 = 7\ 835$（元）。

同样的道理，在计算复利现值时，我们也可以通过 Excel 中的 PV 函数来解决。例 3-5 用财务函数 PV 计算的结果如图 3-2 所示。

图 3-2　使用财务函数 PV 计算复利现值的结果

注：使用财务函数 PV 的计算结果与查复利现值系数表的计算结果小数部分不一致，系小数保留位数不同产生的尾差。

单利终值和单利现值之间存在以下关系：单利终值和单利现值互为逆运算，单利终值系数$(1+i \times n)$和单利现值系数$(1+i \times n)^{-1}$互为倒数。

复利终值和复利现值之间存在以下关系：复利终值和复利现值互为逆运算，复利终值系数$(1+i)^n$和复利现值系数$(1+i)^{-n}$互为倒数。

六、利率的计算方法

利率表示一定时期内利息与本金的比率，通常用百分比表示。利率的一般计算公式如下。

$$利率 = 利息 \div 本金 \times 100\%$$

利率根据计量的期限不同，表示方法有年利率、月利率、日利率等。

【例 3-6】某人把 10 000 元存入银行，按复利计息，若要在 10 年后获得本息和 16 289 元，银行存款年利率应为多少？

由 $10\,000 \times (1+i)^{10} = 16\,289$，得 $(1+i)^{10} = 1.628\,9$，查复利终值系数表，与 $n=10$ 对应的系数中，5% 的系数为 1.628 9，故年存款利率为 5%。

但并不是所有的利率都刚好为整数，当利率不为整数时，无法直接在复利终值系数表中查询。我们可以在 Excel 中使用财务函数 RATE 来解决。

【例 3-7】某人把 10 000 元存入银行，按复利计息，若要在 10 年后获得本息和 15 000 元，银行存款年利率应为多少？

首先，我们在 Excel 的插入函数中选择 RATE 函数，然后依次设置支付总期数、现值和终值等参数，单击"确定"按钮，得到的计算结果如图 3-3 所示。由此可知，年存款利率约为 4.13%。

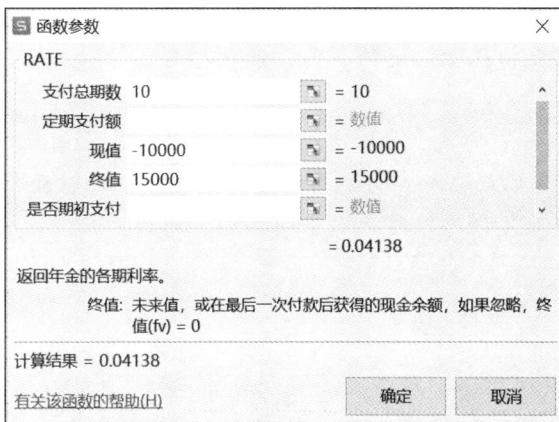

图 3-3 使用财务函数 RATE 计算利率的结果

找一家熟悉的银行，了解该银行有哪些储蓄或投资产品，计算其实际利率。

任务二　理解复利思维

一、复利的本质

复利的威力在于厚积薄发，而在早期的积累阶段，资金的增长是缓慢的。在初始的缓慢积累的过程中，小投资者多数希望资金能快速变多，因预期收益目标过高而承担了过高的风险，结果往往是"欲速则不达"。所谓"慢即是快"，正是对复利早期积累阶段的一个哲理性描述。事实上，避免严重的损失，是维持高复利增长的一个先决条件。

查理·芒格说："理解复利的魔力和获得它的困难是理解许多事情的核心和灵魂。"复利的本质是持续增长，越早明白"复利思维"，越早受益。

> **素质拓展**
>
> 很多人非常看重回报率，甚至要求今天努力了，明天就要看到回报。真正的智者，追求稳健增长，更看重长期的回报率，而不是短时间的回报率。所以，那些能真正利用复利思维规划自己人生的人，都有着简单但常人却难以具备的品质。
>
> **1. 坚持**
>
> 很多事情，都是坚持到临界点才会爆发出效果。复利思维作为人生的策略，要求你具有的品质就是：耐心，坚持。只要方向是对的，不要焦虑和不安，多给自己一些时间。
>
> **2. 不要透支**
>
> 牺牲健康去获取财富，无论是什么样的理由，都是不可取的。背叛自己的朋友获得利益，同样不明智，透支自己的人际关系资源，你失去的不仅仅是一个朋友。复利思维作为人生策略的另一个要求是：不要透支，无论是健康、人际关系资源，还是财富、智力。你需要有大局观，能沉得住气，能把控自己。
>
> **3. 目标感**
>
> 目标感决定你能否在一个方向持续走下去，做任何决策时都要知道，变更方向是有成本的。尤其是当你已经在一个方向努力了很长时间，此时变换方向，成本非常高。所以，目标感越强烈，复利思维对你人生的影响会越大。

二、复利的变形——年金

货币时间价值，除了涉及普通的一次性投资或一次性收入外，还有一种按相同时间和相同金额多次投资或收入的情况，即所谓的年金。年金是指一定期间内，在相同间隔期内（一年、半年、一季度……）支付或领取相等金额的款项。年金应用广泛，如工资、折旧、租金、保险费、利息等都可以表现为年金的形式。

年金一般应同时满足以下 3 个条件：连续性，即在一定期间内每隔一段时间必须发生一次收入或支出业务，形成系列，不能中断；等额性，即每期发生的收入或支出的款项在金额上相等；同方向性，即该系列款项要么是收款项目，要么是付款项目，不能同时有收有付。

本模块主要学习普通年金。普通年金又称后付年金，是指各期期末收付的年金。

1. 普通年金终值

普通年金终值是指其最后一次收付时的本息和，它是每次收付的复利终值之和。

【例3-8】某人每年年末在银行存入 10 000 元，按复利计息，年利率为 10%，则 3 年后的本息和为：第一期期末的 10 000 元，应赚得两期的利息，因此，到第三期期末其值为 12 100 元；第二期期末的 10 000 元，应赚得一期的利息，因此，到第三期期末其值为 11 000 元；第三期期末的 10 000 元，没有利息，其价值为 10 000 元。3 年后的本息和为 33 100 元。

如果年金的期数很多，用上述方法计算终值显然相当烦琐。我们可以在 Excel 中使用财务函数 FV 来解决。

首先，在 Excel 的插入函数中选择 FV 函数，然后设置利率、支付总期数和定期支付额等参数，单击"确定"按钮，得到的计算结果如图 3-4 所示。

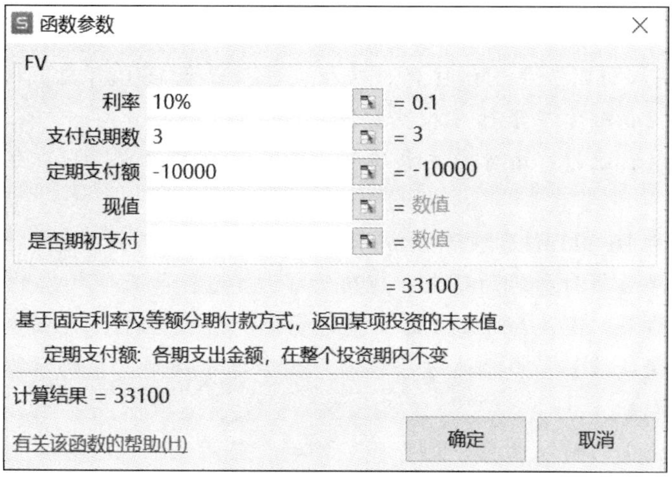

图 3-4　使用财务函数 FV 计算普通年金终值的结果

例 3-8 中 3 年后的本息和，我们通过 Excel 计算出来的结果和前面得到的结果是一致的。

2. 偿债基金

偿债基金是指为使年金终值达到既定金额每年年末应收付的年金数额。

【例3-9】某人拟在 5 年后还清 10 000 元债务，从现在起每年年末等额存入银行一笔款项。假设银行存款年利率为 10%，每年需要存入多少元？

由于存在利息，不必每年存入 2 000（即 10 000÷5）元，只要存入较少的金额，5 年后的本息和即可达到 10 000 元，可用来清偿债务。我们可以在 Excel 中使用财务函数 PMT 来解决。

首先，在 Excel 的插入函数中选择 PMT 函数，然后设置利率、支付总期数和终值等参数，单击"确定"按钮，得到的计算结果如图 3-5 所示。

因此，在银行存款年利率为 10%时，每年存入 1 637.975 元，5 年后可得 10 000 元，用来清偿债务。

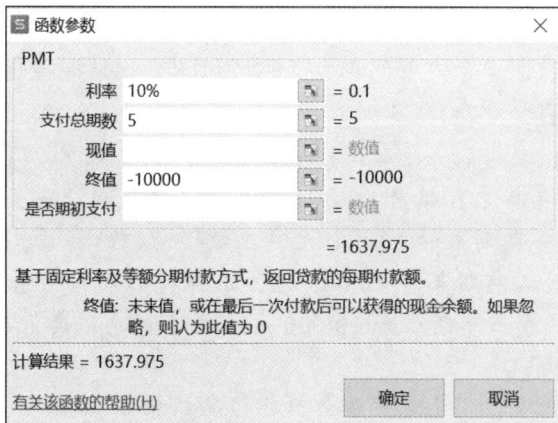

图 3-5　使用财务函数 PMT 计算偿债基金的结果

3. 普通年金现值

普通年金现值，是指为在每期期末收付相等金额的款项，现在需要投入或收取的金额。

【例 3-10】某人出国 3 年，请你代付房租，每年租金 10 000 元，设银行存款年利率为 10%，他应该现在给你在银行存入多少钱？

这个问题可以表述为：请计算年利率为 10%、计息期为 3、年金为 10 000 元的年末付款的现值。

第一年年末的 10 000 元是赚得一年利息后的结果，现值为 9 091 元；第二年年末的 10 000 元，是赚得两年利息后的结果，现值为 8 264 元；第三年年末的 10 000 元，是赚得三年利息后的结果，现值为 7 513 元。整笔资金现值为 24 868 元。

如果年金的期数很多，用上述方法计算现值会非常烦琐。我们可以在 Excel 中使用财务函数 PV 来解决。

首先，在 Excel 的插入函数中选择 PV 函数，然后设置利率、支付总期数和定期支付额等参数，单击"确定"按钮，得到的计算结果如图 3-6 所示。

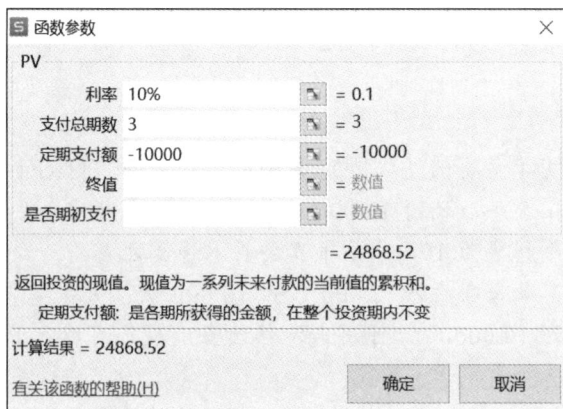

图 3-6　使用财务函数 PV 计算普通年金现值的结果

注：通过 Excel 计算出来的结果为 24 868.52 元，与前面计算得到的现值 24 868 元之间的差异为尾差，可忽略不计。

4. 投资收回

【例 3-11】假设以 10%的年利率借款 20 000 元，投资于某个寿命为 10 年的项目，每年至少要收回多少现金才不亏？

我们可以在 Excel 中使用财务函数 PMT 来解决。

首先，在 Excel 的插入函数中选择 PMT 函数，然后设置利率、支付总期数和现值等参数，单击"确定"按钮，得到的计算结果如图 3-7 所示。该结果表明，投资项目每年至少要收回 3 254.91 元现金才不亏。

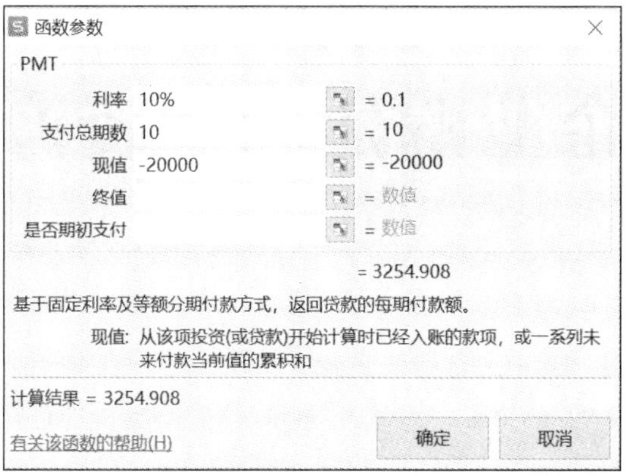

图 3-7　使用财务函数 PMT 计算投资收回的结果

素质拓展

积小胜为大胜，积小事为大事，积小利为大利。不管是工作还是生活，朴素的坚持有时比无畏的寻求更重要。随着时间的拉长，边际成本足够低，收益才会慢慢变大。

任务训练 3-2

运用复利思维，规划自己的财富、健康和学识。

模块 4
企业购建固定资产

学习目标

【知识目标】

1. 了解资产的定义、确认条件及分类
2. 了解购买和租赁的区别与联系
3. 熟悉租赁的常见方式

【能力目标】

1. 能区分流动资产和非流动资产
2. 能根据企业实际情况对购买或者租赁做出选择

【素质目标】

1. 培养做决策前进行计划和预算的习惯，树立量力而行的投资和消费理念
2. 勇于面对创业时资金短缺的困难，注重专利技术研发，培养敢闯敢创的精神

引例

国家统计局发布的数据显示，2022 年全年全国固定资产投资（不含农户）572 138 亿元，比上年增长 5.1%。固定资产投资（不含农户）是以货币形式表现的在一定时期内完成的建造和购置固定资产的工作量以及与此有关的费用的总称。

固定资产形成过程中，耗费了既有市场主体生产的货物与服务，扩大了市场需求，拉动了经济增长，因此，固定资产投资是一个国家（地区）经济增长的重要前提，对优化产业结构、实现经济持续健康发展的作用明显。

【点评】 固定资产投资是社会总需求的组成部分，也是增加社会总供给的重要途径。固定资产投资的增加，会增加对投资品的需求，增加投资品生产企业的产量，使就业机会增加、居民收入增加，进而促进消费需求的增加，从而使社会总产出增加。

企业经营也需要投入相应的资金，通过购置设备、场地、材料等形成生产和经营所需的各项储备，即资产。虽然资产的形成方式是多样的，不同的资产，其性质和用途也不同，但各种资产通过发挥相应的作用，共同支撑起企业的经营和发展。

任务一　掌握固定资产及主要取得方式

一、资产的定义及确认条件

（一）资产的定义

资产是指企业过去的交易或事项形成的，由企业拥有或控制，预期会给企业带来经济利益的资源。作为企业从事生产经营活动的物质基础，资产具有以下特点。

1. 资产是由过去的交易或事项形成的

即资产必须是现时的，不能是预期的，预期在未来发生的交易或事项不能形成现在的资产。例如，明年计划购进的设备，即使有相应的规划和预留的资金，但不能现在就将该项设备确认为一项资产。

2. 资产必须为企业所拥有或控制

对于一项资产，企业应该事实上拥有其所有权；对于一些特殊方式形成的资产，即使企业对其不具有所有权，但能对其实施实际控制，也应作为企业资产予以确认，如通过非短期低值租赁而形成的使用权资产、通过出让方式取得的土地使用权等。

3. 资产预期能够给企业带来经济利益

资产给企业带来经济利益的方式，既可以是直接或间接导致现金和现金等价物流入数量的增加，也可以是直接或间接导致现金和现金等价物流出数量的减少。例如，一项节能设备，可以使企业能耗明显降低，减少企业在水电消耗方面的支出，为企业带来了经济利益。

（二）资产的确认条件

一项资源要想被确认为企业资产，除了要符合资产的定义，还需要同时满足以下两项条件。

1. 相关的经济利益很可能流入企业

该条件实则包含两个条件，一是要能给企业带来经济利益流入，二是经济利益流入的可能性要达到"很可能"。

销售商品或服务时，如果对应的货款很可能收回且其金额能够可靠计量，该笔应收的货款应被确认为一项债权性的资产；但如果对应的货款很可能收不回来，则不应进行资产确认，即使之前符合相关条件已经确认为资产，现在也应终止确认，如对方企业破产清算后无法收回的债权等。

通常，对可能性的划分标准如下。

（1）"基本确定"指发生的可能性大于95%但小于100%。

（2）"很可能"指发生的可能性大于50%但小于或等于95%。

（3）"可能"指发生的可能性大于5%但小于或等于50%。

（4）"极小可能"指发生的可能性大于0但小于或等于5%。

2. 成本或价值能够可靠计量

会计以货币作为主要计量单位，如果一项资产的成本或价值不能可靠计量，就意味着无法将其以某一具体金额的方式体现在会计账簿或报表中。

二、资产的分类

资产可以按照分类标准进行分类，不同类别的资产，其特征和用途不同。如按照资产的流动性分类，资产可分为流动资产和非流动资产。

资产的流动性是指资产转变为现金的能力，即变现能力。某项资产将在未来 1 年（或超过 1 年的一个营业周期内）变现或耗用的，应将其视为流动资产，如企业的货币资金、交易性金融资产、各种应收款项、各种存货等；某项资产将在超过 1 年后变现或耗用的，应将其视为非流动资产，如固定资产、在建工程、无形资产、研发支出、长期股权投资、债权投资、其他权益工具投资等。

资产是企业经营的基础，企业要进行生产经营活动，就必须具备设备、场地、存货等能支撑其有效开展经营活动的各项资产。企业的生产经营过程就是企业的各项资产合理配置，发挥各自应有作用的过程。需要注意的是，不同行业、不同主营业务的企业，其资产结构差异较大。

例如，潍柴动力股份有限公司（机械制造行业）截至 2023 年 3 月 31 日的资产总计3 075 亿元，其主要资产在总资产中的占比如表 4-1 所示。

表 4-1　潍柴动力股份有限公司财务报表（简表）　　　金额单位：亿元

指标	金额	占比
总资产	3 075	100.00%
流动资产	1 818	59.12%
货币资金	726.4	23.62%
应收账款	293.5	9.54%
存货	353.3	11.49%
预付款项	19.37	0.63%
非流动资产	1 257	40.88%
固定资产	387.2	12.59%
无形资产	225.4	7.33%
长期待摊费用	3.066	0.10%
商誉	239.4	7.79%
总负债	2 005	100%
流动负债	1 297.3	64.70%
非流动负债	707.7	35.30%

注：因小数位四舍五入的原因，各项数据占比总和与 100.00% 可能存在±0.01%的误差，不影响数据分析，以下不再重复说明。

三、固定资产

（一）固定资产的识别

固定资产是指为生产商品、提供劳务、出租或经营管理而持有的，使用寿命超过一个会计期间的有形资产。通常可以根据以下特征对一项资产是否属于固定资产进行识别。

（1）从持有目的来看，固定资产是为生产商品、提供劳务、出租或经营管理而持有的，不是为了出售而持有的。

（2）从使用寿命来看，固定资产的使用寿命是指使用固定资产的预计期间或者其所能生产产品或提供劳务的总量。固定资产的使用寿命应超过 1 年（不含 1 年），属于非流动资产。

（3）固定资产属于有形资产，具有实体形态，外在形态可描述。专利权、非专利技术、商标权等非流动资产，虽然其持有目的也不是出售，使用寿命也会超过 1 年，但因其没有实体形态，只能将其作为无形资产确认。

（二）固定资产主要取得方式

企业的固定资产种类繁多，取得方式多样，常见的取得固定资产的方式有以下几种。

（1）外购方式，即直接从外部购买固定资产。标准或通用的设备等固定资产，企业可以直接通过购买的方式取得。

（2）自行建造方式，即通过自营方式和出包工程方式由企业自行主导建造固定资产。对于房屋、建筑物等固定资产，企业可采取自行建造的方式取得。

（3）接收投资者投入方式，即按照投资协议约定，投资单位以投资的名义将固定资产转入被投资单位。以这种方式取得固定资产，需要事先对投入的固定资产进行评估并确定其作价金额；房屋、建筑物等需要办理产权转移手续的要进行相关手续的办理。

（4）非短期和低价值租赁方式，即承租企业由于资金不足或为了减少投资风险，借助其他企业或金融机构的资金租入固定资产。对承租企业而言，这类资产形式上是通过租赁方式租入的资产，但其在风险和报酬上与自有资产无异，承租企业虽然无法依据所有权归属将其确认为固定资产，但应将其作为使用权资产确认并计入资产总额。

（三）固定资产折旧

非流动资产中的固定资产和无形资产，除了具有变现能力及变现期限以外，还有一个显著的特征便是在使用寿命内可以反复使用，而且使用过程中保持原有形态不变。

固定资产在使用寿命内可长期使用的这一特性，要求企业将其成本在使用寿命内进行合理分摊，即针对固定资产按月计提累计折旧，计提的累计折旧按照权责发生制的原则计入相关成本或期间费用，以便准确地计算利润。

固定资产折旧是指在固定资产的预计使用寿命内，按照事先确定的方法对应计折旧额进行系统的分摊。常用固定资产折旧方法包括年限平均法、工作量法、双倍余额递减法、年数总和法。

📋 **案例分析**

年限平均法下固定资产折旧计算如表 4-2 所示。

表 4-2　年限平均法下固定资产折旧计算

项目名称	数　值	备　注
资产原值/元	400 000.00	固定资产取得成本
预计净残值/元	40 000.00	预计报废时收回或出售取得的残值净收入
应计折旧额/元	360 000.00	使用寿命内需要计提的折旧总额
预计使用寿命/年	3	固定资产取得时预计的使用年限
年折旧额/元	120 000.00	使用寿命内每个折旧年度计提的折旧额
月折旧额/元	10 000.00	年折旧额÷12

根据表 4-2，企业为取得该项固定资产预计花费 400 000 元，预计使用寿命 3 年，即该项投入会形成企业资产中的固定资产，并且会在自投入使用之日起的 3 年内为企业提供生产、经营或管理的支撑。

预计净残值 40 000 元，表明按照预测，当 3 年后该项固定资产的使用寿命到期时，处置该项固定资产仍可为企业带来 40 000 元的现金净流入。例如，对外以 45 000 元的价格出售，但要承担 5 000 元的处置费用，因此预计净残值为 45 000-5 000=40 000（元）。

应计折旧额 360 000 元，表明在固定资产原值 400 000 元的基础上，考虑预计净残值 40 000 元后，仍有 360 000 元需要在该项固定资产 3 年的使用寿命内，以计提固定资产折旧的方式计入成本或费用，并从对应期间的利润中得到补偿。以此类推，每年需要计提的折旧额即为年折旧额，按每年 12 个月计算，每月需要计提的折旧额即为月折旧额。

📚 任务训练 4-1

归纳资产分类图，简述不同类别资产的主要构成内容及用途。

📚 任务训练 4-2

找一家熟悉的上市公司，选择其上市的证券交易所官网，搜索或计算该上市公司最近一年的资产结构百分比、研发投入占比。

🔵 任务二　固定资产购买与租赁分析

一、租赁及其分类

租赁是出租人以收取租金为条件，在租赁合同约定的期限内，将资产出租给承租人使用的经济行为。出租人、承租人、租金和租赁资产是一项租赁业务的基本要素。按照租赁业务的性质，可将租赁分为经营租赁和融资租赁两种。

经营租赁通常为短期租赁或低值资产租赁。短期租赁是指从租赁期开始日起，租赁期不超过 12 个月的租赁；低价值资产租赁是指单项租赁资产为全新资产时价值较低的租赁。从承租人的租赁目的看，其是希望通过租入设备，取得短期内的使用权和享受出租人提供的专门技术服务。经营租赁通常又被称为营业租赁或服务租赁，不属于借贷关系的范畴。

融资租赁是指实质上转移了与租赁资产所有权有关的几乎全部风险和报酬的租赁，其主要目的在于融资。融资租赁属于长期租赁，签订租赁合同后不可撤销，实质上增加了企业的长期债务，具有财务杠杆的相关属性。

（1）融资租赁协议中通常设置不可撤销条款。不可撤销条款是指如果承租方单方面违约，往往需要付出极大代价的条款，从而约束承租方不得不从经济利益方面考虑不撤销融资租赁协议。

（2）融资租赁协议的基本内容与借款合同的基本内容相近，如融资租赁协议中的租期约定类似于借款合同中的借款期限，融资租赁协议中的租金金额计算类似于借款合同中的本息和计算等。

（3）融资租赁和长期借款属于企业较为重大的经济行为，通常都需要在财务报告中予以披露，后续执行期间无论是无力支付租金还是无力偿还借款都会体现为企业财务状况恶化，使企业信誉受到严重损害。

二、融资租赁的常见形式

（一）自营租赁

自营租赁即直接租赁，出租人根据承租人的申请，以自有或筹措的资金购进承租人所需设备并租给承租人使用，租赁期一般为 3 年以上，租赁期内设备所有权属于出租人。租赁期满，承租人可以选择按设备残值向出租人支付相应费用后取得设备所有权。承租人按照协议约定支付租金并承担租赁设备的维修、保养及保险费用，租赁期内各方不得解约。

（二）售后租赁

当企业急需资金时，可以先以销售方的身份签订销售合同把自己拥有的设备出售给租赁公司，再以承租人的身份通过租赁合同向租赁公司租回原设备继续使用，并按照租赁协议约定向租赁公司支付相应的租金。

售后租赁方式下，作为租赁资产的设备本身就是承租企业的在用设备，销售只是形式，筹措资金才是其实质。承租人既维持了原有设备的使用权，满足了自身生产需要，又能使设备转化为自身急需的资金，使企业的固定资产流动化，增强了企业资金营运的灵活性。因此，售后租赁实际上是企业实现紧急融资的一种方式。

（三）杠杆租赁

杠杆租赁属于融资租赁所派生出的一种特殊租赁形式。当出租人不能单独承担某项资金需求量较大的项目，如飞机、船舶等巨额投资时，出租人以待购设备作为贷款抵押，通过转让收取租金的权利作为贷款的额外保证从银行、保险公司、信用公司等金融机构取得购买设备所需的借款，出租人购进设备后，出租给承租人使用，以租金偿还借款。

政策允许的情况下，杠杆租赁可以使出租人享受到减税等方面的优惠，出租人在增强投资能力的同时取得较为可观的投资报酬。

三、融资租赁的流程

（一）准备工作

确定企业投资的方式和规模，做好项目的可行性分析和论证，明确所需要的技术设备及设备性能参数、技术规格、供货企业。

根据企业资金现状，确定设备的取得方式是购买还是租赁。如果资金相对缺乏，选择租赁方式对企业较为有利，但企业也需要充分预计未来租金的支付压力，避免因无力支付租金而违约。

决定采用融资租赁方式后，选择有从事租赁业务资格的租赁公司，委托其办理有关租赁业务。

（二）申请并签订融资租赁意向协议

当企业决定采用融资租赁方式以获取某项设备时，需要了解各个租赁公司的资信情况、融资条件和租赁费率等，通过分析比较选定一家作为出租单位，向租赁公司申请办理融资租赁并签订相关协议。

（三）租赁谈判及签订正式合同

由承租企业和租赁公司中的一方或双方与选定的设备供应厂商进行购买设备的技术谈判和商务谈判，通常承租企业与租赁公司紧密合作，共同与拟定的供货单位谈判设备采购事宜。承租企业与租赁公司合作进行对外谈判的方式，一方面有利于承租企业了解和掌握引进设备的性能、技术条件，使得购进的设备能充分满足承租企业的需要；另一方面也充分发挥了租赁公司渠道多样、市场信息灵通的优势，以争取更加优惠的设备价格和交易条件。

在谈判成功的基础上，需要签订两个合同：一是租赁双方根据技术谈判和商务谈判的结果，经承租企业确认后，与供货方签订的购货合同；二是租赁公司与承租企业签订的租赁合同。

承租企业与租赁公司签订租赁设备的合同时，如需要进口设备，还应办理设备进口手续。融资租赁合同是租赁业务的重要文件，具有法律效力，依据《民法典》相关规定，融资租赁合同应当采用书面形式。融资租赁合同的内容一般包括租赁物的名称、数量、规格、技术性能、检验方法，租赁期限，租金构成及其支付期限和方式、币种，租赁期限届满租赁物的归属等条款。

（四）设备使用与租金支付

在签订购货合同和租赁合同的基础上，租赁公司便开始筹集用于购买租赁设备所需的资金，并向供货厂商支付订金。然后供货厂商向承租企业发货，并由租赁公司付款，安排运输，设备到货后组织安装，有时合同规定需要由供货厂商派工程技术人员到厂调试，由承租企业验收。

从起租日开始，承租企业就应按租赁合同的有关规定向租赁公司定期支付租金。但是，由于签订租赁合同时，有些费用无法预先确定，合同中的租金是按估算的成本算出来的，当实际成本与估算成本有出入时，其租金应做相应的调整。在这种情况下，租赁公司将租金变动情况连同成本计算结果一起通知承租企业，承租企业按租赁条件变更通知书的规定交付租金。

在整个租期内，承租企业可以根据自己的需要随意使用设备，但承租企业要负责租赁设备的保管、维修、保养等方面的费用。租期届满，只要承租企业支付租赁合同规定的留购价款，就可以获得租赁设备的所有权。租赁合同结束，租赁业务也就终结。

例如，中曼石油天然气集团股份有限公司关于全资子公司通过融资租赁方式融资并由公司为其提供担保的公告如下。

中曼石油天然气集团股份有限公司

关于全资子公司通过融资租赁方式融资并由公司为其提供担保的公告

一、交易情况概述

为了满足生产经营需要，公司全资子公司中曼海湾以自有的部分钻机设备以售后租回方式与国银金融租赁股份有限公司开展融资租赁业务合作,预计融资金额不超过 5 800 万美元,融资期限为 6 年。公司为上述业务提供连带责任保证担保。

......

二、交易对方情况

......

三、交易标的的基本情况

(1)标的名称:中曼海湾自有的 6 台钻机设备。

(2)类别:固定资产。

(3)权属:中曼海湾。

(4)资产价值:设备评估净值约为 4.3 亿元人民币。

四、交易合同的主要内容

(1)租赁物:6 台钻机设备。

(2)融资金额:不超过 5 800 万美元。

(3)租赁方式:售后租回。

(4)租赁期限:自起租之日起 72 个月。

(5)租金及支付方式:等额租金按季后付。

(6)设备所有权:租赁期限内,设备所有权属于国银金融租赁股份有限公司,公司拥有租赁资产的使用权;租赁期届满,租赁资产所有权归中曼海湾所有。

(7)担保方式:由公司对租赁合同项下的全部债务提供连带责任担保。

......

四、影响融资租赁选择的因素

当企业考虑是否选择以融资租赁方式取得设备时,相关租赁费用和现金流量是必须考虑的因素。

(一)租赁费用

租赁费用是企业为租赁设备而发生的与租赁业务有关的现金流出量总额,包括租金、设备安装调试费、利息、手续费、保险费、名义购买费、维修费和担保费等。这些费用是否包含在租金中,由承租人和出租人在租赁谈判中确定,并写入租赁合同中。

1. 租金

决定租金的主要因素是租赁设备的价款。设备的价款主要有设备的买价、运费和途中保险费三大影响因素。设备的买价一般根据市场现行价确定。为了防止出租人在租赁设备的买价上任意加码,承租人可直接与供应商洽谈,商定购价及其他主要商务条款后再与出租人谈判,有时甚至可以先以买方名义同供应商签订购货合同,然后再将合同转让给出租人。

2. 设备安装调试费

在非租赁业务中,企业取得设备的价款中包含设备的安装调试费,但在计算设备的租金时,设备价款中是否包含安装调试费,要视具体情况而定。如果设备的安装调试由出租人负责,那么在计算租金时要包括这部分设备安装调试费;如果设备的安装调试由承租人负责，那么租金中就不包括这部分费用。

3. 利息

融资租赁的实质是一种融资行为，因此出租人理所当然要按一定的利率收取利息。再者，出租人出租的设备也并非一定以自有资金购买，也可能用借款购得。利息取决于市场平均利率、租赁公司的筹资费用、利差风险及税收等因素。

4. 手续费

利息是承租人因使用出租人的资金而要支付的费用，而手续费则是出租人为了补偿各种日常开支，如办公费、工资、差旅费、广告费等而收取的费用。手续费的收取一般有两种方法：一种是按资产价款的一定比例收取，另一种是包含在租金内。租赁手续费没有固定标准，一般视租赁业务的难易程度而定。

5. 保险费

为了防止意外损失，承租企业不但要直接或间接地承担设备的运输保险费，还要直接或间接地承担设备使用过程中的保险费。在融资租赁方式下，如设备的租后所有权归承租人所有，那么保险费多数由承租人支付；如设备的租后所有权仍归出租人所有，则保险费既可由承租人直接支付，也可由出租人支付，但出租人在确定租金时，仍要将其包括在内。保险费的高低取决于设备的价值大小、设备的种类和使用设备的条件。价值大、结构复杂、技术先进、使用条件差的设备，保险费高；反之，则保险费低。不同的筹资方案和不同的租赁形式下，保险费的表现形式不同。

6. 名义购买费

融资租赁方式下，租赁期满后，根据租赁合同，承租企业可能会以一定的价款将原租赁设备买下来。其留购费可能远低于留购时的资产实际价值，也可能等于现行市价；如低于市价，两者差额可能已计入以前的租金中。不管以什么价格留购，这部分支出都是承租企业的现金流出，承租企业在租赁决策时必须予以考虑。

7. 维修费

设备的维修费也是企业为获得设备的使用权而支付的费用。从形式上看，设备由谁维修，则由谁承担相应的费用。但由于出租人拥有较多同类可供出租的设备，有一定的专业维修能力和为众多客户服务的规模效益，因此，租赁形式中的维修费用常包含在租金中，但相对较低。承租企业在租赁决策时应对有关维修费的现金流量做尽可能准确的分析与估计，以便做出更合理的决策。

8. 担保费

出租人在国际租赁业务中总是期望从租金、利息、手续费等方面收回投资并获利。但由于各种原因，承租人可能无法如期支付租金，或租赁设备由于使用不当而损坏或损耗过快，因此，出租人要承担各种风险。出租人为避免损失通常要求承租人提供一个有信誉的机构做担保。而担保机构是要收费的，有时租赁设备价值极高，由此产生的担保费也不容忽视。

（二）现金流量

选择筹资方式时，除了要考虑现金流出量的大小外，还应考虑现金流转期。考虑现金流转期要解决两个问题：其一，现金流转期限；其二，现金流量的分布。这两个问题同时决定着现金流量现值的大小。

1．现金流转期限

确定现金流转期限就是要确定现金流转到哪一年为限。在租赁决策中，现金流转的期限取决于租赁期的长短、租赁期满后租赁资产的处理方式和租赁资产本身的经济寿命期3个因素。

租赁期满后租赁资产的处理方式一般有3种情况。退租，即租赁期满后承租人将租赁资产退还给出租人；续租，即租赁期满后租赁双方重签租约继续租赁，可以按正常租金续租，也可以按名义租金续租；租赁期满后出租人将租赁设备的所有权转让给承租人。在实际工作中可以按3种方式转让：无偿转让、按名义价格（低于正常价格）转让、按正常价格转让。

如果租赁期满租赁资产无偿转让给承租人，或按名义价格转让，或按名义租金续租，可以推断出租人在租赁期内已收回全部或大部分投资，承租人支付了全部或大部分资产价款，这时现金流转期限应按租赁期确定。如果租赁期满后退租，或按正常租金续租，或按资产正常价格留购，就不能以租赁期作为现金流转期限。对承租人来说，其在决策时往往还未决定是否要在租赁期满时以正常价格取得资产的所有权，或按正常租金续租至资产经济寿命结束。假如承租人在租赁决策时就决定租赁期满后按正常租金续租或按正常价格留购，现金流转期限应按照租赁资产的经济寿命确定。

2．现金流量的分布

由于货币是有时间价值的，因此，即使一定时期内各种筹资方式下的现金流出量之和相同，但如果分布期不同，各种方案的现金流出量的现值也可能不同，从而决策的结果也可能不同。

所谓机会成本，就是实施某一方案而放弃其他备选方案的可能收益。在进行租赁决策时有两方面的机会成本要考虑：一是不同投资方案的机会成本，二是同一投资方案下不同筹资方式的机会成本。在投资收入一定的情况下，现金流出量大，意味着投资效益差；反之，则意味着投资效益好。在筹资方式决策中，机会成本的问题也可以转化为增量成本问题来考虑，其结果应和其他决策方式相同，不过其表达方式更简洁明了。

在租赁决策中，有多种因素需要考虑。这些因素随时间、地点、条件的改变而改变。变化着的众多因素都是不确定因素，它们构成了租赁决策中的不确定性，即风险因素。因此，在租赁决策时需深入探讨分析这些不确定因素对各方案经济效益的影响。

五、购买与融资租赁的比较分析

业务场景

启明信息技术服务有限公司（以下简称"启明公司"）业务范围包括销售食品（无人售货机模式），计算机系统服务，软件开发，技术服务，企业管理咨询，销售计算机、软件及辅助设备、文具用品、电子产品。

2023年12月，公司为进一步拓展经营业务，计划购入高性能服务器1台，市场报价120万元。对于计划购入的高性能服务器，目前公司有以下几种采购方式可供选择（假设对应的折现率确定为5%）。

（1）与供货商签订分期付款合同，分4年付款，每年支付35万元。

（2）市场上有功能相同或类似的设备，需要以长期租赁方式租入使用，租期5年，每年需要支付租金28万元，租赁期满后可直接取得该设备的所有权。

（3）向银行取得4年期贷款120万元用于支付高性能服务器货款，年利率8%，每年年末付息，到期一次性还本。

【业务分析】

因3种方式对应的现金流出均具有长期性，因此均需要考虑现金流转期限和现金流量的分布。

本业务中所用的现值或终值系数如下。

（1）$i=5\%$，$n=4$，1元年金现值系数3.546 0。

（2）$i=5\%$，$n=5$，1元年金现值系数4.329 5。

（3）$i=5\%$，$n=4$，复利现值系数0.822 7。

不考虑其他因素的情况下，上述3种设备取得方式对企业的影响如表4-3所示。

表4-3　3种设备取得方式对企业的影响

方式	未来需支付金额	未来需支付金额现值	对企业的影响
方式1	自2024年至2027年，每年12月31日支付35万元	35×3.546 0=124.11（万元）	① 连续4年每年支付35万元 ② 取得并确认固定资产 ③ 按期计提折旧计入营业成本 ④ 按期调整融资费用
方式2	自2024年至2028年，每年12月31日支付28万元	28×4.329 5=121.226（万元）	① 连续5年每年支付28万元 ② 取得并确认固定资产 ③ 按期计提折旧计入营业成本 ④ 按期调整融资费用
方式3	自2024年至2027年，每年年末支付利息9.6万元，2027年12月31日还本120万元	9.6×3.546 0+120×0.822 7 =34.041 6+98.724 =132.765 6（万元）	① 连续4年每年支付9.6万元利息，第4年偿还本金120万元 ② 取得并确认固定资产 ③ 按期计提折旧计入营业成本 ④ 按期确认利息费用

通过表4-3可以看出，如果不考虑其他因素，上述3种方式下，企业如果采取第一种方式，即"自2024年至2027年，每年12月31日支付35万元"，其对应未来现金流出量的现值为124.11万元；如果采取第二种方式，即"以长期租赁方式租入使用，租期5年，每年需要支付租金28万元，租赁期满后可直接取得该设备的所有权"，其对应未来现金流出量的现值为121.226万元；而如果采取第三种方式，其对应未来现金流出量的现值为132.765 6万元。

知识拓展

设备寿命周期是指设备从投入使用开始，到在技术上或经济上不宜继续使用而退出使用过程为止所经历的时间。通常将设备的寿命周期分为物理寿命、技术寿命和经济寿命三种类型。

物理寿命是指设备因为磨损、老化等内在因素而无法继续工作的时间。因此，物理寿命与设备自身的材料特性、制造材料的质量、环境条件等因素密切相关，且主要是有形损耗。企业定期维护设备或及时更换故障部件都属于保证或延长设备物理寿命的操作。

技术寿命是指设备在使用过程中由于技术性原因而被淘汰的时间。技术寿命通常与科技进步的速度、设备的设计水平及制造工艺等因素密切相关。新型设备的功能、性能、安全性等优势会导致原有设备虽然还能继续使用，但已不能保证产品的精度、质量和技术要求而被淘汰。因此，技术寿命主要是由设备的无形磨损所决定的，通常比自然寿命要短。

经济寿命是指设备在正常使用条件下经过一段时间后，由于技术落后、生产效率低下、维修保养成本高等原因，导致设备的使用成本增加，设备运行时间、生产效率、质量下降，无法继续使用而被淘汰的时间。经济寿命的长短通常取决于前期的投资成本、使用情况、维修保养质量等因素。新型设备的更新迭代也是经济寿命的重要影响因素。

素质拓展

企业在经营和发展过程中，不可避免地会面临资金短缺的问题，当出现资金缺口时，应该选择合理、有效的方法解决资金问题。民间借贷是自然人之间、自然人与非金融机构的法人或其他组织之间借贷自有的货币等有价证券的行为。非法吸收公众存款是指违反国家金融管理法规吸收公众存款或变相吸收公众存款，扰乱金融秩序的行为。企业在筹资过程中，应当遵守国家法律法规，诚信经营，不进行非法集资，积极履行社会责任，不损害投资者的利益。

任务训练 4-3

查阅 2～3 份企业公开发布的与融资租赁有关的公告，分析其异同。

模块 5　企业日常支出

学习目标

【知识目标】

1. 了解企业日常经营活动支出范围
2. 熟悉企业职工薪酬、社会保险等支出
3. 了解企业相关税费基础知识

【能力目标】

1. 能正确计算企业和个人应缴纳的社会保险费、住房公积金
2. 能正确判定企业常见业务涉及的税种

【素质目标】

1. 培养依法经营企业意识
2. 培养依法纳税申报意识
3. 培养战略思维能力

引例

2022 年重庆市城镇非私营单位就业人员年平均工资为 107 008 元，同比名义增长 5.3%，增速比 2021 年放缓 3.1 个百分点，扣除物价因素，实际增长 3.1%。全市城镇私营单位就业人员年平均工资为 60 380 元，同比名义增长 1.8%，增速比 2021 年放缓 4.7 个百分点，扣除物价因素，实际下降 0.3%。

城镇非私营单位 19 个行业门类中，9 个行业的平均工资增速高于全市平均水平。其中信息传输、软件和信息技术服务业平均工资最高，超过 16 万元，达到 166 375 元，是全市平均水平的 1.55 倍，同比增长 7.3%，快于全市平均增速 2.0 个百分点；金融业平均工资次之，为 150 097 元，是全市平均水平的 1.40 倍，同比增长 15.6%，快于全市平均增速 10.3 个百分点。

国有单位就业人员年平均工资最高，为 134 518 元；其次为股份有限公司，为 125 490 元；私营单位就业人员年平均工资仅为 60 380 元，仅为非私营单位就业人员

年平均工资的 56.4%，占比较 2021 年下降 1.9 个百分点。

【点评】各地方统计部门每年都会发布当地各行业从业人员平均工资，可以发现，因行业性质差异、单位规模大小不同等，从业人员的工资差异很大，了解各单位从业人员工资构成非常必要。此外，企业作为市场主体的一部分，除定期支付工资薪酬外，还会涉及其他支出项目，如购买或建造厂房、采购原材料等，当然还有按期申报缴纳各种税费支出等。

任务一　掌握企业生产经营活动支出

一、企业生产经营活动支出业务概述

企业在生产经营活动中的支出业务包括购建厂房、车间、机器、设备等固定资产，购买土地使用权、专利权等无形资产，采购原材料、包装物等生产物资，支付职工薪金、社会保险费、福利费等，支付水电费、广告费、业务宣传费、业务招待费等，缴纳应交各项税费等。

二、企业生产经营活动主要支出项目

（一）厂房、车间、仓库、办公楼等不动产支出

对于生产型企业，厂房、车间、仓库、办公楼等不动产是必不可少的，它是生产经营的基础性条件。企业对于这些固定资产的获得，常见的方式包括购买、租赁、接受投资、互换等，也可以采取两种及以上的组合方式。

实务中，对于设立在工业园区、经济技术开发区等范围内的生产型企业，涉及标准化厂房、车间、仓库等，一般采取租赁方式取得，资金支出形式包括经营租赁或融资租赁而支付的租金。如果企业对上述不动产有特别要求的，如化工行业、制药行业等，生产企业一般会采用自行建造方式，资金支出主要表现为按工程合同分期支付施工工程款等。

（二）生产经营活动中机器、设备、设施等支出

对于生产经营过程中所需的机器、设备、设施等，一般来说，企业会采取购买方式；如果受资金约束，或者租赁资金成本更低，也可以采取融资租赁方式。在生产经营管理过程中，生产部门需要采购生产线、机器设备等，为生产活动做准备；行政、采购、仓储、销售等部门，则通常会采购计算机、打印机、扫描仪、空调等，为生产、经营的组织和管理等提供条件。

上述机器、设备、设施是企业经营管理所必需的，具有单位价值高、使用期限长、使用频率高等特征，实务中，企业一般采取直接购买方式取得。当然，如果其属于企业临时性经营、管理所需，如接送客户临时使用的商务车辆、新进员工的临时住宿等，采取短期租赁方式更符合经济原则。

（三）专利权、商标权等无形资产支出

在企业生产经营中，通常还会涉及无形资产。无形资产是指企业拥有或者控制的没

有实物形态的可辨认非货币性资产。无形资产具有形态上非实体性、占有或使用上垄断性、价值创造上不确定性等特征。在我国，企业生产经营中涉及的无形资产主要包括专利权、非专利技术、商标权、著作权、土地使用权等。

（四）原材料、包装物、库存商品等采购支出

对于生产型企业，原材料、包装物等作为产品生产的基本生产要素，是产品生产成本的重要构成内容，因此，企业应该解决原材料等采购问题。在现实中，这类采购业务，可能采取现款支付，也可能会采取赊购方式。

对于商品流通企业，商品采购是其主要采购支出。在结算上，企业可能先支付部分定金，后续根据合同约定支付货款；对于采购量大或采购价值高的商品，也可能与供应商协商，采取分期付款方式；当然，对于知名的零售企业或电商平台，可能采取完全赊购方式，待售出商品后才与供应商进行结算，这种情况下，其采购业务基本没有支付压力。

（五）职工薪酬支出

职工薪酬，是指用人单位为获得职工提供的服务或解除劳动关系而给予的各种形式的报酬或补偿。职工薪酬涉及两个环节，一个是用人单位与职工雇佣或劳动关系存续期间，一个是双方解除雇佣或劳动关系环节。从构成上看，职工薪酬包括用人单位直接、间接提供给职工的货币和非货币形式的报酬或补偿。从财务角度看，用人单位的职工薪酬支出范围很宽泛，包括职工工资、社会保险费、住房公积金、代扣代缴职工个人所得税、企业（职业）年金、职工教育经费、工会经费、职工福利费等。

1．职工工资

职工工资具体包括基本工资、奖金、津贴、补贴、年终加薪、加班工资，以及与任职或受雇相关的其他收入。对于非货币性工资，其主要包括企业将自产或者外购产品、货物无偿发放给职工；企业将其拥有的资产无偿提供给职工，如企业将自有住房、车辆无偿给职工使用；企业将租赁住房等资产提供给职工无偿使用；企业无偿或优惠提供给职工的餐饮服务、物业服务等。

2．社会保险费

社会保险是国家通过立法，多渠道筹集资金，对劳动者因年老、疾病、工伤、失业等而减少收入时给予经济补偿，使其能够维持基本生活的一种保障制度。这里的社会保险是指基本社会保险。

在我国，社会保险包括基本养老保险、基本医疗保险、工伤保险、失业保险、生育保险五项。根据《国务院办公厅关于全面推进生育保险和职工基本医疗保险合并实施的意见》（国办发〔2019〕10号）规定，生育保险和职工基本医疗保险合并实施，即生育保险并入基本医疗保险统一征缴。

（1）基本养老保险。根据《中华人民共和国社会保险法》（以下简称《社会保险法》）及相关政策规定，基本养老保险实行社会统筹与个人账户相结合，因此，职工个人和用人单位都需按规定缴纳基本养老保险费。个人负担的缴存记入个人账户，单位负担的缴存记入基本养老保险统筹基金。

目前，用人单位和个人基本养老保险计算缴纳规定是：用人单位按职工上一年度

月平均工资的一定比例（由省、自治区、直辖市人民政府确定）计算缴纳，职工个人则按照本人上年度月平均工资的一定比例（由省、自治区、直辖市人民政府确定）计算缴纳。

（2）基本医疗保险（含生育保险）。根据国办发〔2019〕10号文规定，生育保险并入基本医疗保险统一征缴，按照用人单位参加生育保险和职工基本医疗保险的缴费比例之和确定新的用人单位职工基本医疗保险费率，个人不缴纳生育保险费。用人单位和职工个人均需要按规定计算缴纳基本医疗保险费。其缴费基数的确定方法如下：用人单位按职工上一年度月平均工资的一定比例（由省、自治区、直辖市人民政府确定）作为缴费基数计算缴纳，职工个人则按照本人上年度月平均工资的一定比例（由省、自治区、直辖市人民政府确定）作为缴费基数计算缴纳。

（3）工伤保险。《社会保险法》规定，由用人单位缴纳工伤保险费，职工不缴纳工伤保险费。具体计算缴纳规定是：用人单位按职工上一年度月平均工资，区分不同行业适用不同缴费比例（0.3%～2.5%），计算缴纳。

（4）失业保险。《社会保险法》规定，由用人单位和职工按照国家规定共同缴纳失业保险费。具体计算缴纳规定是：用人单位根据职工上一年度月平均工资，按适用费率计算缴纳；职工个人则根据本人上年度月平均工资，按适用费率计算缴纳。用人单位和职工个人费率合计为1%，个人费率不得超过用人单位费率。

需要说明的是，实务工作中，各省、自治区、直辖市及其所辖行政区社会保障部门每年会发布当年社会保险费最低缴费基数及相关缴费率，部分企业不会采用前述"四险"计算办法，而是按照当地最低缴费基数及缴费率计算应缴纳和代扣的"四险"。

📝 知识拓展

根据《社会保险法》规定，现行养老金领取政策包括以下内容。

（1）参加基本养老保险的个人，达到法定退休年龄时累计缴费满十五年的，按月领取基本养老金。参加基本养老保险的个人，达到法定退休年龄时累计缴费不足十五年的，可以缴费至满十五年，按月领取基本养老金；也可以转入新型农村社会养老保险或者城镇居民社会养老保险，按照国务院规定享受相应的养老保险待遇。

（2）参加基本养老保险的个人，因病或者非因工死亡的，其遗属可以领取丧葬补助金和抚恤金；在未达到法定退休年龄时因病或者非因工致残完全丧失劳动能力的，可以领取病残津贴。所需资金从基本养老保险基金中支付。

（3）国家建立基本养老金正常调整机制。根据职工平均工资增长、物价上涨情况，适时提高基本养老保险待遇水平。

📚 任务训练 5-1

假设企业未按规定缴纳社会保险费，可能会面临哪些后果？

3. 住房公积金

住房公积金是国家机关、企事业单位等及其在职职工，对等缴存的长期住房储蓄。

住房公积金由两部分组成，一部分由用人单位缴存，另一部分由职工个人缴存。职工个人缴存部分由用人单位代扣，连同用人单位承担部分，一并缴存到住房公积金个人账户内。因此，单位和个人缴存的住房公积金在权属上都归职工个人所有。

根据规定，住房公积金缴存基数一般按照职工本人上一年度月平均工资确定，同时，不能低于规定的下限，不能超过规定的上限。

在用途上，职工住房公积金专项用于住房消费支出，包括购买、建造、装修、承租等自住住房，不能挪作他用。在职工离职、退休、死亡、完全丧失劳动能力并与用人单位终止劳动关系，以及户口迁出或出境定居等时，缴存的住房公积金将返还给职工个人或其受益人。

下面以重庆市 2023 年度城镇企业职工四险一金缴存基数上、下限及比例（见表 5-1）为例，计算企业和个人应缴纳相关项目的金额。

表 5-1　重庆市 2023 年度城镇企业职工四险一金缴存基数上、下限及比例

名称	缴存比例		缴存基数上、下限（月度）	
	单位	个人	上限	下限
基本养老保险	16%	8%	20 587 元	4 118 元
基本医疗保险	8.5%	2%	20 587 元	4 118 元
失业保险	0.5%	0.5%	20 587 元	4 118 元
工伤保险	不同行业执行不同费率	无须缴纳	20 587 元	4 118 元
住房公积金	5%～12%	5%～12%	27 856 元	不得低于当地现行最低工资标准

案例分析

2023 年 5 月，重庆颜美化妆品有限公司招聘新员工张某，合同约定每月应发工资 4 000 元。请根据相关规定计算公司、张某个人每月应缴纳的社会保险费和住房公积金（假设工伤保险费、住房公积金缴存比例分别为 0.3%、12%）。

根据 2023 年重庆市社会保险、住房公积金缴存规定，张某工资低于规定的缴存基数下限标准，因此，应将下限作为计算基数，确定公司、个人应缴纳的社会保险费和住房公积金。

（1）公司应缴纳基本养老保险费=4 118×16%=658.88（元），个人应缴纳基本养老保险费=4 118×8%=329.44（元）。

（2）公司应缴纳基本医疗保险费=4 118×8.5%=350.03（元），个人应缴纳基本医疗保险费=4 118×2%=82.36（元）。

（3）公司应缴纳失业保险费=4 118×0.5%=20.59（元），个人应缴纳失业保险费=4 118×0.5%=20.59（元）。

（4）公司应缴纳工伤保险费=4 118×0.3%=12.35（元），个人无须缴纳。

（5）公司应缴纳住房公积金=4 118×12%=494.16（元），个人应缴纳住房公积金=4 118×12%=494.16（元）。

4．企业（职业）年金

对于年金制度，我国目前有企业年金和职业年金两种。企业年金是指企业及其职工在依法参加基本养老保险的基础上，自愿建立的补充养老保险制度；职业年金则是指公职人员（行政机关、事业单位等职工）除基本养老保险之外的补充养老保险制度。两种年金制度下，职工在退休时或符合其他领取条件时，按月或一次领取年金账户所积累的资金。

根据相关规定，不论是企业年金还是职业年金，都由用人单位和职工共同缴纳，即双方按规定的基数和比例计算、缴存，将其记入职工年金个人账户。此外，须委托具有年金管理资格的专业机构，负责年金账户的管理、投资运营和托管。因此，对于建立年金制度的用人单位，定期缴存年金也是其一项固定支出项目。

5．职工教育经费

根据有关规定，单位职工教育经费主要支出范围包括：上岗和转岗培训；各类岗位适应性培训；岗位培训、职业技术等级培训、高技能人才培训；专业技术人员继续教育；特种作业人员培训；职工外送培训；职工参加的职业技能鉴定、职业资格认证；购置教学设备与设施；职工岗位自学成才奖励；职工教育培训管理；有关职工教育的其他开支等。用人单位不同，其职工教育支出项目及金额等存在较大差异。

6．工会经费

根据相关规定，单位工会经费主要用于职工集体福利支出，包括逢年过节、会员生日、婚丧嫁娶、退休离岗等慰问支出。逢年过节的年节是指国家规定的法定节日，即元旦、春节、清明节、劳动节、端午节、中秋节、国庆节和经批准设立的少数民族节日。

具体来说，节日慰问原则上为发放符合中国传统节日习惯的用品和职工必需的生活用品等；工会会员生日慰问可以发放生日蛋糕等实物慰问品，也可以发放指定蛋糕店的蛋糕券；工会会员结婚生育时，可以给予一定金额的慰问品；工会会员生病住院、工会会员或其直系亲属去世，可以给予一定金额的慰问金；工会会员退休离岗，可以发放一定金额的纪念品。

7．职工福利费

职工福利费是用人单位为了提高职工物质生活水平，帮助职工及其家属解决某些特殊困难和举办集体福利事业所发生的支出。一般来说，职工福利费支出范围如下。

（1）职工医药费，包括职工因公外地就医费用、职工供养直系亲属医药费补贴等支出。

（2）职工生活困难补助，包括因公或非因公负伤、残废等生活补助支出。

（3）职工及其供养直系亲属的丧葬补助费、抚恤费等支出。

（4）计提福利补贴，包括职工浴室、理发室、洗衣房、托儿所等集体设施及补助支出。

（5）其他福利费，包括职工上下班交通补贴、住院伙食费、供暖费补贴、防暑降温费等支出。

职工福利费属于纯消耗性支出，对大型企业来说，企业往往承担较大的职工福利费支出，负担较重；对于初创期企业，其规模较小，职工人数少，职工福利费支出项目少，金额不大。

（六）广告费与业务宣传费、业务招待费支出

成熟产品已具有一定规模的消费市场，企业发布广告的目的主要是巩固维持现有市场地位，广告费支出相对稳定。但是，对于新上市产品，为了快速打开市场、占领市场，企业往往会在广告和宣传上投入巨额资金，如选择通过电视、互联网、移动交通工具等立体化媒介进行广告宣传，在这一阶段，企业将面临巨大的广告费、业务宣传费支出压力。

企业发生的与生产经营活动有关的业务招待费，是指企业在经营管理等活动中用于接待应酬而支付的各种费用，主要包括业务洽谈、产品推销、对外联络、会议接待、来宾接待等所发生的费用，如招待饭费、招待用烟茶、交通费、住宿等。

任务训练 5-2

列举现实生活中企业广告费、业务招待费的具体支出项目。

（七）水电费、租金等支出

企业发生的水电费支出主要包括与生产相关的水电费支出和与经营管理相关的水电费支出。具体来说，生产车间发生的与产品生产相关的水电费支出，如生产用机器设备用水用电、生产车间照明用电等；与经营管理相关的水电费支出，主要包括行政管理部门用水用电、销售部门用水用电、职工宿舍用水用电等。

至于租金支出，企业如果涉及经营租赁，租期较短，如临时性租用机器、设备，一般来说，租金不高，支付压力不大。但是，如果采取融资租赁方式，受租赁协议约束，企业须定期支付较大金额的租金。

任务训练 5-3

对于初创型企业，你认为其各项支出中，按占比来排序，由高到低是哪些项目？请说明你的理由。

任务训练 5-4

如果职工未达到法定退休年龄就病故了，本人缴纳和单位缴纳的养老保险费、医疗保险费该如何处置？

任务二　了解企业主要应交税种

企业在生产经营过程中，根据其生产经营内容、经营成果等，需要确认其相应税种纳税义务，按照规定计税方法计算、申报、缴纳相关税费，涉及的税种主要包括增值税，消费税，城市维护建设税、教育费附加、地方教育附加，房产税，企业所得税等。

一、增值税

（一）概念

增值税是以商品和劳务在流转过程中产生的增值额作为征税对象而征收的一种流转税。例如，某公司生产 A 产品，每件产品的生产成本为 80 元、售价为 100 元，则该产品实现增值额 20 元。假设增值税税率为 13%，则该公司销售单位产品应缴纳的增值税就是 2.6 元（增加值×增值税税率=20×13%）。

（二）特征

1. 征税范围广，多环节征收

凡在中华人民共和国境内销售货物、服务、无形资产、不动产，以及进口货物，均属于增值税的征税范围。此外，增值税是对商品交易增值额征收税款，因此，只要商品在流转过程中产生增值，都应依法缴纳增值税。

2. 逐环节扣税，不重复征税

在商品流转过程中，购买方向销售方采购商品，同时支付货款和增值税税额；在对外销售时，销售方要向购买方收取货款和增值税税款。支付的增值税税额称为进项税额，收取的增值税税额称为销项税额，纳税人按"销项税额-进项税额"计算其应缴纳的增值税税额。商品流转到消费者时，增值税不能再向后转嫁，由消费者最终承担。

3. 平衡税负，促进公平竞争

购进环节增值税可以从应纳税额中扣除，避免重复缴税，促进各产业、行业之间的合理分工，平衡纳税人之间的增值税税负，实现纳税人之间的公平竞争。

（三）征收管理

1. 纳税人分类

我国增值税纳税人分为一般纳税人和小规模纳税人，分类标准包括两个：一是会计核算健全性，二是增值税应税销售额。应税销售额超过财政部和国家税务总局规定标准（500 万元）的纳税人为一般纳税人，未超过规定标准（500 万元，含本数）的纳税人为小规模纳税人。

当然，对于应税销售额低于规定标准的企业，如果会计核算制度健全，能准确核算增值税销售和购进业务，可以向税务机关申请认定为一般纳税人。此外，对于应税销售额超过规定标准的其他个人（即自然人）不属于一般纳税人，按小规模纳税人身份管理。

需要说明的是，纳税人登记为一般纳税人后，不得转为小规模纳税人；当小规模纳税人符合上述标准时，可以向税务机关申请认定为一般纳税人。

2. 计税方法和税率

增值税计税方法有一般计税和简易计税两种。一般纳税人，除特定项目外，采用一般计税方法计算应交增值税；小规模纳税人，则采用简易计税方法计算应交增值税。

对于采用一般计税方法的纳税人：

$$应交增值税＝当期销项税额－当期进项税额$$

其中，"当期销项税额"对应当期销售业务向购买方收取的增值税，按"当期销售额×增值税税率"方式计算；"当期进项税额"对应购进业务所支付（承担）的增值税，按增值税专用发票记载税额或相应计算方法确定，只有符合规定的票据才能作为"当期进项税额"，从销项税额中扣除。

对于采用简易计税方法的纳税人：

$$应交增值税＝当期销售额×增值税征收率$$

我国现行增值税税率有13%、9%、6%和零税率四种，增值税征收率也有5%、3%、1%、0.5%四种。

案例分析

某饼干生产销售企业，其主要业务流程为：①购买小麦、奶油等原材料；②领用原材料生产饼干；③将生产的饼干批发给经销商；④由经销商零售饼干。以生产一盒饼干为例，假设原材料成本为5元，生产加工环节发生人工成本2元、机器设备折旧1元、水电费1元；不考虑其他费用，每盒饼干的批发价为11元，零售价为15元，增值税税率为13%。试分析每盒饼干在批发环节、零售环节及全过程的增值税税额分别为多少？

生产饼干的成本包括原材料成本、人工成本、机器设备折旧、水电费等，合计为9元（5+2+1+1），批发价格为11元，因此，每盒饼干批发环节增加值为2元（11-9），应交增值税0.26元（2×13%）；对于零售环节，每盒饼干成本为11元（买价），售价为15元，产生增值额4元，应交增值税0.52元（4×13%）。从生产到零售全过程来看，每盒饼干成本为9元，最终售价为15元，增值额为6元，其增值税税额为0.78元（6×13%），等于批发环节增值税税额0.26元与零售环节增值税税额0.52元之和。可以看出，饼干在各流转环节增值税之和，等于其增值总额对应的增值税税额。

3. 发票管理

目前，我国增值税发票主要有3种：增值税专用发票（包括纸质发票和电子发票），增值税普通发票（纸质发票），增值税电子普通发票。增值税电子发票（含专用发票、普通发票）与纸质发票具有同等效力。

（1）增值税专用发票基本联次为3联：第一联为记账联，是销售方记账凭证；第二联为抵扣联，是购买方扣税凭证；第三联为发票联，是购买方记账凭证。增值税专用发票（纸质发票）样票如图5-1所示。

随着信息技术的发展，增值税专用发票电子化已在我国逐步推行。2020年12月20日，国家税务总局发布了《国家税务总局关于在新办纳税人中实行增值税专用发票电子化有关事项的公告》（2020年第22号），决定在前期宁波、石家庄和杭州等3个地区试点的基础上，在全国新办纳税人中实行增值税专用发票电子化，增值税电子专用发票样票如图5-2所示。

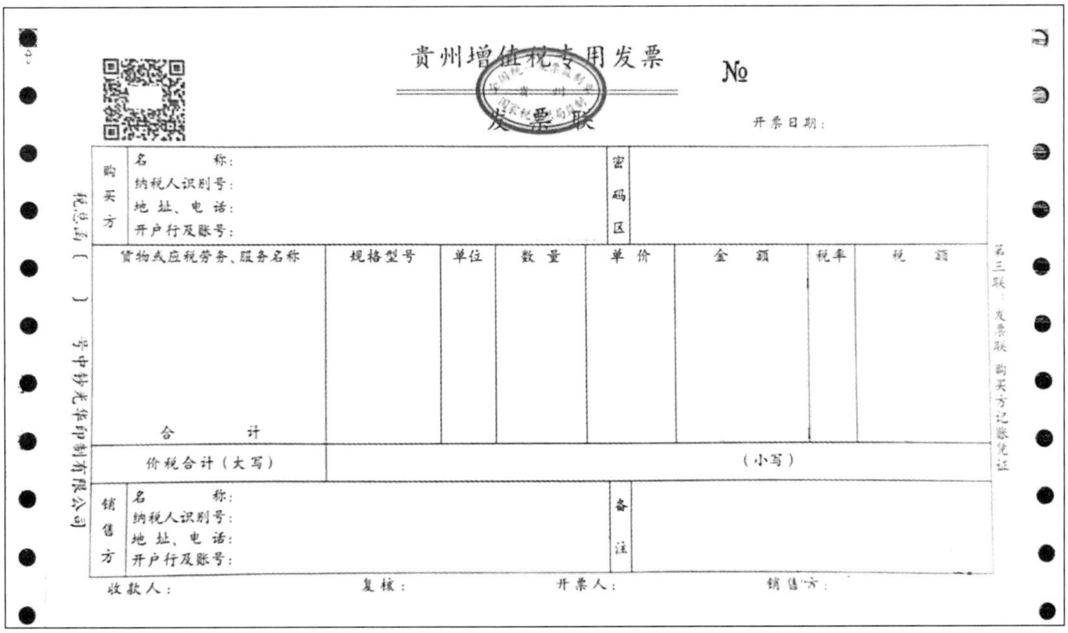
贵州增值税专用发票 №
发票联
开票日期：
购买方 名称： 纳税人识别号： 地址、电话： 开户行及账号：
密码区
货物或应税劳务、服务名称 | 规格型号 | 单位 | 数量 | 单价 | 金额 | 税率 | 税额
合计
价税合计（大写） （小写）
销售方 名称： 纳税人识别号： 地址、电话： 开户行及账号：
备注
收款人： 复核： 开票人： 销售方：
第三联：发票联 购买方记账凭证

图 5-1 增值税专用发票（纸质发票）样票

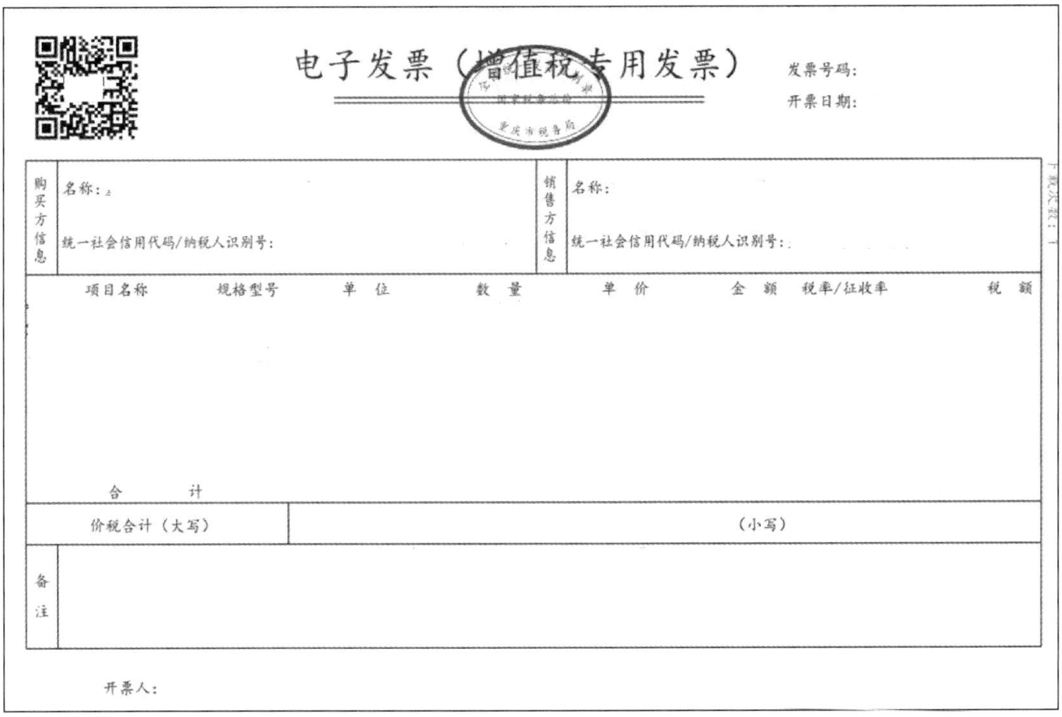
电子发票（增值税专用发票）
发票号码：
开票日期：
购买方信息 名称： 统一社会信用代码/纳税人识别号：
销售方信息 名称： 统一社会信用代码/纳税人识别号：
项目名称 | 规格型号 | 单位 | 数量 | 单价 | 金额 | 税率/征收率 | 税额
合计
价税合计（大写） （小写）
备注
开票人：

图 5-2 增值税电子专用发票样票

此外，自 2022 年 8 月 28 日起，全数字化电子发票（简称“全电发票”）在全国范围内推行，实现了全国 36 省市受票全覆盖，表明全面数字化电子发票时代已经到来。

（2）增值税普通发票（纸质发票）样票如图 5-3 所示。

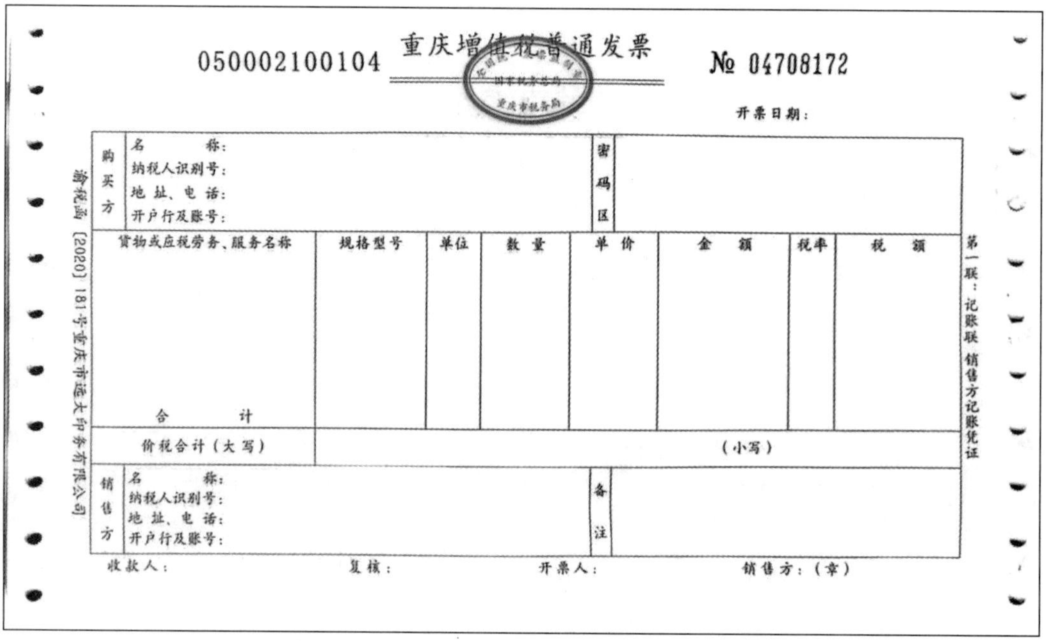
050002100104 重庆增值税普通发票 № 04708172

开票日期：

购买方 名称：纳税人识别号：地址、电话：开户行及账号：

密码区

货物或应税劳务、服务名称 | 规格型号 | 单位 | 数量 | 单价 | 金额 | 税率 | 税额

合计

价税合计（大写）（小写）

销售方 名称：纳税人识别号：地址、电话：开户行及账号：

备注

收款人：复核：开票人：销售方：（章）

渝税函[2020]181号重庆市迪太印务有限公司

第一联：记账联 销售方记账凭证

图 5-3　增值税普通发票（纸质发票）样票

（3）增值税电子普通发票样票如图 5-4 所示。

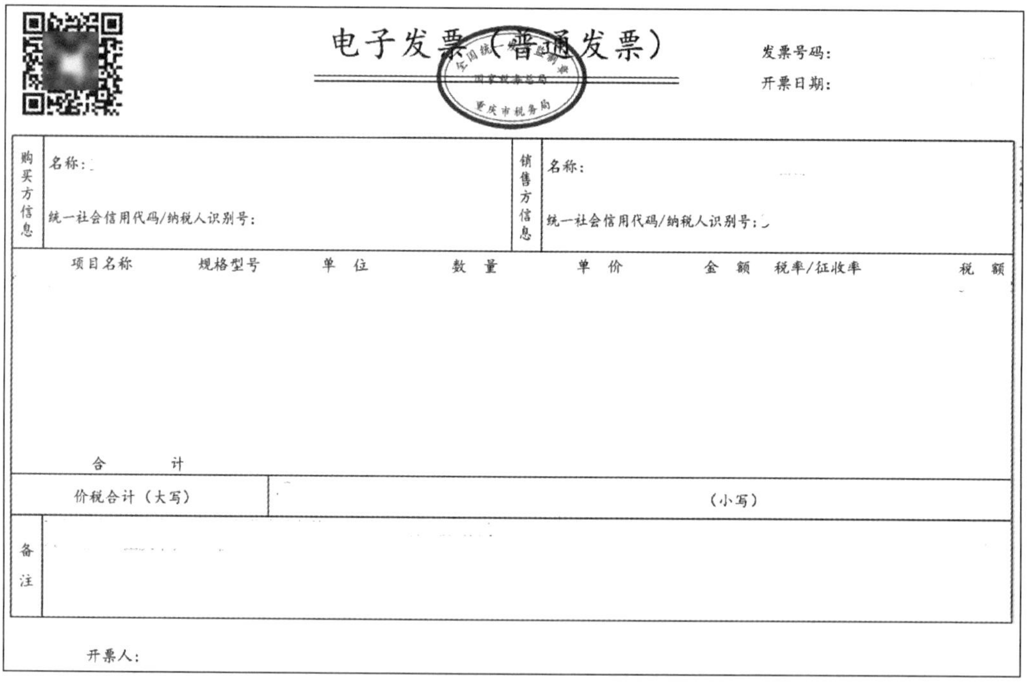
电子发票（普通发票）

发票号码：

开票日期：

购买方信息 名称：统一社会信用代码/纳税人识别号：

销售方信息 名称：统一社会信用代码/纳税人识别号：

项目名称 | 规格型号 | 单位 | 数量 | 单价 | 金额 | 税率/征收率 | 税额

合计

价税合计（大写）（小写）

备注

开票人：

图 5-4　增值税电子普通发票样票

根据现行相关税法规定，只有办理税务登记的纳税人才具有向税务机关领购发票的资格，并依法开具发票。对于未办理税务登记的增值税纳税人，其发生增值税应税行为，如需开具增值税发票，须向其主管税务机关申请代为开具。

增值税一般纳税人应依法向税务机关领购增值税专用发票，按规定开具增值税专用

发票（纸质发票、电子发票）。根据《关于增值税发票管理等有关事项的公告》（国家税务总局公告 2019 年第 33 号）规定，增值税小规模纳税人（其他个人除外）发生增值税应税行为，可自愿选择使用增值税发票管理系统自行开具增值税专用发票。未选择自行开具增值税专用发票的小规模纳税人发生增值税应税行为，可向税务机关申请为其代开增值税专用发票。

4. 税收优惠

现行的增值税税收优惠主要包括直接免税、减征税款、即征即退、先征后退、先征后返等形式。

例如，增值税小规模纳税人，月度应税销售额不超过 10 万元（季度不超过 30 万元）的，免征增值税；又如，符合规定条件的生产性服务业（邮政、电信和现代服务）和生活性服务业一般纳税人，可享受进项税额 10%、15%的加计抵减优惠等；再如，增值税一般纳税人涉及软件产品、资源综合利用产品，飞机修理修配劳务，动漫产业，安置残疾人，管道运输服务，有形动产融资租赁和售后租回服务等，符合条件的可享受增值税即征即退优惠等。

5. 纳税申报

增值税纳税人一般按期纳税，一般纳税人一般按月计算缴纳增值税，小规模纳税人一般按季度计算缴纳增值税。具体来说：按月纳税的，月度结束，在下月 15 日之前，一般纳税人按规定计算上月应缴增值税，并向主管税务机关申报、缴纳。例如，一般纳税人要申报缴纳 2023 年 8 月份的增值税，应在 2023 年 9 月 1 日至 2023 年 9 月 15 日，按规定计算 8 月份应缴增值税，并向主管税务机关申报、缴纳。按季度纳税的，一个季度结束，在次月 15 日前，小规模纳税人按规定计算上季度应缴增值税，并向主管税务机关申报、缴纳。例如，小规模纳税人申报缴纳 2023 年第三季度的增值税，就应该在 2023 年 10 月 1 日至 2023 年 10 月 15 日，按规定计算第三季度应缴增值税，并向主管税务机关申报、缴纳。

任务训练 5-5

请简要归纳增值税一般纳税人与小规模纳税人的区别。

二、消费税

（一）征税范围

目前我国只针对 15 类消费性货物征收消费税，包括烟，酒，高档化妆品，贵重首饰及珠宝玉石，鞭炮、焰火，成品油，小汽车，摩托车，高尔夫球及球具，高档手表，游艇，木制一次性筷子，实木地板，电池，涂料等。

1. 烟

该税目包括卷烟（包括进口卷烟、白包卷烟、手工卷烟和未经国务院批准纳入计划的企业及个人生产的卷烟）、雪茄烟、烟丝、电子烟 4 个子税目。

2. 酒

该税目包括白酒、黄酒、啤酒、其他酒 4 个子税目。

3．高档化妆品

该税目包括高档美容、修饰类化妆品、高档护肤类化妆品和成套化妆品等子税目。

4．贵重首饰及珠宝玉石

该税目包括各种金银珠宝首饰和各种珠宝玉石。

5．鞭炮、焰火

该税目包括旋转类、组合类以及喷花类等各类鞭炮、焰火。

6．成品油

该税目包括汽油、柴油、石脑油、溶剂油、润滑油、燃料油、航空煤油（暂缓征收）等子税目。

7．小汽车

该税目包括乘用车、中轻型商用客车、超豪华小汽车3个子税目。

8．摩托车

该税目包括气缸容量为250毫升及以上的燃油类摩托车。

9．高尔夫球及球具

该税目包括高尔夫球、高尔夫球杆（杆头、杆身和握把）、高尔夫球包（袋）等。

10．高档手表

高档手表是指不含增值税售价每只在10 000元（含）以上的手表。

11．游艇

该税目只涉及机动艇。

12．木制一次性筷子

该税目包括各种尺寸的木制一次性筷子。

13．实木地板

该税目包括各种规格的实木地板，实木指接地板，实木复合地板及墙面装饰，吊顶侧端为榫、槽的实木装饰板。

14．电池

本税目涉及原电池、蓄电池、燃料电池、太阳能电池和其他电池。

15．涂料

按主要成膜物质划分，涂料税目可分为油脂类、天然树脂类、酚醛树脂类、沥青类、醇酸树脂类等。

（二）征税环节

根据我国现行消费税税制设计，货物一般单环节征收消费税，即征收一次。在我国，消费税主要在生产销售环节、进口环节征收，只有少数情况在批发、委托加工以及零售环节征收。

1．委托加工环节

对于委托加工应税消费品业务，现行消费税政策规定，一般采取由受托方代收代缴消费税方式，即委托方收回委托加工应税消费品时，向受托方支付由其承担的加工应税消费品的消费税。

2. 零售环节

对于金银铂钻类应税消费品，按规定应在零售环节计征消费税。

金银铂钻类消费品具体包括金基、银基合金首饰，金、银和金基、银基合金的镶嵌首饰，钻石及钻石首饰，铂金首饰。根据规定，对于以上首饰，纳税人在零售环节计算、申报、缴纳消费税。

3. 双环节

涉及两个环节征收消费税的，主要有卷烟和超豪华小汽车。

（1）卷烟。根据现行消费税相关规定，卷烟消费税涉及两个环节的双重征收。一是在生产销售环节，纳税人根据标准，按照甲类或乙类卷烟消费税税率，计算、申报、缴纳消费税；二是在批发环节，从事批发卷烟的纳税人，按照批发环节的税率，计算、申报、缴纳该环节卷烟的消费税。

（2）超豪华小汽车。

① 超豪华小汽车的界定：每辆零售价格在 130 万元（不含增值税）及以上的乘用车或中轻型商用客车。

② 征税规定：在生产（进口）环节按现行税率征收消费税的基础上，在零售环节加征消费税，税率为 10%。

（三）计税方法

对于消费税应税货物，其税率有 3 种形式：一是比例税率，形式为百分率，如高档化妆品，现行税率为 15%；二是定额税率，形式为计量单位的税额，如啤酒，现行税率为 250 元/吨（甲类）、220 元/吨（乙类）；三是复合税率，表现为"比例税率""定额税率"的组合形式，如白酒，现行复合税率为 20%加 0.5 元/500 克（或 500 毫升）。

我国消费税有 3 种计算办法，分别是从价、从量和复合计征。

1. 从价计征消费税

从价计征消费税适用于比例税率的应税消费品，应纳税额计算公式如下。

$$应纳税额=销售额×比例税率$$

2. 从量计征消费税

从量计征消费税适用于定额税率的应税消费品，应纳税额计算公式如下。

$$应纳税额=销售数量×定额税率$$

3. 复合计征消费税

复合计征消费税适用于卷烟、白酒（含粮食白酒、薯类白酒等）等特定应税消费品，应纳税额计算公式如下。

$$应纳税额=实行从量计征办法的应纳税额+实行从价计征办法的应纳税额$$
$$=销售数量×定额税率+销售额×比例税率$$

（四）征收管理

在我国现行消费税制下，消费税没有做纳税人类型的区分。在纳税申报上，消费税按月或按季度计算缴纳，纳税人需要在月度结束后或者季度结束后的次月 15 日前，按规定计算应纳税额，并向主管税务机关申报、缴纳。

📋 **案例分析**

假设你是白酒生产企业的管理者，决定将自产白酒作为春节礼品送给客户，对于该行为，企业是否需要向税务机关申报、缴纳消费税？

白酒企业将自产白酒用于赠送他人，在形式上不属于销售行为，但是，由于消费税一般只征收一道（次），如果对该赠送行为不征消费税，将导致后续环节（客户消费受赠白酒）无法征收消费税，致使国家流失该白酒消费税收入。为此，对该赠送行为，消费税法规定将其视为销售，白酒企业在移送白酒时将产生消费税纳税义务，应按规定申报、缴纳该笔消费税，否则将按偷漏税处理。

三、城市维护建设税、教育费附加、地方教育附加

城市维护建设税、教育费附加、地方教育附加统称为附加税费，其主要内容如下。

（一）概述

城市维护建设税、教育费附加、地方教育附加，它们没有独立的征税对象，都是以增值税、消费税"二税"实际缴纳的税额之和为计税依据，属于附加税，因此，合称为附加税费。

在用途上，城市维护建设税、教育费附加、地方教育附加属于专用税款性质，即专门用于地方城市建设与维护、地方教育事业的发展等。

（二）计税

城市维护建设税、教育费附加、地方教育附加是以纳税人实际缴纳的流转税（增值税、消费税）额为计税依据征收的税费，其计算公式如下。

$$应纳税额 =（增值税 + 消费税）\times 适用税率$$

其中，城市维护建设税税率按纳税人所在地分为 3 档：市区为 7%，县城和镇为 5%，不在市区、县城或者镇的为 1%。

教育费附加统一适用税率为 3%，地方教育附加适用 2% 的税率。

（三）征收管理

城市维护建设税、教育费附加、地方教育附加作为增值税、消费税的附加税费，其缴纳时间、缴纳地点等应与增值税、消费税相同，即在申报缴纳增值税、消费税时，同时申报缴纳 3 种附加税费。

📚 **任务训练 5-6**

梳理归纳城市维护建设税、教育费附加、地方教育附加与增值税、消费税之间的联系。

四、房产税

（一）概述

房产税是对在我国境内拥有房屋产权的单位和个人，以房产为征税对象，以房产的

评估价值或租金收入为计税依据征收的一种税。对企业而言，其拥有产权的、用于生产经营的不动产是房产税的征税对象。

应税房产是指有屋面和围护结构（有墙或两边有柱），能够遮风避雨，可供人们在其中生产、工作、娱乐、居住或储藏物资等的场所。这里的房产包括与房屋不可分割的各种附属设备或一般不单独计价的配套设施，如电梯、中央空调、过道、楼梯等。相应地，独立于房屋之外的建筑物，如围墙、烟囱、水塔、室外游泳池等，不属于房产税的征税对象。

（二）纳税人

房产税的纳税人为征税房产的产权所有人，包括单位和个人，主要规定如下。

（1）产权属于国家所有的，经营管理单位为纳税人。

（2）产权属于集体和个人所有的，集体单位和个人为纳税人。

（3）房屋产权出典的，承典人为纳税人；产权所有人、承典人不在房产所在地的，或者产权未确定及租典纠纷未解决的，以房产代管人或使用人为纳税人。

（三）计税方法

房产税的计税方法有两种：从价计税、从租计税。

1. 从价计税

在从价计税法下，房产税依照房产原值一次减除 10%～30%后的余值计算缴纳。其计算公式如下。

$$应纳税额＝应税房产原值×（1-扣除比例）×1.2\%$$

对上述公式，需要说明以下几点。

（1）房产原值是指纳税人按照会计制度规定，在会计账簿"固定资产"科目中记载的房屋原值，包括与房屋不可分割的各种附属设备或一般不单独计价的配套设备。

（2）扣除比例为 10%～30%，具体扣除比例由省、自治区、直辖市人民政府根据当地的实际情况确定。

（3）1.2%为税率，且为年度税率，因此，如果应税房产计税期不足一年，还须按月份计算实际应纳税额。

2. 从租计税

根据规定，房产出租的，以房产租金收入为房产税的计税依据。其计算公式如下。

$$应纳税额＝租金收入×12\%（或 4\%）$$

对以上计算公式，需注意以下几点。

（1）租金收入形式包括货币和非货币两种。

（2）租金收入是指不含增值税的租金。

（3）个人出租住房时，按规定减按 4%的税率计算。此外，从 2021 年 10 月 1 日起，对企事业单位、社会团体、其他组织等向个人、专业化规模化住房租赁企业出租住房的，房产税税率减为 4%。

（四）征收管理

房产税的纳税期限、纳税地点等具体规定如下。

1. 纳税期限

房产税按年征收、分期缴纳，具体纳税期限由省、自治区、直辖市人民政府规定。

2. 纳税地点

房产税在房产所在地缴纳。纳税人房产不在同一地点的，应按房产的坐落地点分别向房产所在地的税务机关缴纳。

> **案例分析**
>
> 假设某公司将闲置门面出租给某商家，租期5年，双方约定免半年租金，请问：对于出租门面业务，在免租期和收租期，该公司应如何计算缴纳房产税？
>
> 根据现行规定，免租期按自用性质计税，即该公司采取从价计税方式计算应纳房产税。对于收租期间，公司应该按照合同约定租金，采取从租计税方式计算应纳房产税。

五、企业所得税

根据《中华人民共和国企业所得税法》等规定，企业所得税相关内容如下。

（一）概述

企业所得税是对企业实现盈利所征收的一种税，如果企业亏损，就无须纳税。

企业所得税是专门针对法人制公司的，就其年度应纳税所得额，按照适用的企业所得税税率，计算所负担的税额。

在我国，只有法人公司才是企业所得税纳税人，而个人独资企业、合伙企业、个体工商户等在性质上属于非法人，因此不是企业所得税纳税人；对于分公司、分部、集团公司等组织，同样不属于法人，也不是企业所得税纳税人。

（二）计税

纳税人以年度应纳税所得额乘以适用税率计算其年度应纳税额，计算公式如下。

$$年度应纳税额=年度应纳税所得额\times适用税率$$

1. 年度应纳税所得额

纳税人年度应纳税所得额有直接法和间接法两种确定方式。

直接法下，年度应纳税所得额按以下公式计算确定。

$$年度应纳税所得额=年度收入-不含税收入-免税收入-各项扣除额（包括成本、费用、税金、损失等）-准予弥补的以前年度亏损额$$

间接法下，以会计利润表为出发点，调整企业所得税法与会计之间的差异，以此确定年度应纳税所得额，计算公式如下。

$$年度应纳税所得额=利润总额+纳税调整增加项目金额-纳税调整减少项目金额-准予弥补的以前年度亏损额$$

> **案例分析**
>
> 财务人员向公司领导汇报财务情况，通过财务人员所提供的利润表，领导获知公司当年利润总额为-100万元，据此判断公司当年发生亏损，不需缴纳企业所得税。你认为领导的上述判断是否准确？
>
> 首先，利润表是按财务会计制度的规定计算、编制的，由此判定公司发生亏损，这是会计口径下的亏损；其次，企业所得税上确认的亏损，是根据企业所得税法规定

计算的,是税法口径下的判定;最后,我国现行财税管理体制下,财务会计制度与企业所得税对"亏损"在计算规则、判定标准等方面存在差异,即会税差异。因此,会计上确认为亏损,企业所得税上可能确认为亏损,也可能确认为盈利。综上,领导根据利润表亏损,判定公司不需缴纳企业所得税不够准确。

2. 税率

我国现行企业所得税税率有 3 档,分别为 25%、20%、15%。其中,25% 为基本税率;20% 的税率主要适用于非居民企业、符合条件的小型微利企业;15% 的税率则主要适用于国家重点扶持的高新技术企业、符合西部大开发税收所得税优惠政策的企业等。

(三)税收优惠

我国企业所得税优惠政策,涉及的领域广泛、内容丰富、形式复杂。

从优惠内容来看,主要包括税率优惠、计税所得优惠、所得税减免优惠等。税率优惠,如针对高新技术企业、技术先进型中小企业等,减按 15% 优惠税率征收企业所得税等;计税所得优惠,如国债投资、股权投资,其国债利息收入、股权投资分红等可享受免税优惠,再如,对于符合规定的无形资产研发支出,还可享受 75% 或 100% 的税前加计扣除等;所得税减免优惠,如企业购置环境保护、节能节水、安全生产等专用设备,可在 5 个年度内享受按专用设备投资额的 10% 抵减当年的应纳企业所得税等。

(四)税收征管

我国企业所得税以年度为一个纳税周期,以年度盈利或亏损来确定其是否缴纳,以及缴纳多少所得税,这里的纳税年度是指每年 1 月 1 日至 12 月 31 日。

我国现行企业所得税采取"分期预缴,年终汇算清缴"的纳税申报方式。例如,当前为 2024 年度,企业应在 2024 年每个月或每个季度结束后,就上月或上季度实现的盈利,按规定计算、申报预缴上月(季度)企业所得税;待年度结束后,按规定计算 2024 年全年的盈利,据此计算 2024 年度应缴纳的企业所得税;再比较 2024 年企业按月或按季度累计已预缴企业所得税,多退少补,完成 2024 年度企业所得税汇算清缴。

素质拓展

2022 年我国组织税费收入 31.7 万亿元。其中,税收收入 16.1 万亿元(未扣除出口退税),社保费收入 7.4 万亿元。

2022 年全年新增减税降费及退税缓税缓费超过 4.2 万亿元,为助力稳住宏观经济大盘发挥了关键作用,主要包括 3 部分:累计退到纳税人账户的增值税留抵退税款 2.46 万亿元;新增减税降费超 1 万亿元;办理缓税缓费超 7 500 亿元。

分行业看,制造业新增减税降费及退税缓税缓费近 1.5 万亿元,占比 35% 左右,是受益最明显的行业。餐饮、零售、文化旅游、交通运输等服务业,新增减税降费及退税缓税缓费超 8 700 亿元。分企业规模看,小微企业和个体工商户是受益主体,新增减税降费及退税缓税缓费超 1.7 万亿元,约占总规模的四成。近八成的个体工商户在 2022 年无须缴纳税款,全国新办涉税市场主体 1 315 万户。

2022 年我国实施的系列税费支持政策,直接为广大市场主体"输血""活血",

在支持企业纾难解困、保市场主体保就业、助力稳住宏观经济大盘、促进高质量发展等方面发挥了关键性作用。国家统计局 2022 年对留抵退税政策成效调查的结果显示，已享受大规模增值税留抵退税政策红利的企业普遍反映减负效果十分明显。

国家税务总局对 10 万户重点税源企业的调查显示，企业每百元营业收入税费负担下降 2.7%。享受留抵退税政策的制造业企业购进金额同比增长 8.2%，比没有享受留抵退税政策的制造业企业高 4.5 个百分点；享受留抵退税政策的高技术产业企业销售收入同比增长 11.5%，比没有享受留抵退税政策的高技术产业企业高 2.1 个百分点。"真金白银"有效缓解了企业经营压力，增强了市场主体活力，促进了新动能加速成长。

任务训练 5-7

假设你所创立的企业符合税收优惠政策（如增值税、企业所得税），请结合某一具体税种说明企业如何享受该优惠政策。

模块 6　企业业务合同审查

【知识目标】

1. 熟悉合同的订立、效力、履行、保全、变更、转让及合同权利义务等
2. 了解常见典型合同等

【能力目标】

1. 熟悉订立合同的内容及流程
2. 熟悉合同审查要点

【素质目标】

1. 树立法律遵从意识
2. 培养创新进取精神
3. 培养协作共赢意识

引例

"合同"一词是怎么来的呢？在中国，还有一个词是"契约"，"契约"就是"合同"吗？经研究发现，记载我国最早契约内容的书是西汉辞赋家王褒的《僮约》。最早的契约实物是新疆吐鲁番出土的西晋泰始九年（公元 273 年）一份写在木简上的《翟姜女买棺约》。全文为："泰始九年二月九日，大女翟姜女从男子栾奴买棺一口，贾（价）练（白绢）廿匹。练即毕，棺即过。若有人名棺者，约当栾奴共了。旁人马男，公知本约。"这份买棺约有时间，双方当事人姓名，交易物的名称、数量、价格，事后纠纷（如有人称棺材是不属于卖主的）的处理办法，以及此买卖的旁证人，是一份格式完备的买卖契约。

值得注意的是，这份木简的正面上端有"同"字的右半边。可以推想，这份契约应该还有相同内容的另外一简，上有"同"的左半边。买卖双方各持一简，合起来则为一完整的"同"，这就是"合同"的由来。因此，"契约"又可称为"合同"。

【点评】在经济发展迅速的今天，企业和个人作为社会构成主体，几乎每天都在与合同打交道。对企业而言，其运营伴随着各类合同的发生，向债权人筹集资金会涉及借款合同，采购原材料、销售产品会涉及买卖合同，租赁厂房会涉及租赁合同，保管存货会涉及仓储合同等；对个人而言，出行乘坐公共交通工具涉及客运合同，餐饮、休闲娱乐、网络购物均会涉及买卖合同，通过房屋中介贷款买房会涉及中介合同、借款合同等。不同类型的合同之间既有共性也有特性。在合同订立、履行和终止等各个环节，我们都需要谨慎对待。

任务一　掌握业务合同的基础知识

一、合同的概念

合同是民事主体之间设立、变更、终止民事法律关系的协议。

二、合同的适用范围

依法成立的合同仅对当事人具有法律约束力，但是法律另有规定的除外。

婚姻、收养、监护等有关身份关系的协议，适用有关该身份关系的法律规定；没有规定的，可以根据其性质参照适用《民法典》合同编规定。

知识拓展

劳动者与用人单位签订的劳动合同适用《中华人民共和国劳动合同法》，不适用《民法典》合同编。

三、合同的订立

（一）合同订立的形式

当事人订立合同，可以采用书面形式、口头形式或者其他形式。书面形式是合同书、信件、电报、电传、传真等可以有形地表现所载内容的形式。以电子数据交换、电子邮件等方式能够有形地表现所载内容，并可以随时调取查用的数据电文，视为书面形式。

（二）合同订立的内容

合同的内容由当事人约定，一般包括下列条款：①当事人的姓名或者名称和住所；②标的；③数量；④质量；⑤价款或者报酬；⑥履行期限、地点和方式；⑦违约责任；⑧解决争议的方法。

（三）合同订立的方式

当事人订立合同，可以采取要约、承诺方式或者其他方式。

1. 要约

要约是希望与他人订立合同的意思表示，该意思表示应当符合下列条件：①内容具体确定；②表明经受要约人承诺，要约人即受该意思表示约束。

（1）要约的生效时间。以对话方式作出的要约，相对人知道其内容时生效；以非对话方式作出的要约，到达相对人时生效。

（2）要约的撤回。行为人可以撤回要约。撤回要约的通知应当在要约到达相对人前或者与要约同时到达相对人。

（3）要约的解除。要约可以撤销，但是有下列情形之一的除外：①要约人以确定承诺期限或者其他形式明示要约不可撤销；②受要约人有理由认为要约是不可撤销的，并已经为履行合同做了合理准备工作。

撤销要约的意思表示以对话方式作出的，该意思表示的内容应当在受要约人作出承诺之前为受要约人所知道；撤销要约的意思表示以非对话方式作出的，应当在受要约人作出承诺之前到达受要约人。

（4）要约的失效。根据规定，有下列情形之一的，要约失效：①要约被拒绝；②要约被依法撤销；③承诺期限届满，受要约人未作出承诺；④受要约人对要约的内容作出实质性变更。

（5）要约邀请。要约邀请是希望他人向自己发出要约的表示。拍卖公告、招标公告、招股说明书、债券募集办法、基金招募说明书、商业广告和宣传、寄送的价目表等为要约邀请。商业广告和宣传的内容符合要约条件的，构成要约。

2．承诺

承诺是受要约人同意要约的意思表示。

（1）作出承诺的方式。承诺应当以通知的方式作出，但是，根据交易习惯或者要约表明可以通过行为作出承诺的除外。

（2）作出承诺的时限。承诺应当在要约确定的期限内到达要约人。要约没有确定承诺期限的，承诺应当依照下列规定来判定：①要约以对话方式作出的，应当即时作出承诺；②要约以非对话方式作出的，承诺应当在合理期限内到达。

受要约人超过承诺期限发出承诺，或者在承诺期限内发出承诺，按照通常情形不能及时到达要约人的，为新要约；但是，要约人及时通知受要约人该承诺有效的除外。

受要约人在承诺期限内发出承诺，按照通常情形能够及时到达要约人，但是因其他原因致使承诺到达要约人时超过承诺期限的，除要约人及时通知受要约人因承诺超过期限不接受该承诺外，该承诺有效。

（3）承诺的生效时间。以通知方式作出的承诺，以对话方式作出的承诺，相对人知道其内容时生效；以非对话方式作出的承诺，到达相对人时生效；承诺不需要通知的，根据交易习惯或者要约的要求作出承诺的行为时生效。

承诺生效时合同成立，但是法律另有规定或者当事人另有约定的除外。

（4）承诺的撤回。承诺可以撤回，撤回成活的通知应当在承诺到达相对人前或者与承诺同时到达相对人。

（5）承诺的内容。承诺的内容应当与要约的内容一致。受要约人对要约的内容作出实质性变更的，为新要约。有关合同标的、数量、质量、价款或者报酬、履行期限、履行地点和方式、违约责任和解决争议方法等的变更，是对要约内容的实质性变更。

承诺对要约的内容作出非实质性变更的，除要约人及时表示反对或者要约表明承诺不得对要约的内容作出任何变更外，该承诺有效，合同的内容以承诺的内容为准。

四、合同的生效

对于合同的生效，具体区分以下情形进行确定。

（1）承诺生效时合同成立，但是法律另有规定或者当事人另有约定的除外。

（2）当事人采用合同书形式订立合同的，自当事人均签名、盖章或者按指印时合同成立。在签名、盖章或者按指印之前，当事人一方已经履行主要义务，对方接受时，该合同成立。

法律、行政法规规定或者当事人约定合同应当采用书面形式订立，当事人未采用书面形式但是一方已经履行主要义务，对方接受时，该合同成立。

（3）当事人采用信件、数据电文等形式订立合同要求签订确认书的，签订确认书时合同成立。

当事人一方通过互联网等信息网络发布的商品或者服务信息符合要约条件的，对方选择该商品或者服务并提交订单成功时合同成立，但是当事人另有约定的除外。

五、合同的效力

对于合同，其效力主要包括以下几个方面。

（1）依法成立的合同，自成立时生效，但是法律另有规定或者当事人另有约定的除外。

依照法律、行政法规的规定，合同应当办理批准等手续的，依照其规定。未办理批准等手续影响合同生效的，不影响合同中履行报批等义务条款以及相关条款的效力。应当办理申请批准等手续的当事人未履行义务的，对方可以请求其承担违反该义务的责任。

（2）无权代理人以被代理人的名义订立合同，被代理人已经开始履行合同义务或者接受相对人履行的，视为对合同的追认。

（3）法人的法定代表人或者非法人组织的负责人超越权限订立的合同，除相对人知道或者应当知道其超越权限外，该代表行为有效，订立的合同对法人或者非法人组织发生效力。

（4）合同无效的情形。根据规定，发生以下情形之一，合同无效。

① 无民事行为能力人实施的民事法律行为无效。

② 行为人与相对人以虚假的意思表示实施的民事法律行为无效。

③ 违反法律、行政法规的强制性规定的民事法律行为无效。但是，该强制性规定不导致该民事法律行为无效的除外。

④ 违背公序良俗的民事法律行为无效。

⑤ 行为人与相对人恶意串通，损害他人合法权益的民事法律行为无效。

此外，合同中的下列免责条款无效。

① 造成对方人身损害的。

② 因故意或者重大过失造成对方财产损失的。

素质拓展

阴阳合同是指合同当事人就同一事项订立两份以上的内容不相同的合同，一份对内，另一份对外。其中，对外的一份并不是双方真实意思表示，而是以逃避国家税收等为目的；对内的一份则是双方真实意思表示，可以是书面或口头的。签订"阴阳合同"是一种违法行为，在给当事人带来"利益"的同时，也预示着风险。

例如，在建设施工行业，甲公司没有从事特定业务的资质，但又想承接项目，于是和有资质的乙公司串通，表面上由乙公司参与投标、中标建设项目，但实际上工程由无资质的甲公司承担，这就违反了对应行业监管的法律法规。

又如，在二手房交易中，阴合同显示买卖双方真实的成交价格，而阳合同则根据使用需要有所不同：一种是房价虚高的合同，交给银行，以申请更多按揭贷款；另一种是房价故意填低的合同，交给房地产交易中心过户，以便少交税款。

再如，艺人按照阳合同上记载的较低片酬来申报个人所得税，实际上收到了阴合同上记载的较高的片酬，这就是将表面上合法的契约用于实现偷税的目的，违反了税收相关的法律。

在上述情形中，阴合同和阳合同都是无效的。根据《民法典》，"行为人与相对人恶意串通，损害他人合法权益的民事法律行为无效""违反法律、行政法规的强制性规定的民事法律行为无效""违背公序良俗的民事法律行为无效"。双方当事人签署阴阳合同，违反了税收相关的强制性规定，也损害了公共利益，合同无效。对于利用阴阳合同从事的违法行为，可追究刑事责任。

（5）合同可撤销的情形包括以下几种。

① 基于重大误解实施的民事法律行为，行为人有权请求人民法院或者仲裁机构予以撤销。

② 一方以欺诈手段，使对方在违背真实意思的情况下实施的民事法律行为，受欺诈方有权请求人民法院或者仲裁机构予以撤销。

③ 第三人实施欺诈行为，使一方在违背真实意思的情况下实施的民事法律行为，对方知道或者应当知道该欺诈行为的，受欺诈方有权请求人民法院或者仲裁机构予以撤销。

④ 一方或者第三人以胁迫手段，使对方在违背真实意思的情况下实施的民事法律行为，受胁迫方有权请求人民法院或者仲裁机构予以撤销。

⑤ 一方利用对方处于危困状态、缺乏判断能力等情形，致使民事法律行为成立时显失公平的，受损害方有权请求人民法院或者仲裁机构予以撤销。

（6）合同不生效、无效、被撤销或者终止的，不影响合同中有关解决争议方法的条款的效力。

六、合同的履行

对于合同的履行，主要包括以下几个方面的规定。

（1）当事人应当按照约定全面履行自己的义务。

（2）当事人应当遵循诚信原则，根据合同的性质、目的和交易习惯履行通知、协助、保密等义务。

（3）当事人在履行合同过程中，应当避免浪费资源、污染环境和破坏生态。

（4）通过互联网等信息网络订立的电子合同的标的为交付商品并采用快递物流方式交付的，收货人的签收时间为交付时间。电子合同的标的为提供服务的，生成的电子凭证或者实物凭证中载明的时间为提供服务时间；前述凭证没有载明时间或者载明时间与实际提供服务时间不一致的，以实际提供服务的时间为准。

电子合同的标的物为采用在线传输方式交付的，合同标的物进入对方当事人指定的特定系统且能够检索识别的时间为交付时间。

（5）合同生效后，当事人不得因姓名、名称的变更或者法定代表人、负责人、承办人的变动而不履行合同义务。

七、合同的保全

对于合同保全，其具体内容包括以下几个方面。

（1）因债务人怠于行使其债权或者与该债权有关的从权利，影响债权人的到期债权实现的，债权人可以向人民法院请求以自己的名义代位行使债务人对相对人的权利，但是该权利专属于债务人自身的除外。

代位权的行使范围以债权人的到期债权为限。债权人行使代位权的必要费用，由债务人负担。

相对人对债务人的抗辩，可以向债权人主张。

（2）债权人的债权到期前，债务人的债权或者与该债权有关的从权利存在诉讼时效期间即将届满或者未及时申报破产债权等情形，影响债权人的债权实现的，债权人可以代位向债务人的相对人请求其向债务人履行、向破产管理人申报或者作出其他必要的行为。

（3）人民法院认定代位权成立的，由债务人的相对人向债权人履行义务，债权人接受履行后，债权人与债务人、债务人与相对人之间相应的权利义务终止。债务人对相对人的债权或者与该债权有关的从权利被采取保全、执行措施，或者债务人破产的，依照相关法律的规定处理。

（4）债务人以放弃其债权、放弃债权担保、无偿转让财产等方式无偿处分财产权益，或者恶意延长其到期债权的履行期限，影响债权人的债权实现的，债权人可以请求人民法院撤销债务人的行为。

（5）债务人以明显不合理的低价转让财产、以明显不合理的高价受让他人财产或者为他人的债务提供担保，影响债权人的债权实现，债务人的相对人知道或者应当知道该情形的，债权人可以请求人民法院撤销债务人的行为。

（6）撤销权的行使范围以债权人的债权为限。债权人行使撤销权的必要费用，由债务人负担。

（7）撤销权自债权人知道或者应当知道撤销事由之日起一年内行使。自债务人的行为发生之日起五年内没有行使撤销权的，该撤销权消灭。

（8）债务人影响债权人的债权实现的行为被撤销的，自始没有法律约束力。

八、合同的变更和转让

对于合同的变更和转让，主要规定内容如下。

（1）当事人协商一致，可以变更合同。当事人对合同变更的内容约定不明确的，推定为未变更。

（2）债权人可以将债权的全部或者部分转让给第三人，但是有下列情形之一的除外：①根据债权性质不得转让；②按照当事人约定不得转让；③依照法律规定不得转让。

（3）当事人约定非金钱债权不得转让的，不得对抗善意第三人。当事人约定金钱债权不得转让的，不得对抗第三人。

（4）债权人转让债权，未通知债务人的，该转让对债务人不发生效力。债权转让的通知不得撤销，但是经受让人同意的除外。

（5）债权人转让债权的，受让人取得与债权有关的从权利，但是该从权利专属于债权人自身的除外。受让人取得从权利不因该从权利未办理转移登记手续或者未转移占有而受到影响。

（6）债务人接到债权转让通知后，债务人对让与人的抗辩，可以向受让人主张。

（7）有下列情形之一的，债务人可以向受让人主张抵销。

① 债务人接到债权转让通知时，债务人对让与人享有债权，且债务人的债权先于转让的债权到期或者同时到期。

② 债务人的债权与转让的债权是基于同一合同产生的。

（8）因债权转让增加的履行费用，由让与人负担。

（9）债务人将债务的全部或者部分转移给第三人的，应当经债权人同意。债务人或者第三人可以催告债权人在合理期限内予以同意，债权人未作表示的，视为不同意。

（10）第三人与债务人约定加入债务并通知债权人，或者第三人向债权人表示愿意加入债务，债权人未在合理期限内明确拒绝的，债权人可以请求第三人在其愿意承担的债务范围内和债务人承担连带债务。

（11）债务人转移债务的，新债务人可以主张原债务人对债权人的抗辩；原债务人对债权人享有债权的，新债务人不得向债权人主张抵销。

（12）债务人转移债务的，新债务人应当承担与主债务有关的从债务，但是该从债务专属于原债务人自身的除外。

（13）当事人一方经对方同意，可以将自己在合同中的权利和义务一并转让给第三人。合同的权利和义务一并转让的，适用债权转让、债务转移的有关规定。

九、合同的权利义务终止

（1）合同终止。有下列情形之一的，合同债权债务终止：①债务已经履行；②债务相互抵销；③债务人依法将标的物提存；④债权人免除债务；⑤债权债务同归于一人；⑥法律规定或者当事人约定终止的其他情形。

合同解除，该合同的权利义务关系终止。

（2）当事人协商一致，可以解除合同。

（3）有下列情形之一的，当事人可以解除合同：①因不可抗力致使不能实现合同目的；②在履行期限届满前，当事人一方明确表示或者以自己的行为表明不履行主要债务；

③当事人一方迟延履行主要债务，经催告后在合理期限内仍未履行；④当事人一方迟延履行债务或者有其他违约行为致使不能实现合同目的；⑤法律规定的其他情形。

十、违约责任

（1）当事人一方不履行合同义务或者履行合同义务不符合约定的，应当承担继续履行、采取补救措施或者赔偿损失等违约责任。

当事人一方未支付价款、报酬、租金、利息，或者不履行其他金钱债务的，对方可以请求其支付。

（2）当事人可以约定一方违约时应当根据违约情况向对方支付一定数额的违约金，也可以约定因违约产生的损失赔偿额的计算方法。

约定的违约金低于造成的损失的，人民法院或者仲裁机构可以根据当事人的请求予以增加；约定的违约金过分高于造成的损失的，人民法院或者仲裁机构可以根据当事人的请求予以适当减少。

当事人就迟延履行约定违约金的，违约方支付违约金后，还应当履行债务。

（3）当事人可以约定一方向对方给付定金作为债权的担保。定金合同自实际交付定金时成立。

定金的数额由当事人约定，但是，不得超过主合同标的额的百分之二十，超过部分不产生定金的效力。实际交付的定金数额多于或者少于约定数额的，视为变更约定的定金数额。

债务人履行债务的，定金应当抵作价款或者收回。给付定金的一方不履行债务或者履行债务不符合约定，致使不能实现合同目的的，无权请求返还定金；收受定金的一方不履行债务或者履行债务不符合约定，致使不能实现合同目的的，应当双倍返还定金。

当事人既约定违约金，又约定定金的，一方违约时，对方可以选择适用违约金或者定金条款。

定金不足以弥补一方违约造成的损失的，对方可以请求赔偿超过定金数额的损失。

十一、常见典型合同

常见典型合同有买卖合同、赠与合同、借款合同、保证合同、租赁合同、运输合同等。

任务训练 6-1

请举例说明身边常见的合同，并分析其订立、履行、变更及终止各环节。

任务二　审查企业业务合同

一、合同审查的目的

合同审查的主要目的具体包括以下两个方面。

（一）防范风险，有效保障权益

通过合同审查，合同主体可以识别风险，确保合同内容合法合规，明确各方权利、义务，进而保障各方的合法权益。

（二）促成合同，实现交易目的

通过合同审查，合同主体可以排除交易的不确定因素，明确合同交易目的的实现机制，促成合同依法成立并生效。

二、合同审查的原则

合同审查应遵循以下基本原则。

（一）合法有效性原则

合法有效性事实上包括 3 个方面的内容：一是合同主体是否适当，二是合同目的是否正当，三是合同内容、合同形式及程序是否合法。

（二）公平性原则

所谓合同的公平性，是指合同双方权利与义务要相对平衡。不存在只有权利而没有义务的合同，一方享受了权利，就必须承担相应的义务。

（三）可操作性原则

可操作性问题具体表现在：对合同各方权利的规定过于抽象；对合同各方的义务规定不明确、不具体；虽对各方的权利义务做了详细规定，但没有具体操作程序条款或对此规定不清；虽规定了损失赔偿但没有计算依据，整个交易程序不清晰，合同用语不确切等。

三、合同审查的基础

对合同进行审查前，应关注以下相关内容。

（一）明确合同审查立场

在审查合同时，首先要明确审查时代表哪方合同主体，代表哪方利益，才能进一步有目的地进行合同审查。而不是在拿到一份合同时未搞清楚送审人是哪一方合同主体就直接开始审查，那样只会事倍功半。

（二）知晓合同签订背景和目的

知晓合同签订的背景和目的是合同审查的一个前提，即为什么各方要签订这个合同，要实现怎样的商务目的。如果条件允许，对重要的合同，从创意、磋商到谈判的整个过程，合同审查人员都应参与其中，充分了解合同订立的背景和目的、现行文本规定的背后原因，这对提高合同审查质量大有裨益。

（三）熟悉合同业务领域

熟悉合同涉及的专业领域是合同审查的一个重点要求，也非常容易被忽视。每份合同文本背后都是真实的业务，涉及经济活动的方方面面。如果合同审查人员对合同涉及领域的业务不熟悉，就很难出具高质量的合同审查意见。但这并非要求合同审查人员都要知识渊博，当合同审查人员对合同所涉领域非常陌生时，可以突击学习研究，搞清此领域的基本概念，或者向相关专业的老师、专家请教，从而提高合同审查的效率和质量。

（四）做好合同审查沟通

做好充分沟通是合同审查的重要环节，也是容易忽视或者说容易放松警惕的环节。很多合同审查人员存在这样的心理：因合同金额很小、涉及领域陌生、与送审人沟通不畅、合同审查的时间紧任务重等，为图方便省事，草草完成审核，在不与送审人沟通的情况下提交审查结果。此类合同审查的质量是非常低的，合同也极容易出现履行问题。合同审查应在充分沟通的基础上进行，不能因怕麻烦而做毫无意义的应付审查。

（五）确定合同审查修改模式

在与送审人沟通后，还应确定合同的审查修改模式。常见的合同审查修改模式有清除模式、留痕模式和单独意见模式。至于选用哪一种，合同审查人员应与送审人沟通确定或依据习惯而定。

四、合同审查的步骤

合同审查一般按以下步骤进行。

（一）审查交易实质

整体浏览合同文本内容，提炼交易实质，明确这份合同究竟服务于何种交易，即做到用一句话整体概括"这份合同究竟是谁跟谁要做什么事、怎么做以及违约了怎么办"。同时，判断交易的合法性，从民商事合同角度，判断交易的合法性可遵循"法不禁止即自由"的私法基本原则，也就是说，只要没有法律明文禁止的交易，原则上当事人均可以从事，而无须有法律的明文许可。如此，便能基本确认该份合同的大致审查方向。

（二）审查合同结构

审查合同结构也称形式审查，其目的是审查合同结构是否完备、是否存在漏项或重复的模块。合同结构模块的梳理，主要是为了帮助合同审查人员看到那些"被遗漏"的部分，排除一些非常明显的风险。

合同主要模块一般有：首部模块、标的模块、对价模块、保证模块、效力模块、救济模块、附随模块、尾部模块。每个模块都有其包含的条款，待审合同如果缺少这些条款或者这些条款表述明确错误，如大小写不一致、前后冲突等，则可能产生风险。这种错误是比较明显的，也是比较好排查的。

审查合同结构的另一个目的是审查合同条款之间的逻辑性。这种逻辑性主要体现在合同条款的先后顺序及表述方式上。合同条款的先后顺序取决于日常生活经验和思维习惯，本身并无对错之分，但影响阅读和理解。

（三）审查合同内容

审查合同内容也称实质审查，是合同审查的核心和重要工作内容，但前提是建立在对交易实质和合同结构进行审查的基础之上。合同审查人员应秉持"由外到内、由整体到部分、层层深入"的逻辑和步骤。这一步可通过逐条审查的方式对合同条款的可操作性和合法有效性进行审查，最终确保合同双方能够按照合同条款的约定来履行各自的义务，实现合同目的。

（四）审查合同文字

合同作为一种法律文件，要力求准确且无歧义。审查合同时，应对合同草稿的每一条款、每一个词、每一个字，乃至每一个标点符号都仔细推敲、反复斟酌，确保表述准确无误。文字修改是合同审查落到实处的关键环节。基本的修改操作有改动、增加、删除、提示等。在审查合同文字时应坚持使用法律专业术语，避免口语化表述，对合同主体及标的等的指代应明确且前后统一，应使用确定性语言明确时间、地点等合同内容，最终确保合同语言表达精确，没有第二种方式可以解释。

五、合同审查的依据

对于合同的每一处修改，都应当有事实基础和法律依据，而不能够"随意发挥"。下面列出部分与合同审查相关的法律、法规、司法解释、数据库等。

（1）《民法典》合同编及相关内容。

（2）《中华人民共和国招标投标法》。

（3）《中华人民共和国政府采购法实施条例》。

（4）《中华人民共和国电子签名法》。

（5）《最高人民法院关于审理买卖合同纠纷案件适用法律问题的解释》（2020年修正）。

（6）国家市场监督管理总局合同示范文本库。

六、合同审查的要点

合同审查，重点要审查以下几个方面。

（一）合同性质

合同性质可通过合同标题进行判定。合同性质决定了合同中各方的基础法律关系，如买卖合同对应的是买卖关系，租赁合同对应的是租赁关系等。不可忽视合同标题的作用，合同标题应准确对应合同各方真实的法律关系，杜绝以合法形式掩盖非法目的或混淆法律关系的标题。

（二）合同主体

合同主体一般可以分为自然人主体和法人主体。如果合同主体为自然人，其在合同中的名字应与身份证上的名字一致，在合同中还应将其性别、身份证号、住址、联系方式等信息约定明确。如果合同主体为法人或其他组织，其在合同中的名称应与营业执照上的名称一致，在合同中还应将其法定代表人、住所、联系方式等信息约定明确。

签订合同的主体资格审查不可忽视，通过审查其权利能力和行为能力是否与所签订的合同相匹配，可以避免因主体不适合导致已签合同无效。

审查合同主体，不只是要审查合同主体是否适格，还要看供方有无供货能力，有无独立承担经济责任的能力。如是审查需方，应看其有无付款能力，有无独立承担经济责任的能力。

1．合同主体资信审查方法和途径

合同主体不同，其资信审查方法和途径也不同，具体内容如下。

（1）自然人。自然人主体，可审查下述证件：身份证、户口簿、台湾居民来往大陆通行证（适用于台湾居民）、港澳居民来往内地通行证（适用于港澳居民）、护照或外国人就业证（适用于外国人）。

（2）法人或其他组织。法人或其他组织主体，可通过下述途径或机构进行审查：营业执照、国家企业信用信息公示系统、全国组织机构统一社会信用代码数据服务中心、企查查、天眼查等。

2．其他资信查询途径

常见的其他资信查询途径包括：①中国裁判文书网；②中国执行信息公开网；③住房和城乡建设部官网；④国家知识产权局官网；⑤中国商标网；⑥巨潮资讯网。

（三）合同标的

合同标的即合同交易的对象，是合同关系权利义务指向的客体，如买卖合同中的物品、租赁合同中的租赁物使用权、服务类合同中的服务内容及成果等。合同标的应明确、具体，且不得违反特许经营、限制经营的规定。

审查合同标的的条款，应重点关注其合法性和明确性。

1．合法性

在以物为标的的合同中，首先要关注的是交易合同标的是否为法律所允许，如果标的本身是法律、行政法规等禁止交易的物，则合同就不可能具有法律效力。在交易标的具有合法性的前提下，要关注合同主体对于该标的是否具有合法的权利，如果没有合法的权利，则存在无权处分的可能性，会导致合同的效力处于待定状态。若不能事后获得处分权利或被权利人予以追认，则该处分行为无效，当事人的合同目的无法实现，无处分权一方将因此而产生法律责任（如违约责任、侵权责任）。

在以行为（如服务）为标的的合同中，还需要关注合同主体提供的服务是否会侵犯第三人的合法权益，这里主要指知识产权。

2．明确性

在以物为标的的合同中，标的名称应当使用规范的正式名称，并约定明确的计量单位及数量。动产应标明名称、型号、规格、品种、等级、花色等，不易确定的无形财产、劳务、工作成果等描述要准确，不动产应注明名称和坐落地点等。

合同审查人员须重点审查合同是否写清产品全称，写清品牌、商标，写清、写全规格与型号，写清生产厂家，也可以通过图片或样品等加以确定。

在以行为为标的的合同中，应当明确服务的内容，如需要提供相应的成果文件，应明确成果的名称、提交形式（书面或电子）及份数等。

（四）合同标的数量

合同标的数量要清楚、准确，计量单位、方法和工具要符合国家或者行业规定。

为避免合同双方签订者对产品数量或计量方法故意约定为各自企业的标准或计量方式，产品的数量应以国家统一的标准计量单位表示。没有统一计量单位的，产品数量的表示方法由双方确定，计量单位必须具体明确，切不可用含糊不清的计量概念表述。需要注意，有些标的物是有自然损耗、毛重、净重的，看供方是写发货数量还是确保需方的收货数量。除此之外，在审查合同标的数量时，注意是否有供方不写随机备品、配件工具、数量及供应办法，借机收取配件费用的情况。

（五）合同质量

《民法典》关于合同标的质量的规定如下。合同生效后，当事人就质量没有约定或者约定不明确的，可以协议补充；不能达成补充协议的，按照合同相关条款或者交易习惯确定。当事人就有关合同内容约定不明确，依据前条规定仍不能确定的，质量要求可按照强制性国家标准履行；没有强制性国家标准的，按照推荐性国家标准履行；没有推荐性国家标准的，按照行业标准履行；没有行业标准的，按照通常标准或者符合合同目的的特定标准履行。

国家有强制性标准的，要明确标准代号全称。可能有多种适用标准的，要在合同中明确适用哪一种，并明确质量检验的方法、责任期限和条件、质量异议期限和条件等。

在买卖合同中存在的陷阱包括：不写质量标准；成套产品的，不写附件的质量标准；看样订货的，不封存样品。所以，审查合同时，要注意质量标准是国家标准，还是行业标准，抑或企业标准；成套产品的，不但要写清主件的质量标准，还要写清附件的质量标准；看样订货的，一定要将样品封存好，作为验收的标准。另外，要注意审查质量检查的条件和期限，不但要写清，而且要写得科学、合理。如果产品质量保证的时间写得不合理，就会造成买方无充足时间审查。

在买卖合同中，容易存在的陷阱还包括供方不写验收标准、方法及提出异议的期限，或将提出异议的期限订得过短。因此，合同中必须载明：验收的时间；验收的方式；验收的标准；由谁负责验收和试验；当验收中发生纠纷后，由哪一级主管部门执行仲裁等。例如，验收期限可以采用以下形式约定。

（1）当场验收。

（2）收货后××日内验收。

（3）××××年××月××日前验收。

（4）××日内验收，过期不验收，视为验收合格。

（六）合同价款或者报酬

《民法典》关于合同价款或报酬的规定如下。合同生效后，当事人就价款或者报酬没有约定或者约定不明确的，可以协议补充；不能达成补充协议的，按照合同相关条款或者交易习惯确定。依据前条规定仍不能确定价款或者报酬的，按照订立合同时履行地的市场价格履行；依法应当执行政府定价或者政府指导价的，依照规定履行。

合同应明确规定价款或报酬的数额、结算方式和期限、付款基本信息、付款条件、发票、税费等。

1. 合同价款或报酬的数额

关于合同价款或报酬，合同应注明币种及金额是含税金额还是不含税金额，因为合同金额涉及印花税的计算。如果没有注明，全额作为印花税的计税依据计算缴纳印花税；如果注明，则只以不含税金额作为印花税的计税依据计算缴纳印花税，因此，从税收筹划角度及严谨性出发，应分别注明不含税价款与税额。

2. 合同价款或报酬的结算方式和期限

合同价款或报酬应注明结算方式和期限。结算方式及期限会影响收付双方的资金链，若是分期付款，还要审查合同是否写清每次付款的日期和确切数额。

3. 合同价款或报酬的付款基本信息

关于合同价款或报酬，合同须注明付款基本信息，如收款人的户名、收款账号、开户行等。付款要求必须审核清楚，看要求是否合理。如"竣工结束并验收合格后付款"，付款时需要求对方提供竣工结算书和验收报告。除了付款基本信息以及付款时间、条件，合同付款还应保持三方一致，后续付款的时候一定要注意：合同收款方、实际收款方、发票开票方三者一定要保持完全一致。

4. 合同价款或报酬的发票开具

关于发票开具，合同上应注明开具发票的时间和开具发票的类型。关于发票开具时间，合同上应注明"先付款后开票"还是"先开票后付款"。关于发票开具的类型，一般情况下，合同上要注明开具的是增值税专用发票、增值税普通发票还是增值税电子发票。特别是对于大额的发票，宜开具增值税专用发票。除了开具发票的时间和类型，还应写明开具发票的内容和税率。

（七）履行期限、地点和方式

《民法典》规定，合同生效后，当事人就履行地点、期限和方式等内容没有约定或者约定不明确的，可以协议补充；不能达成补充协议的，按照合同相关条款或者交易习惯确定。履行地点仍不能确定的，给付货币的，在接受货币一方所在地履行；交付不动产的，在不动产所在地履行；其他标的，在履行义务一方所在地履行。履行期限仍不能确定的，债务人可以随时履行，债权人也可以随时请求履行，但是应当给对方必要的准备时间。履行方式仍不能确定的，按照有利于实现合同目的的方式履行。

1. 履行期限

合同的履行期限可以按照年、月、日进行计算；合同履行地点结合当事人的交易地点确定；合同履行方式包括交货、提货、运输、结算方式，具体合同的履行期限、地点和方式由双方当事人协商确定。

履行期限要具体明确，可按照年、季、月、旬、日计算，不能用模棱两可的表述。

2. 履行地点

履行地点指的是交货地点，应冠以省、市、县名称。

3. 履行方式

履行方式指的是双方约定的交货、提货、运输和结算方式，要写得具体明确。

（八）违约责任

一份有效合同将在合同当事人之间产生法律上的约束力，应当被信守。如果当事人不履行或不适当履行合同，则将承担违约责任。违约应承担责任的规则，一方面可促使当事人主动积极地履行合同，另一方面在其不履行合同时，也可为守约方提供救济，以补偿其损失。违约责任条款设置应合理、科学，有利于合同的履行及违约之后的权利救济。

不同的交易模式、权利义务会对违约责任产生直接影响。就违约责任而言，有人可能会简单地理解为"违约责任越重越好"，实则不然。合同审查的作用在于帮助合同主体促成交易，而不是将违约责任条款作为"武器"，成为"交易杀手"。因此，在审查违约责任条款时，依旧可以将自己置身于交易之中，思考 3 个问题。其一，在这个交易中，客户最关注哪些履约行为？其二，针对客户关注的重点，对方有可能出现哪些违约情形？其三，针对对方可能出现的不同违约情形，采取哪些手段最有效？回答了这 3 个问题，也就知道该如何设置违约责任条款了。此外，违约责任条款设置还应遵循"有利己方，兼顾公平"的原则。

违约责任不可模棱两可，应做到明确具体，以一定数字或一定计算方式体现；违约责任不可漫无边际，需遵循上下限范畴限制；说清违约责任与其他责任的竞合处理规则。

（九）解决争议的方法

关于解决争议，应选择诉讼或者仲裁其中之一作为争议解决方法，不要出现既由法院管辖又由仲裁机构裁决的条款。约定通过诉讼解决的，可以约定管辖法院；约定由仲裁机构裁决的，应写明具体仲裁机构名称。

✎ 知识拓展

仲裁制度是指民（商）事争议的双方当事人达成协议，自愿将争议提交选定的第三者，由其根据一定程序规则和公正原则做出裁决，并有义务履行裁决的一种法律制度。具体内容可查看《中华人民共和国仲裁法》。

民事诉讼是指民事争议的当事人向人民法院提出诉讼请求，人民法院在双方当事人和其他诉讼参与人的参加下，依法审理和裁判民事争议的程序和制度。具体内容可查看《中华人民共和国民事诉讼法》。

（十）其他

除审查前述内容外，还需对合同签章、合同附件、签约时间等内容进行审查，具体内容如下。

1．合同签章

合同主体如果是企业法人或其他组织，在签章处应当加盖单位印章及授权代表签字；如果是自然人，则要求其本人签名。对于超过一页的合同，还应当加盖骑缝章。所有的印章和签字均应当清晰、完整。

2．合同附件

合同附件并非审查盲区，应与主合同一并审查，要注意合同有无附件以及附件与主合同的关系，审查附件的内容是否与主合同一致。合同附件的内容是非常重要的，应该按照主合同予以同等对待。

3．签约时间

合同落款处应当有签约的具体时间，这关系到合同生效的时间以及合同履行期限的确定等问题，不可小视。

任务训练 6-2

辨析订金、定金、押金、保证金、违约金之间的异同。

任务训练 6-3

辨析仲裁与劳动仲裁的异同。

模块 7　企业成本管理

【知识目标】

1. 熟悉成本管理的基础知识
2. 理解目标成本法的原理与作用
3. 掌握目标成本法的适用要求

【能力目标】

1. 能认识到成本管理的必要性
2. 能正确运用目标成本法
3. 能根据企业的实际情况进行成本管理

【素质目标】

1. 提升信息和知识整合的能力
2. 树立成本节约意识
3. 培养通过科学的成本管理工具进行成本管理的能力

引例

重庆某公司的经营范围包括各类门的设计、研发、制造、销售以及相关服务。在发展过程中，该公司为扩大市场，采用了大幅降低产品价格的竞争策略。然而，原材料价格突然飙涨，导致公司出现巨额亏损。因此，进行科学的成本管理，成为公司当前面临的首要问题。

【点评】成本管理是指企业生产经营过程中各项成本核算、成本分析、成本决策和成本控制等一系列科学管理行为的总称。成本管理由成本规划、成本计算、成本控制和业绩评价4项内容组成。成本管理是企业管理的一个重要组成部分，对于促进增产节支、加强经济核算、提高企业整体管理水平具有重大意义。成本管理要借助科学的工具方法，现代企业成本管理工具方法主要包括目标成本法、标准成本法、变动成本法和作业成本法等。

任务一　　了解经济成本与会计成本

一、经济成本的内涵

经济成本是指国民经济为兴建和经营某一项目而付出的经济代价，即所投入的全部物质资源，包括政府负担的代价，也包括私人所负担的代价。经济成本一般包括投资成本、营运成本和外差成本。

经济成本是相对财务成本而言的。它具有 3 个明显的特征：宏观性，即反映的是宏观经济，它站在国家的立场，至少是地区立场来衡量由于执行某一项目而造成的国民经济收入的减少；国民收入的变动性，即鉴别项目的经济成本以国民收入增减为依据，而不以货币的支付或现金流量的增减为转移，因此，各类税收、借款及其偿还、折旧、政府补贴等都不属于经济成本范畴；以机会成本为尺度性，即对项目资源以机会成本为计量尺度。企业除发生看得见的实际成本——显性成本（如企业购买原材料、设备、支付借款利息）外，还存在着隐性成本。隐性成本是指企业自有的资源，实际上已经投入，但在形式上没有支付报酬的那部分成本。经济成本是显性成本和隐性成本之和。

> **知识拓展**
>
> 机会成本，是指企业为从事某项经营活动而放弃从事另一项经营活动的收益，或利用一定资源获得某种收入时所放弃的另一种收入。从事另一项经营活动应取得的收益或另一种收入即为正在从事的经营活动的机会成本。通过对机会成本的分析，企业应在经营中正确选择经营项目，其依据是实际收益必须大于机会成本，从而使有限的资源得到最佳配置。

> **案例分析**
>
> A 企业决定利用自己所拥有的经济资源生产一辆汽车，这就意味着 A 企业不可能再利用相同的经济资源来生产 200 辆自行车。如果用货币金额来代替对实物商品数量的表述，假定 200 辆自行车的价值为 20 万元，则可以说，生产一辆汽车的机会成本是 20 万元。

二、会计成本的内涵

会计成本是指企业在经营过程中实际发生的一切成本，包括生产、销售过程中发生的原材料、动力、工资、租金、广告、利息等支出。按照我国财务制度，总成本费用由生产成本、管理费用、财务费用和销售费用组成。生产成本是生产单位为生产产品或提供劳务而发生的各项生产费用，包括各项直接支出和制造费用。直接支出包括直接材料（原材料、辅助材料、备品备件、燃料及动力等）、直接工资（生产人员的工资、补贴）、其他直接支出（如福利费）；制造费用是指企业内的分厂、车间为组织和管理生产所发生的各项费用，包括分厂、车间管理人员工资，折旧费，维修费，修理费及其他制造费用

（办公费、差旅费、劳保费等）。会计成本是显性成本，它可以用货币计量，可以在会计账目上反映出来。

三、经济成本与会计成本的关系

会计成本是显性成本，经济成本是显性成本与隐性成本之和。因而经济成本是一个比会计成本含义更广泛、内容更丰富的概念。经济成本是企业运作过程中的全部成本，有些经济成本项目还没有被认识到，有些经济成本项目虽然知道它的存在，但却没有把它当作独立的成本项目来进行分析，如组织成本。企业内部为组织生产，需建立各种组织，特别是大企业，组织结构复杂，而要维持这些组织的正常运转就必然有支出，这些支出就是组织成本。而企业中的组织成本通常不构成独立的成本项目，因而企业没有对它进行单独的核算和分析。其实组织成本在企业的总成本构成中占有极其重要的地位，它由显性部分和隐性部分构成。其中，管理人员的工资、组织机构的运作经费等都属于组织成本的显性部分；由于组织机构臃肿而降低了组织机构的效率等就属于组织成本的隐性部分。企业的隐性成本还有很多表现，如影响力成本、权威失灵成本、信息失真成本等。

经济成本比会计成本含义更广泛、内容更丰富，因此，在进行决策时不仅要考虑到会计成本，更要考虑到经济成本。企业只有在显性成本和隐性成本的管理上都取得优势，才能在总成本上取得优势，在激烈的竞争中处于领先地位。

> **任务训练 7-1**
>
> 归纳经济成本和会计成本的关联图，简述二者的联系与区别。

> **任务训练 7-2**
>
> 搜索一个关于企业成本管理的案例，进行案例整理和分享。

任务二　掌握目标成本法

一、目标成本法的含义及适用要求

（一）目标成本法的含义

目标成本法，是指企业从市场需求出发，在进行产品开发时，便确定好产品的功能、质量、价格等，并根据目标售价及目标利润倒推目标成本的一种成本管理方法。

目标成本法是一种全过程、全方位、全员的成本管理方法。全过程是指产品从生产到售后服务的一切活动，包括与供应商、制造商、分销商相关的各个环节；全方位是指从生产过程管理到后勤保障、质量控制、企业战略、员工培训、财务监督等企业内部各职能部门、各方面的工作，以及企业竞争环境的评估、内外部价值链、供应链管理、知识管理等；全员是指从高层经理人员到中层管理人员、基层服务人员、一线生产员工。目标成本法在作业成本法的基础上来考察作业的效率、人员的业绩、产品的成本，弄清楚每一项资源的来龙去脉，每一项作业对整体目标的贡献。传统成本法局限于事后的成本反映，而没有对成本形成的全过程进行监控；作业成本法局限于对现有作业的成本监控，而没有将供应链的作业环节与客户的需求紧密结合。目标成本法则保证供应链成员企业的产品以特定的功能、成本及质量生产，然后以特定的价格销售，并获得令人满意的利润。目标成本法的目的是在产品生命周期的研发阶段便确定好产品的成本，而不是试图在制造过程中降低成本。

（二）目标成本法的适用要求

目标成本法主要适用于成熟制造业企业产品改造以及产品开发设计中的成本管理，一般来说，在企业管理过程中应用目标成本法应遵循以下要求。

（1）一般应处于比较成熟的买方市场，且产品设计、性能、质量、价值等呈现出较为明显的多样化特征。

（2）能够及时、准确地提供产品售价、成本、利润，以及性能、质量、工艺、流程、技术等方面的信息。

（3）以创造和提升客户价值为前提，以成本降低或成本优化为主要手段，谋求竞争中的成本优势，保证目标利润的实现。

（4）设立由研究与开发、工程、供应、生产、营销、财务、信息等有关部门负责人组成的跨部门组织，负责目标成本的制定、计划、分解、下达与考核，并建立相应的工作机制，有效协调有关部门之间的分工与合作。

（5）能及时、准确取得目标成本计算所需要的各种财务和非财务信息。

二、目标成本法的优缺点

（一）目标成本法的优点

目标成本法的主要优点：一是突出从原材料到产品出货全过程的成本管理，有助于提高成本管理的效率和效果；二是强调产品生命周期成本的全过程和全员管理，有助于提高客户价值和产品竞争力；三是谋求成本规划与利润规划活动的有机统一，有助于提升产品的综合竞争力。

（二）目标成本法的缺点

目标成本法的主要缺点：其应用不仅要求企业具有各类所需要的人才，更需要各有关部门和人员的通力合作，对管理水平要求较高。

> **素质拓展**
>
> 改革开放以来，经济高速发展，中国制造走向了全世界，如江苏省泰兴市黄桥镇生产了全球超过30%的小提琴，河南省虞城县稍岗镇生产了全球超过50%的钢卷尺。中国的制造业在多数领域拥有绝对的价格优势，这得益于对产品成本的控制。
>
> 中国工业电器龙头企业正泰集团，主营低压电器、输配电设备、仪器仪表、建筑电器和装备制造的生产销售。该集团认为，机器对标准的要求较高，而人具有灵活性，因此，根据产品具体生产特点采用不同的生产方式。正泰集团针对定型的、量大的产品，使用自动线，由机器自动生产；针对客户要求定制的特殊产品、订单

量小的产品，采用人机混合生产方式。订单量小的产品用自动线生产效率反而低，客户有特殊要求的产品，使用自动线无法加工序。正泰集团对于产品的生产工序进行精细分工，并对员工进行培训，提高工作效率。此外，正泰集团对每个工序的生产时间、搬运时间精准测量，让整体效率达到最佳；同时，通过劳动竞赛、激励制度、目标定人定岗承包等方式，调动员工积极性，并建立内部计算机网络，随时了解一线生产情况。

任务训练 7-3

在理解目标成本法基本理论的基础上，收集相关资料，回答下列问题：

（1）目标成本法具体应用中需要具备什么样的条件？

（2）目标成本法与标准成本法的区别是什么？

模块 8
个人所得税计算

学习目标

【知识目标】

1. 熟悉个人所得税的征税范围
2. 熟悉常见所得的个人所得税相关知识

【能力目标】

1. 能正确判断个人应税所得的类型
2. 能简单计算常见所得的个人所得税
3. 能知道个人所得税征管的相关要求

【素质目标】

1. 培养终身学习、持续学习的品质
2. 树立税法遵从意识

引例

袁某是新希望软件开发公司招聘的新员工，于 2022 年 9 月入职。10 月发放工资时，他发现实际拿到手的工资并没有之前跟人力资源部谈的那么多。根据约定，公司应付工资 12 000 元，但实际到手工资只有 10 000 元。经向人力资源部咨询，袁某被告知 12 000 元为未扣除社保费用和个人所得税的工资，公司已按规定预扣预缴袁某工资的个人所得税和相关社保费用。

【点评】 作为工薪阶层，工资、薪金的多少是我们首要关注的问题，所以，我们首先需要明确每月工资、薪金是税前还是税后的，这里的"税"是指个人所得税；其次，工资、薪金个人所得税须采用专门的计算方法，依法计税；最后，在实际工作中，不是个人先领取工资、薪金，然后向税务机关申报缴税，而是由用人单位从工资、薪金中代扣个人所得税，并统一向税务机关申报缴纳。

任务一　掌握个人所得税基础知识

一、个人所得税概述

个人所得税是以个人取得的各类应税所得为征税对象所征收的一种税。这里，个人所得税纳税人既包括自然人个人，也包括个体工商户业主、个人独资企业所有者、合伙企业的个人合伙人。

二、个人所得税的征税范围

《中华人民共和国个人所得税法》（以下简称《个人所得税法》规定，个人的下列所得需要缴纳个人所得税：工资、薪金所得，劳务报酬所得，稿酬所得，特许权使用费所得，经营所得，利息、股息、红利所得，财产租赁所得，财产转让所得，偶然所得。

（一）工资、薪金所得，劳务报酬所得，稿酬所得，特许权使用费所得

工资、薪金所得，劳务报酬所得，稿酬所得，特许权使用费所得统称为综合所得，按照综合所得计税方法计算个人所得税。

1. 工资、薪金所得

工资、薪金所得包括个人因任职或者受雇取得的工资、薪金、奖金、年终加薪、劳动分红、津贴、补贴以及与任职或者受雇有关的其他所得。

根据规定，对于下列随同工资、薪金发放的项目不征个人所得税。

（1）独生子女补贴。

（2）执行公务员工资制度未纳入基本工资总额的补贴、津贴差额和家属成员的副食补贴。

（3）托儿补贴费。

（4）差旅费津贴、误餐补助等。

2. 劳务报酬所得

劳务报酬所得是指个人独立从事各种非雇佣关系劳务取得的所得，包括从事设计、安装、制图、化验、测试、医疗、法律、会计、咨询、讲学、新闻、翻译、书画及其他劳务取得的所得。

3. 稿酬所得

稿酬所得是指个人因其作品以图书、报刊等形式出版、发表而取得的所得。这里的作品包括文学作品、书画作品、摄影作品及其他作品等。

4. 特许权使用费所得

特许权使用费所得是指个人提供专利权、商标权、著作权、非专利技术以及其他特许权的使用权取得的所得。

（二）经营所得

经营所得主要包括个体工商户从事生产、经营活动取得的所得，个人独资企业投资人、合伙企业的个人合伙人来源于境内注册的个人独资企业、合伙企业生产、经营的所得，以及从事其他生产、经营活动（含承包、承租、转包、转租）取得的所得。

（三）利息、股息、红利所得

利息、股息、红利所得包括个人拥有债权、股权等而取得的利息、股息、红利所得。

（四）财产租赁所得

财产租赁所得包括个人出租不动产、机器设备、车船以及其他财产取得的所得。

（五）财产转让所得

财产转让所得包括个人转让有价证券、股权、合伙企业中的财产份额、不动产、机器设备、车船以及其他财产取得的所得。

（六）偶然所得

偶然所得主要包括个人得奖、中奖、中彩及其他偶然性质的所得。

三、税率

我国个人所得税税率有两种形式，分别是超额累进税率和比例税率，其中，超额累进税率包括七级超额累进税率和五级超额累进税率。

（一）七级超额累进税率

七级超额累进税率适用于个人综合所得的个人所得税计算。个人所得税税率（居民个人综合所得适用）如表 8-1 所示。

表 8-1　个人所得税税率

（居民个人综合所得适用）

级数	全年应纳税所得额	税率/%	速算扣除数
1	不超过 36 000 元的	3	0
2	超过 36 000 元至 144 000 元的部分	10	2 520
3	超过 144 000 元至 300 000 元的部分	20	16 920
4	超过 300 000 元至 420 000 元的部分	25	31 920
5	超过 420 000 元至 660 000 元的部分	30	52 920
6	超过 660 000 元至 960 000 元的部分	35	85 920
7	超过 960 000 元的部分	45	181 920

（二）五级超额累进税率

五级超额累进税率适用于经营所得个人所得税的计算。经营所得个人所得税税率如表 8-2 所示。

表 8-2　经营所得个人所得税税率

级数	全年应纳税所得额	税率/%	速算扣除数
1	不超过 30 000 元的	5	0
2	超过 30 000 元至 90 000 元的部分	10	1 500
3	超过 90 000 元至 300 000 元的部分	20	10 500
4	超过 300 000 元至 500 000 元的部分	30	40 500
5	超过 500 000 元的部分	35	65 500

（三）比例税率

除综合所得、经营所得外，个人取得利息、股息、红利，财产租赁，财产转让，偶然所得等所得，适用 20%税率计算应纳税额。

四、个人所得税的优惠政策

根据规定，现行个人所得税优惠政策主要包括以下内容。

（一）免征个人所得税

根据规定，个人取得下列收入免征个人所得税。

（1）省级人民政府、国务院部委和中国人民解放军军以上单位，以及外国组织颁发的科学、教育、技术、文化、卫生、体育、环境保护等方面的奖金。

（2）国债、地方政府债券利息和国家发行的金融债券利息。

（3）按国家统一规定发给的补贴、津贴。

（4）福利费（生活补助费）、抚恤金、救济金（生活困难补助费）。

（5）保险赔款。

（6）军人的转业费、复员费、退役金。

（7）按国家统一规定发给干部、职工的安家费、退职费、离退休工资、离休生活补助费。

（8）符合条件的见义勇为者的奖金或奖品，经主管税务机关核准，免征个人所得税。

（9）个人举报、协查各种违法、犯罪行为而获得的奖金。

（10）对个人按《廉租住房保障办法》规定取得的廉租住房货币补贴，免征个人所得税；对于所在单位以廉租住房名义发放的不符合规定的补贴，应征收个人所得税。

（11）凡符合规定条件的外籍专家取得的工资、薪金所得可免征个人所得税。

（12）依照有关法律规定应予免税的各国驻华使馆、领事馆的外交代表、领事官员和其他人员的所得。

（13）中国政府参加的国际公约、签订的协议中规定免税的所得。

（14）对由亚洲开发银行支付给我国公民或国民（包括为亚行执行任务的专家）的薪金和津贴，凡经亚洲开发银行确认这些人员为亚洲开发银行雇员或执行项目专家的，其取得的符合我国税法规定的有关薪金和津贴等报酬，免征个人所得税。

（二）暂免征收个人所得税

根据规定，个人取得下列收入暂免征收个人所得税。

（1）对居民储蓄存款利息、个人投资证券市场取得的证券交易结算资金利息，暂免征收个人所得税。

（2）储蓄机构内从事代扣代缴工作的办税人员取得的扣缴利息税手续费所得，个人办理代扣代缴税款手续，按规定取得的扣缴手续费，免征个人所得税。

（3）企业和个人按照省级以上人民政府规定的比例缴付的住房公积金、医疗保险金、基本养老保险金、失业保险金，允许在个人应纳税所得额中扣除。

（4）生育妇女按照县级以上人民政府根据国家有关规定制定的生育保险办法，取得的生育津贴、生育医疗费或其他属于生育保险性质的津贴、补贴。

（5）对工伤职工及其近亲属按照《工伤保险条例》规定取得的工伤保险待遇。

（6）对个体工商户或个人，以及个人独资企业和合伙企业从事种植业、养殖业、饲养业和捕捞业（以下简称"四业"），取得的"四业"所得暂不征收个人所得税。

（7）个人转让自用达5年以上并且是唯一的家庭居住用房取得的所得。

（8）对个人投资者从投保基金公司取得的行政和解金。

（9）股权分置改革中非流通股股东通过对价方式向流通股股东支付的股份、现金等收入。

（10）对个人转让上市公司股票、全国中小企业股份转让系统挂牌公司非原始股取得的所得。

（11）自原油期货对外开放之日起，对境外个人投资者投资中国境内原油期货取得的所得，3年内暂免征收个人所得税。

（12）个人取得下列中奖所得，暂免征收个人所得税。

① 单张有奖发票奖金所得不超过800元（含800元）的，暂免征收个人所得税；个人取得单张有奖发票奖金所得超过800元的，应全额按照《个人所得税法》规定的"偶然所得"税目征收个人所得税。

② 购买社会福利有奖募捐奖券、体育彩票一次中奖收入不超过10 000元的，暂免征收个人所得税；对一次中奖收入超过10 000元的，应按税法规定全额征税。

（13）乡镇企业的职工和农民取得的青苗补偿费，暂不征收个人所得税。

（14）个人从公开发行和转让市场取得的上市公司股票，持股期限超过1年的，股息红利所得暂免征收个人所得税。

上述政策中，持股期限是指个人从公开发行和转让市场取得上市公司股票之日至转让交割该股票之日前一日的持续时间。

（15）个人持有在全国中小企业股份转让系统公开转让的挂牌公司的股票，持股期限超过1年的，对股息红利所得暂免征收个人所得税。

上述政策中，挂牌公司是指股票在全国中小企业股份转让系统挂牌公开转让的非上市公众公司；持股期限是指个人取得挂牌公司股票之日至转让交割该股票之日前一日的持有时间。

📋 案例分析

钱某2023年3月购买甲上市公司的股票10 000股。2023年7月，甲上市公司宣告分配现金股利，每10股分3元。2023年9月，钱某另从乙上市公司取得现金股利7 000元（注：该股票于2022年8月购买）。

（1）分析2023年7月钱某分得现金股利个人所得税具体适用政策。

（2）分析2023年9月钱某分得现金股利个人所得税具体适用政策。

2023年7月，钱某分配现金股利，其持股期限为4个月，根据规定，该笔股利所得可享受减按50%计入应税所得优惠。

2023年9月，钱某分配现金股利，其持股期限为13个月，超过1年，按规定，该笔股利所得可享受免交个人所得税优惠。

（三）减征个人所得税

对于下列情形，按规定个人可享受减征个人所得税。

（1）残疾、孤老人员和烈属的所得。

（2）因自然灾害遭受重大损失的。

五、个人所得税的征收管理

个人所得税征收管理涉及纳税期限、纳税地点等。

（一）纳税期限

个人取得所得不同，其纳税期限也不一样，具体规定如下。

（1）个人取得综合所得，按年计算个人所得税；有扣缴义务人的，由扣缴义务人按月或按次预扣预缴税款；需要办理汇算清缴的，应当在取得综合所得的次年 3 月 1 日至 6 月 30 日内办理汇算清缴。

（2）纳税人取得经营所得，按年计算个人所得税，由纳税人在月度或者季度终了后15 日内向税务机关报送纳税申报表，并预缴税款；在次年 3 月 31 日前办理汇算清缴。

（3）纳税人取得利息、股息、红利所得，财产租赁所得，财产转让所得和偶然所得，按月或按次计算个人所得税，有扣缴义务人的，由扣缴义务人按月或按次代扣代缴税款。扣缴义务人未扣缴税款的，纳税人应当在取得所得的次年 6 月 30 日前申报缴纳税款。

（4）纳税人取得应税所得没有扣缴义务人的，应当在取得所得的次月 15 日内向主管税务机关申报纳税。

（5）居民个人从中国境外取得所得的，应当在取得所得的次年 3 月 1 日至 6 月 30 日内申报纳税。

（6）纳税人因移居境外注销中国户籍的，应当在注销中国户籍前办理税款清算。

（7）扣缴义务人每月或每次预扣、代扣的税款，应当在次月 15 日前缴入国库，并向税务机关报送扣缴个人所得税申报表。

（二）纳税地点

对于个人所得税纳税地点，其具体规定如下。

（1）纳税人在两处以上任职、受雇的，选择向其中一处任职、受雇单位所在地主管税务机关办理纳税申报。

（2）纳税人取得应税所得，但没有任职、受雇单位的，向其户籍所在地或经常居住地主管税务机关办理纳税申报。

（3）纳税人取得经营所得，按年计算个人所得税，纳税人向经营管理所在地主管税务机关办理预缴纳税申报；从两处及以上取得经营所得的，选择向其中一处经营管理所在地主管税务机关办理年度汇算申报。

（4）居民个人从中国境外取得所得的，向中国境内任职、受雇单位所在地主管税务机关办理纳税申报；在中国境内没有任职、受雇单位的，向户籍所在地或中国境内经常居住地主管税务机关办理纳税申报；户籍所在地与在中国境内经常居住地不一致的，选择其中一地主管税务机关办理纳税申报；在中国境内没有户籍的，向中国境内经常居住地主管税务机关办理纳税申报。

（5）纳税人因移居境外注销中国户籍的，应当在申请注销中国户籍前，向户籍所在地主管税务机关办理纳税申报，进行税款清算。

任务二　常见所得个人所得税的计算

一、工资、薪金所得个人所得税预扣预缴

个人取得工资、薪金由用人单位代扣代缴其个人所得税。用人单位预扣工资、薪金所得个人所得税时，采取累计预扣法计算。

（一）计算方法

累计预扣法是指扣缴义务人在一个纳税年度内，以截至当前月份累计支付的工资、薪金所得累计收入减除累计免税收入、累计基本减除费用、累计专项扣除、累计专项附加扣除和累计依法确定的其他扣除后的余额为预缴应纳税所得额。计算公式如下。

本期应预扣预缴税额＝（累计预扣预缴应纳税所得额×预扣率−速算扣除数）−
已预扣预缴税额

累计预扣预缴应纳税所得额＝累计收入−累计免税收入−累计基本减除费用−
累计专项扣除−累计专项附加扣除−
累计依法确定的其他扣除

（二）相关计算参数的规定

1. 累计收入

累计收入按照每月工资、薪金收入乘以纳税人当年截至本月在本单位任职受雇的月份数计算。

2. 累计免税收入

累计免税收入按照每月免税收入乘以纳税人当年截至本月在本单位的任职受雇月份数计算。

3. 累计基本减除费用

累计基本减除费用按照 5 000 元/月乘以纳税人当年截至本月在本单位的任职受雇月份数计算。

4. 累计专项扣除

专项扣除项目主要包括基本养老保险、基本医疗保险、失业保险等社会保险费及住房公积金等，累计专项扣除按照每月缴纳标准乘以纳税人当年截至本月在本单位的任职受雇月份数计算。

5. 累计专项附加扣除

专项附加扣除项目主要包括子女教育、继续教育、大病医疗、住房贷款利息、住房租金、赡养老人、3 岁以下婴幼儿照护。专项附加扣除项目构成及扣除规定等具体内容如下。

① 子女教育专项附加扣除。纳税人的子女接受学前教育和学历教育的相关支出，按照每个子女每年 24 000 元（每月 2 000 元）的标准定额扣除。

上述"学前教育"包括年满 3 岁至小学入学前教育。学历教育包括义务教育（小学和初中教育）、高中阶段教育（普通高中、中等职业教育）、高等教育（大学专科、大学本科、硕士研究生、博士研究生教育）。

受教育子女的父母分别按扣除标准的 50% 扣除；经父母约定，也可以选择由其中一方按扣除标准的 100% 扣除。具体扣除方式在一个纳税年度内不得变更。

② 继续教育专项附加扣除。纳税人接受学历继续教育的支出，在学历继续教育期间按照每年 4 800 元（每月 400 元）定额扣除，扣除期限不超过 48 个月。纳税人接受技能人员职业资格继续教育、专业技术人员职业资格继续教育的支出，在取得相关证书的当年，按照 3 600 元定额扣除。

③ 大病医疗专项附加扣除。一个纳税年度内，纳税人负担超过 15 000 元的医疗费用支出部分，为大病医疗支出，可以按照每年 80 000 元标准限额据实扣除。大病医疗专项附加扣除由纳税人办理汇算清缴时扣除。

可扣除的医疗费用支出包括纳税人本人或其配偶、未成年子女发生的医药费支出。纳税人应当留存医疗服务收费相关票据原件或复印件。

④ 住房贷款利息专项附加扣除。纳税人本人或配偶使用商业银行或住房公积金个人住房贷款为本人或其配偶购买住房，发生的首套住房贷款利息支出，在偿还贷款期间，可以按照每年 12 000 元（每月 1 000 元）的标准定额扣除，扣除期限最长不超过 240 个月。

纳税人只能享受一次首套住房贷款的利息扣除，经夫妻双方约定，可以选择由其中一方扣除，具体扣除方式在一个纳税年度内不得变更。

⑤ 住房租金专项附加扣除。纳税人本人及配偶在纳税人的主要工作城市没有住房，而在主要工作城市租赁住房发生的租金支出。在直辖市、省会（首府）城市、计划单列市以及国务院确定的其他城市，每月按 1 500 元标准扣除；在市辖区户籍人口超过 100 万的其他城市，每月按 1 100 元标准扣除；在市辖区户籍人口不超过 100 万（含 100 万）的其他城市，每月按 800 元标准扣除。

夫妻双方主要工作城市相同的，只能由一方扣除。纳税人及其配偶不得同时分别享受住房贷款利息专项附加扣除和住房租金专项附加扣除。

⑥ 赡养老人专项附加扣除。纳税人赡养年满 60 岁父母的支出，或者祖父母、外祖父母的子女已经去世，纳税人赡养年满 60 岁的祖父母或外祖父母的支出可以扣除。

纳税人属于独生子女的，按每月 3 000 元扣除；属于非独生子女的，与其兄弟姐妹分摊每月 3 000 元的扣除额度，每人分摊扣除额度不得超过每月 1 500 元。

⑦ 3 岁以下婴幼儿照护专项附加扣除。从 2023 年 1 月开始，个人照护 3 岁以下（不含满 3 周岁当月）婴幼儿子女的相关支出，按照每个婴幼儿每月 2 000 元的标准定额扣除。

扣除方式上，可选择由夫妻一方按扣除标准的 100% 扣除，也可选择由夫妻双方分别按扣除标准的 50% 扣除。该专项附加扣除项目可以在申报当月扣除，也可以在以后月份发工资时补充扣除；平时发工资没有扣除的，或者没有任职受雇单位的，也可以在次年办理汇算清缴时补充扣除。

6. 其他扣除项目

根据个人所得税相关规定，其他扣除项目主要包括符合国家规定的企业年金、职业年金，个人购买符合国家规定的商业健康保险、税收递延型商业养老保险的支出，以及国务院规定可以扣除的其他项目。

根据规定，对个人购买符合规定的商业健康保险产品的支出，允许在当年（月）计算应纳税所得额时予以税前扣除，扣除限额为 2 400 元/年（200 元/月）；个人购买税收递延型商业养老保险的缴费，按照 12 000 元/年的限额标准（每月限额标准为 1 000 元），在综合所得或经营所得中据实扣除。

📋 **案例分析**

李某现居住在重庆市区，任职于市内甲公司。2023 年，李某每月工资、薪金收入为 15 000 元，其中，个人承担社保费 2 000 元。李某的独生子本年 2 月满 3 周岁，父亲本年 3 月满 60 周岁（李某为独生子）。本年 4 月李某的首套住房开始还按揭贷款，每月还款 2 500 元。由于是期房，因此李某一直租房居住，预计下年 8 月收房，当前每月住房租金 1 300 元。本年李某无其他专项附加扣除，假设专项附加扣除项目均由李某 100%扣除。计算甲公司每月应预扣预缴李某工资、薪金所得的个人所得税。（只考虑本年 1—4 月）

2023 年 1 月，基本减除费用为 5 000 元，专项扣除 2 000 元，李某独生子未满 3 周岁，3 岁以下婴幼儿照护专项附加扣除 2 000 元，住房租金专项附加扣除 1 500 元，因此，1 月累计预扣预缴应纳税所得额=15 000－5 000－2 000－2 000－1 500=4 500（元）。适用 3%预扣率，速算扣除数为 0，所以，1 月应预扣预缴税额=4 500×3%=135（元）。

2023 年 2 月，累计基本减除费用 10 000（即 5 000×2）元，累计专项扣除 4 000（即 2 000×2）元，独生子满 3 周岁，按子女教育专项附加扣除 2 000 元，累计住房租金专项附加扣除 3 000（即 1 500×2）元，因此，其 2 月累计预扣预缴应纳税所得额=15 000×2－10 000－4 000－（2 000+2 000+3 000）=9 000（元）。适用 3%预扣率，速算扣除数为 0，因此，2 月应预扣预缴税额=9 000×3%－135=135（元）。

2023 年 3 月，累计基本减除费用 15 000 元，累计专项扣除 6 000 元，累计 3 岁以下婴幼儿照护、子女教育专项附加扣除=2 000+2 000×2=6 000（元）。赡养老人专项附加扣除 3 000 元，累计住房租金专项附加扣除 4 500（即 1 500×3）元，3 月累计预扣预缴应纳税所得额=15 000×3－15 000－6 000－（6 000+3 000+4 500）=10 500（元）。适用 3%预扣率，速算扣除数为 0，因此，3 月应预扣预缴税额=10 500×3%－135－135=45（元）。

2023 年 4 月，累计基本减除费用 20 000 元，累计专项扣除 8 000 元，累计 3 岁以下婴幼儿照护、子女教育专项附加扣除=2 000+2 000×3=8 000（元）。累计赡养老人专项附加扣除 6 000（即 3 000×2）元，累计住房租金专项附加扣除 6 000（即 1 500×4）元。4 月累计预缴应纳税所得额=15 000×4－20 000－8 000－（8 000+6 000+6 000）=12 000（元）。适用 3%预扣率，速算扣除数为 0，因此，4 月应预扣预缴税额=12 000×3%－135－135－45=45（元）。

说明：对于住房租金专项附加扣除与住房贷款利息专项附加扣除，根据规定，纳税人只能选择一项税前扣除。

任务训练 8-1

对于专项附加扣除项目，个人最多能同时扣除多少个项目？请列举可能的专项附加扣除项目组合。

二、劳务报酬所得个人所得税预扣预缴

对于个人取得劳务报酬的，支付人按规定按次预扣预缴其个人所得税，计算公式如下。

预扣预缴应纳税额＝预扣预缴应纳税所得额×预扣率－速算扣除数

（一）预扣预缴应纳税所得额

预扣预缴应纳税所得额按以下规定进行确定。

（1）劳务报酬所得每次收入小于等于 4 000 元时，减除费用为 800 元，计算公式如下。

预扣预缴应纳税所得额＝每次收入－800

（2）劳务报酬所得每次收入大于 4 000 元时，按 20%减除费用，计算公式如下。

预扣预缴应纳税所得额＝每次收入×（1－20%）

（二）预扣率

个人取得劳务报酬，支付人按规定预扣率计算预扣预缴税额，其预扣率如表 8-3 所示。

表 8-3　个人所得税预扣率

（居民个人劳务报酬所得预扣预缴适用）

级数	预扣预缴应纳税所得额	预扣率/%	速算扣除数
1	不超过 20 000 元的	20	0
2	超过 20 000 元至 50 000 元的部分	30	2 000
3	超过 50 000 元的部分	40	7 000

案例分析

（承前例）2023 年 5 月，李某接受乙培训机构聘用，为其学员培训职称考试课程，当月取得劳务费 10 000 元（税前）。乙培训机构支付李某劳务费时，应预扣多少个人所得税？

根据规定，劳务报酬为 10 000 元，超过 4 000 元，因此按 20%减除费用确定预扣预缴应纳税所得额，即 10 000×（1－20%）＝8 000（元），适用 20%的预扣率，速算扣除数为 0。李某应预扣预缴税额＝8 000×20%＝1 600（元），乙培训机构实际支付李某劳务费＝10 000－1 600＝8 400（元）。

任务训练 8-2

演员拍戏取得的片酬收入，在个人所得税征税范围上属于哪类所得？请说明理由。

三、稿酬所得、特许权使用费所得个人所得税预扣预缴

稿酬所得、特许权使用费所得个人所得税预扣预缴相关规定如下。

（一）稿酬所得的个人所得税预扣预缴

根据规定，个人稿酬所得适用 20% 的预扣率，并减按 70% 计算预扣预缴应纳税额，计算公式如下。

$$预扣预缴应纳税额 = 预扣预缴应纳税所得额 \times 20\% \times 70\%$$

公式中"预扣预缴应纳税所得额"按两种情况进行计算，具体规定如下。

（1）稿酬所得每次收入小于等于 4 000 元时，减除费用为 800 元，计算公式为：

$$预扣预缴应纳税所得额 = 每次收入 - 800$$

（2）稿酬所得每次收入大于 4 000 元时，按 20% 减除费用，计算公式为：

$$预扣预缴应纳税所得额 = 每次收入 \times (1 - 20\%)$$

（二）特许权使用费所得的个人所得税预扣预缴

根据规定，个人特许权使用费所得适用 20% 的预扣率，按下列公式计算预扣预缴应纳税额。

$$预扣预缴应纳税额 = 预扣预缴应纳税所得额 \times 20\%$$

公式中"预扣预缴应纳税所得额"按以下两种情形进行确定。

（1）特许权使用费所得每次收入小于等于 4 000 元时，减除费用为 800 元，计算公式为：

$$预扣预缴应纳税所得额 = 每次收入 - 800$$

（2）特许权使用费所得每次收入大于 4 000 元时，按 20% 减除费用，计算公式为：

$$预扣预缴应纳税所得额 = 每次收入 \times (1 - 20\%)$$

案例分析

（承前例）2023 年 8 月，李某受邀在公开期刊上发表论文，取得稿费 5 000 元。计算李某实际到手的稿费。

根据规定，李某取得稿费超过 4 000 元，按 20% 减除费用，并减按 70% 计算预扣预缴应纳税所得额 = 5 000 × (1 - 20%) × 70% = 2 800（元），因此，支付方应预扣预缴李某稿酬收入税款 = 2 800 × 20% = 560（元），李某实际到手 5 000 - 560 = 4 460（元）。

任务训练 8-3

艺人代言取得的收入，在个人所得税征税范围上属于哪类所得？请说明理由。

四、综合所得的汇算清缴

综合所得年度汇算清缴，是指纳税人在纳税年度终了后规定期限内，依照税法规定，自行汇总计算全年取得的综合所得（工资薪金所得、劳务报酬所得、稿酬所得、特许权使用费所得）收入额，汇总后适用统一的扣除规定，按照适用的税率计算应纳税额，结合已预扣预缴税额，确定该年度应补缴或者退还税额，并填写个人所得税纳税申报表，向主管税务机关办理年度纳税申报、结清全年税款的行为。

（一）取得综合所得须办理年度汇算清缴的情形

根据规定，属于下列情形的纳税人，须进行综合所得年度汇算清缴。

（1）在一个纳税年度中从两处或者两处以上取得综合所得，且综合所得年收入额减去专项扣除后的余额超过 6 万元的。

（2）取得劳务报酬所得、稿酬所得、特许权使用费所得中的一项或者多项所得，且 4 项综合所得年收入额减去专项扣除后的余额超过 6 万元的。

（3）在一个纳税年度内，预扣预缴的税额低于依法计算出的应纳税额。

（4）纳税人申请退税的。

（二）居民个人综合所得年度汇算清缴的计算公式

综合所得年度汇算清缴应补（退）税额＝综合所得全年应纳税额－全年累计已预扣预缴税额

综合所得全年应纳税额＝全年综合所得应纳税所得额×适用税率－速算扣除数

全年综合所得应纳税所得额＝全年综合所得收入总额－全年扣除项目总额

上述公式中"收入总额"包括工资、薪金所得收入额，劳务报酬所得收入额，稿酬所得收入额，特许权使用费所得收入额。其中，工资、薪金所得收入额为工资、薪金所得，劳务报酬所得收入额按"劳务报酬所得×（1－20%）"计算，稿酬所得收入额按"稿酬所得×（1－20%）×70%"计算，特许权使用费所得收入额按"特许权使用费所得×（1－20%）"确定。

上述公式中"全年扣除项目总额"包括基本减除费用（年度 60 000 元）、专项扣除、专项附加扣除、其他扣除等。

案例分析

（承前例）假设李某 2023 年工资、薪金收入合计 180 000 元，劳务报酬合计 30 000 元，稿酬合计 5 000 元，"三险一金"24 000 元，3 岁以下婴幼儿照护专项附加扣除 2 000 元，子女教育专项附加扣除 22 000，赡养老人专项附加扣除 30 000 元，住房租金专项附加扣除 18 000 元，无其他收入和扣除项目，假设李某全年已预缴申报个人所得税 4 240 元。计算李某 2023 年度综合所得汇算清缴应补缴或申请退还的个人所得税。

1. 综合所得收入总额

（1）工资、薪金所得收入额为 180 000 元。

（2）劳务报酬所得收入额＝30 000×（1－20%）＝24 000（元）。

（3）稿酬所得收入额＝5 000×（1－20%）×70%＝2 800（元）。

2023 年度李某综合所得收入总额＝180 000+24 000+2 800＝206 800（元）。

2. 扣除项目

（1）基本减除费用 60 000 元。

（2）专项扣除 24 000 元。

（3）专项附加扣除=2 000+22 000+30 000+18 000=72 000（元）。

李某 2023 年度扣除项目金额合计=60 000+24 000+72 000=156 000（元）。

3. 年度综合所得应纳税额

根据计算公式，李某 2023 年度综合所得应纳税所得额=206 800－156 000=50 800（元）。查询个人所得税税率表（居民个人综合所得适用），适用税率 10%，速算扣除数 2 520，因此，李某 2023 年度综合所得应纳税额=50 800×10%－2 520=2 560（元）。

4. 汇算清缴应补（应退）税额

经计算，李某 2023 年度综合所得应纳税额 2 560 元，已预缴 4 240 元，因此，可以向税务机关申请退还多缴的个人所得税 1 680（即 4 240－2 560）元。

五、经营所得个人所得税的计算

（一）经营所得年度应纳税所得额的确定

根据规定，经营所得年度应纳税所得额按以下公式计算。

经营所得年度应纳税所得额=年度收入总额－成本、费用、税金等－基本减除费用（年度 6 万元）－专项扣除－专项附加扣除

（1）个人在生产、经营过程中发生的与家庭生活混用的费用，由主管税务机关核定分摊比例，据此计算确定属于生产经营过程中发生的费用准予扣除。

（2）业主的工资、薪金不能扣除。其他从业人员工资、广告及业务宣传费、业务招待费、工会经费、职工福利费、职工教育经费、借款利息、租赁费、亏损弥补等，比照企业所得税规定扣除。

（3）取得经营所得的纳税人，没有综合所得的，每一纳税年度可以扣除基本减除费用 60 000 元（5 000 元/月）、专项扣除、专项附加扣除以及依法确定的其他项目。

（4）根据《关于办理 2023 年度个人所得税综合所得汇算清缴事项的公告》（国家税务总局公告 2024 年第 2 号）规定，个人同时取得综合所得和经营所得，可在综合所得或经营所得中申报减除费用 6 万元、专项扣除、专项附加扣除以及依法确定的其他扣除，但不得重复申报减除。

（5）专项附加扣除在办理汇算清缴时进行减除。

（6）个人独资企业、合伙企业应纳税所得额的确定方法如下。

① 查账征收的个人独资企业和合伙企业的扣除项目比照个体工商户个人所得税计税办法来确定。

② 个人独资企业的投资者以全部生产经营所得为应纳税所得额；合伙企业的投资者按照合伙企业的全部生产经营所得和合伙协议约定的分配比例确定应纳税所得额，合伙协议没有约定分配比例的，以全部生产经营所得按合伙人数量平均分配计算每个投资人的应纳税所得额。

（7）生产经营所得，既包括企业分配给投资者个人的所得，也包括企业当年留存的

所得（利润）。

（二）经营所得年度应纳税额的计算

纳税人根据上述规定计算经营所得年度应纳税所得额，再按以下公式计算经营所得年度应纳税额：

经营所得年度应纳税额＝经营所得年度应纳税所得额×适用税率－速算扣除数

其中，适用税率、速算扣除数根据表 8-2 确定。

> **案例分析**
>
> 2023 年 1 月 1 日，张某与一事业单位签订承包合同经营职工食堂，承包期 3 年，2023 年实现承包经营利润 300 000 元（已扣除承包人工资 100 000 元），按合同规定承包人还须每年上缴承包费 30 000 元。假设张某 2023 年无其他收入，按规定缴纳"三险一金" 24 000 元，享受赡养老人、子女教育专项附加扣除合计 48 000 元。计算张某2023 年应缴纳的个人所得税。
>
> 根据规定，张某的工资、薪金不能从经营所得中扣除，其上缴的承包费属于正常支出，允许从经营所得中扣除，因此 2023 年度张某经调整后的经营所得为 300 000+100 000=400 000（元）。
>
> 由于张某 2023 年只有该项经营所得，因此其缴纳的"三险一金"及相关专项附加扣除项目均可以从经营所得中扣除，张某 2023 年度经营所得应纳税所得额为 400 000－60 000－24 000－48 000=268 000（元），应纳个人所得税 268 000×20%－10 500=43 100（元）。

> **任务训练 8-4**
>
> 个人投资合伙企业，合伙企业盈利，其从合伙企业实际分得的红利收入，是否需要按股息、红利所得计算缴纳个人所得税？请说明理由。

六、特殊所得个人所得税的计算

（一）全年一次性奖金个人所得税计算

对于全年一次性奖金收入，纳税人可以选择将其并入综合所得，按综合所得统一计税；也可选择不将其并入综合所得，而采取单独计税方式。下面重点介绍全年一次性奖金个人所得税单独计税方法。

个人取得全年一次性奖金，在 2027 年 12 月 31 日前，可以选择采取不并入综合所得计税方式，以全年一次性奖金除以 12 得到的数额，按照个人所得税税率表（按月换算后的综合所得个人所得税税率，见表 8-4），确定适用税率和速算扣除数，单独计算应纳税额。其计算公式如下。

全年一次性奖金收入应纳税额＝全年一次性奖金收入×税率－速算扣除数

该计算公式具体可分解为两个步骤。

第一步，将个人当月取得的全年一次性奖金除以 12，按其商数确定适用税率和速算扣除数。

表8-4　按月换算后的综合所得个人所得税税率

级数	全月应纳税所得额	税率/%	速算扣除数
1	不超过3 000元的部分	3	0
2	超过3 000元至12 000元的部分	10	210
3	超过12 000元至25 000元的部分	20	1 410
4	超过25 000元至35 000元的部分	25	2 660
5	超过35 000元至55 000元的部分	30	4 410
6	超过55 000元至80 000元的部分	35	7 160
7	超过80 000元的部分	45	15 160

第二步，计算应纳税额。

这里，需要区分以下两种情形进行计算。

（1）如果个人当月工资、薪金所得高于或等于税法规定的费用扣除额（5 000元），采用如下公式计算应纳税额。

$$应纳税额=当月取得全年一次性奖金×税率-速算扣除数$$

（2）如果个人当月工资、薪金所得低于税法规定的费用扣除额（5 000元），采用如下公式计算应纳税额。

$$应纳税额=（当月取得全年一次性奖金-当月工资、薪金所得与费用扣除额的差额）×$$
$$税率-速算扣除数$$

📋 案例分析

2023年，王某每月工资、薪金为15 000元，每月个人缴纳社保费1 500元、子女教育专项扣除2 000元，12月取得全年一次性奖金120 000元。假设王某全年没有其他综合所得项目，且已累计预缴1—12月工资、薪金所得个人所得税5 280元。

（1）假设将年终奖并入综合所得，王某全年应交多少个人所得税？

（2）假设将年终奖单独计税，王某全年应交多少个人所得税？

（3）假如你是王某，对年终奖收入，你会选择哪种计税方式？

对于（1），假设将年终奖并入综合所得，按综合所得计税。

全年综合所得应纳税所得额=15 000×12-60 000-1 500×12-2 000×12+120 000=198 000（元）。适用综合所得税率20%，速算扣除数为16 920。

王某全年所得应纳税额=198 000×20%-16 920=22 680（元）。

对于（2），假设将年终奖单独计税。

① 全年综合所得（工资、薪金）应纳税额。

全年综合所得（工资、薪金）应纳税所得额=15 000×12-60 000-1 500×12-2 000×12=78 000（元）。适用综合所得税率10%，速算扣除数为2 520。

全年综合所得（工资、薪金）应纳税额=78 000×10%-2 520=5 280（元）。

② 年终奖应纳税额。

第一步，确定适用税率和速算扣除数。120 000÷12=10 000（元），查询表8-4，适用税率10%，速算扣除数为210。

第二步，计算年终奖应纳税额=120 000×10%-210=11 790（元）。

王某全年全部所得应纳税总额=5 280+11 790=17 070（元）。

对于（3），年终奖计税方式选择。

通过比较发现，将年终奖单独计税方式相比将其并入综合所得方式，可以少缴纳税额 5 610（即 22 680－17 070）元，因此，王某选择将年终奖单独计税更划算。

（二）解除劳动关系一次性补偿收入个人所得税计算

根据相关规定，个人与用人单位解除劳动关系取得的一次性补偿收入（包括用人单位发放的经济补偿金、生活补助费和其他补助费），在当地上年职工年平均工资 3 倍数额以内的部分，免征个人所得税；超过 3 倍数额的部分，不并入当年综合所得，单独适用表 8-1 所示的个人所得税税率计算缴税。

个人因与用人单位解除劳动关系取得一次性补偿收入，其个人所得税计算可分解为 3 个步骤。

第一步，计算一次性补偿收入应纳税所得额。

一次性补偿收入应纳税所得额=一次性补偿收入－当地上年职工年平均工资×3

第二步，确定适用税率和速算扣除数。

根据第一步计算的一次性补偿收入应纳税所得额，查询表 8-1，确定适用税率和速算扣除数。

第三步，计算应纳税额。

应纳税额=一次性补偿收入应纳税所得额×税率－速算扣除数

📝 案例分析

赵某 2012 年入职深圳某公司，2023 年 9 月与该公司解除劳动关系，取得一次性经济补偿收入 500 000 元。已知深圳市上年职工年平均工资为 155 563 元，请计算赵某实际取得的经济补偿。

第一步，计算赵某该笔经济补偿收入的应纳税所得额。

应纳税所得额=500 000－155 563×3=33 311（元）。

第二步，确定经济补偿收入个人所得税适用税率、速算扣除数。

查询表 8-1，适用税率 3%，速算扣除数为 0。

第三步，计算应纳税额。

应纳税额=33 311×3%=999（元）。（计算结果取整）

因此，赵某实际取得的经济补偿收入为 499 001（即 500 000－999）元。

📖 素质拓展

2018 年 8 月 31 日，第十三届全国人民代表大会常务委员会第五次会议表决通过了关于修改《个人所得税法》的决定。这是自 1980 年《个人所得税法》出台以来的第七次大修，为个人纳税人释放了税收红利，提高了个人可支配收入，增强了个人消费能力，助推内需的提档升级。

**1.	"起征点"由每月 3 500 元提高到 5 000 元**

个税基本减除费用标准，即通常所说的起征点由每月 3 500 元提高到每月 5 000 元，成为此次《个人所得税法》修改的重要亮点之一。

降低个人所得税负有利于提振居民消费。大幅度降低个人所得税负，特别是降低低收入群体的负担，能够直接增加广大居民的收入，提高居民消费能力，扩大消费即期支出，改善消费预期，更好地发挥消费对经济社会发展的拉动作用、基础性作用。

**2.	3 岁以下婴幼儿照护、子女教育、赡养老人、住房租金等可抵税**

3 岁以下婴幼儿照护、子女教育、赡养老人、在职深造、治疗大病、买房或租房部分支出，根据修改后的《个人所得税法》，生活中的这些必要开支都将在申报个税时予以抵扣。相比原先主要依靠单位代扣代缴，今后缴纳个税，每个人都会拥有一份"个性化"的账单。

通过专项附加扣除，充分考虑纳税人家庭供养负担来实现收入的调节。根据修改后的《个人所得税法》，专项附加扣除包括 3 岁以下婴幼儿照护、子女教育、继续教育、大病医疗、住房贷款利息、住房租金、赡养老人等支出，通过专项附加扣除，充分考虑个人的负担差异，差异化降低个人税负。

**3.	迈向综合与分类相结合的个税制**

本次税改实现了从分类税制向综合与分类相结合的个税制的重大转变，个税制改革迈出了关键一步。综合与分类相结合的个税制，即对一部分所得项目予以加总，实行按年汇总计算纳税，对其他所得项目则实行分类征收。这一税制不仅对逐步提高直接税比重有利，对调节收入分配也是有利的。

可以预见，随着我国个人所得税征管技术的逐渐完善，征管水平的不断提升，征管能力的持续提高，我国个人所得税税制将更加完善，个人所得税对调节收入分配、促进社会公平、增加中低收入群体收入、促进消费结构升级、实现经济高质量发展等将发挥更加重要的作用。

专题三　赚钱

模块 9　企业竞争战略

学习目标

【知识目标】

1．理解企业竞争战略的含义

2．掌握企业竞争战略的优缺点

【能力目标】

1．能说出战略管理的过程

2．能阐述成本领先战略、差异化战略、集中化战略的差别与关联

【素质目标】

1．培养在市场竞争环境下进行战略分析的能力

2．培养在市场竞争环境下选择和制定最佳竞争战略的能力

引例

华为公司是成功实施差异化战略的典型案例。华为公司在市场竞争中脱颖而出的原因是其独特的技术实力和创新能力。

华为公司的差异化战略主要包括以下几个方面。

1．技术实力

华为公司在技术研发方面投入了大量的资源，这使华为公司在市场上具有很强的技术实力。

2．创新能力

华为公司在产品设计和技术研发方面不断进行创新，这使华为公司在市场上具有很强的创新能力。

3．品牌形象

华为公司的品牌形象在市场上具有很高的辨识度，这使消费者很容易就能够辨认出华为公司的品牌。

【点评】差异化战略是企业在市场竞争中获得成功的关键之一。通过差异化战略，

企业可以在同行竞争中脱颖而出，赢得更多的市场份额和利润。华为公司作为成功实施差异化战略的企业之一，通过其技术实力、创新能力和品牌形象等方面的差异化战略，赢得了市场上的竞争优势。透过这则引例，竞争战略的重要地位和作用便可见一斑。

任务一　了解企业竞争战略

一、企业战略的定义

"战略"一词主要源于军事，是指军事家们对战争全局的规划和指挥，或指导重大军事活动的方针、政策与方法。随着生产力水平的不断提高和社会实践内涵的不断丰富，"战略"一词逐渐被人们广泛地运用于军事以外的领域，从而给"战略"一词增添了许多新的含义。1962 年，美国学者钱德勒在其《战略与结构》一书中将"战略"定义为"确定企业基本长期目标、选择行动途径和为实现这些目标进行资源分配"。这标志着"战略"一词被正式引入企业经营管理领域，由此形成了企业战略的概念。

美国学者汤姆森在 1998 年指出，战略既是预先性的（预谋战略），又是反应性的（适应性战略）。换言之，战略制定的任务包括制订一个策略计划，即预谋计划，然后随着事情的进展不断对它进行调整。

二、企业战略的层次

一般将企业战略分为 3 个层次：总体战略、竞争战略和职能战略。

（一）总体战略

总体战略又称公司层战略。在大中型企业中，特别是经营多项业务的企业中，总体战略是企业最高层次的战略。它需要根据企业的目标，选择企业可以竞争的经营领域，合理配置企业经营所必需的资源，使各项经营业务相互支持、相互协调。总体战略常常涉及整个企业的财务结构和组织结构方面的问题。

（二）竞争战略

公司的二级战略被称为竞争战略，也叫业务单元战略。竞争战略涉及各业务单元的主管及辅助人员。这些人员的主要任务是将企业战略所包括的企业目标、发展方向和措施具体化，形成本业务单元具体的竞争与经营战略。竞争战略要针对不断变化的外部环境，让公司在经营领域中有效竞争。为了保证企业的竞争优势，各经营单位要有效地控制资源的分配和使用。

对单业务公司来说，总体战略和竞争战略合二为一；只有对业务多元化的公司来说，总体战略和竞争战略的区分才有意义。

（三）职能战略的类型

职能战略又称职能层战略，主要涉及企业内各职能部门，如营销、财务、生产、研发、人力资源、信息技术等部门，职责是更好地配置企业内部资源，为各级战略服务并提高组织效率。

各职能部门的主要任务不同，关键变量也不同，即使在同一职能部门，关键变量的重要性也因经营条件不同而有所变化，因而难以归纳出一般性的职能战略。

3 个层次的战略都是企业战略的重要组成部分，但侧重点和影响的范围有所不同，在这一模块主要介绍企业竞争战略。

三、企业竞争战略的类型

竞争战略是由美国哈佛商学院著名的战略管理学家迈克尔·波特提出的，分为成本领先战略、差异化战略、集中化战略。企业可以从这 3 种战略中选择一种，作为其主导战略。波特的竞争战略可以看作企业在产业中建立稳固的地位，成功地对抗 5 种竞争力量，并获得良好的收益率。而要长期维持较高水平的收益率，就要建立持久的竞争优势。

竞争战略决定组织如何在每种业务上展开竞争。对于仅有单一业务的小型组织或者没有多元化产品或市场的大型组织来说，其竞争战略描述的是如何在主营业务或主要市场上展开竞争。然而，对拥有多元化业务的组织来说，每一种业务都将有其自身的竞争战略，竞争战略明确了其竞争优势、所提供的产品或服务、目标顾客等。

某些行业比其他行业具有内在的高利润率，所以行业中的竞争者都能获得较高的边际利润，但是这并不意味着低利润率行业中的企业就不能大量获利，关键在于获取竞争优势。

战略管理的很多重要观点来自波特。波特主要的贡献之一是解释了管理者应如何创造持续性竞争优势。为了做到这一点，管理者需要完成的一项重要工作是行业分析，通常可以采用五力模型对行业进行分析。

任何行业都存在 5 种竞争力量控制着行业的竞争规则。这 5 种力量共同决定着一个行业的吸引力和盈利能力。

（1）进入障碍。规模经济、商标知名度及资本需求等因素，决定着新竞争者进入行业的难易程度。

（2）替代威胁。转换成本和购买者忠诚度等因素，决定着顾客转向其他竞争者的可能性和程度。

（3）购买者的议价能力。购买者的购买量、购买者掌握的信息，以及可供选择的替代产品等因素，决定着购买者的影响力。

（4）供应商的议价能力。供应商的集中程度和可供选择的替代输入等因素，决定着供应商左右行业中企业的能力。

（5）现有竞争者之间的竞争。行业的增长率和产品差异等因素，决定着行业中企业之间竞争的激烈程度。

这 5 种力量从整体上决定了行业的盈利能力，因为它们直接影响到企业的产品价格水平、成本结构和投资需求。企业的管理者应当通过评估这 5 种力量来评价某个行业的吸引力。

处于某一行业中的企业管理者，必须选择一种能给企业带来竞争优势的战略。管理者可以从 3 种基本的战略——成本领先战略、差异化战略和集中化战略中进行选择。

（一）成本领先战略

1. 成本领先战略的含义

成本领先战略是指通过设计一整套行动，以最低的成本生产并提供为顾客所接受的产品和服务，在较长时期内保持着全行业范围内的低成本水平的战略。成本领先战略主要通过低廉的价格来扩大市场占有率，从而取得竞争优势，这是一种基本的竞争战略。通常，企业实施成本领先战略，大致从以下几种途径控制成本。

（1）规模经济：利用经验曲线，以专业化、标准化生产降低成本。

（2）降低人工费用：降低劳动力工资或转移到廉价劳动力区域生产。

（3）改进产品设计和生产工艺：通过工艺创新降低成本。

（4）技术创新：通过加快技术和设备更新换代降低成本。

（5）简化产品：通过产品创新降低成本。

（6）费用控制：包括降低各种办公费用、财务费用。

（7）组织流程再造：通过制度创新提高企业运行效率，降低成本。

（8）网络技术：通过运用网络技术降低交易成本。

（9）采购：通过集中或批量采购方式降低采购费用。

2. 成本领先战略的实现措施

要想获得成本领先优势，使自身经营成本低于竞争对手，企业应采取以下几条关键措施。

（1）建立重视成本的企业文化。成功的低成本企业是通过不厌其烦地寻求整个价值链上的成本节约来获得成本优势的，所以必须建立注重成本的企业文化，令节约每一分钱的观念深入人心，成为一种自觉的行动。

（2）准确把握成本驱动因素。每个行业中的关键成本驱动因素都不尽相同，如规模经济、经验和学习、生产能力的利用率、关键资源投入成本、技术和营销创新、工厂的地理位置、与企业中或行业价值链中其他活动的联系、纵向一体化程度或专业化程度、新产品或新技术的使用时机等。企业应准确地把握关键的成本驱动因素，进而管理价值链上的每一项活动。

（3）积极投建低成本化所需的设施。虽然低成本厂商提倡节约，但其又积极投建能够降低成本的设施。例如，沃尔玛虽属零售企业，但从未停止对高科技的追求，并不断尝试将先进技术应用于业务当中。沃尔玛的零售店配备了客户信息管理系统、配送中心管理系统、卫星监测系统等，大大提高了订单在采购过程中的计划性、市场预测的准确度、供应链的运转效率及存货的周转率。

（4）具有严格的成本控制组织体系和管理。追求成本领先的企业必须有结构严密的组织体系、严格的成本控制制度、以目标管理为基础的激励机制等。

3. 成本领先战略的优点

企业一旦取得了低成本地位，就能有效地提高市场占有率，并获得比行业平均水平更高的利润。

在争夺顾客的竞争中，产品的低价格使没有用过该产品的顾客开始使用，使一直用竞争对手同类产品的顾客开始转向使用低成本企业的产品，从而巩固和维护了低成本企业的市场地位，提高了市场占有率。在争夺供应商的竞争中，低成本企业对原材料和零部件的需求量大，为获得廉价原材料或零部件提供了可能，同时也便于与供应商建立稳定的协作关系。在与潜在进入者的竞争中，低成本企业由于采用了低价格，提高了市场进入壁垒，使新进入者难以构成对低成本企业的威胁。在与替代品的竞争中，低成本企业可以利用降价的办法稳定现有顾客的需求，使自己的产品不被替代品所取代。

4. 成本领先战略的缺点

企业想通过形成规模效应以实现低成本，需要进行较大的投资，并且要有先进的生产设备，才能进行高效率的生产。技术进步推动了生产工艺的改进及突破，以致企业的原有工艺设备和投资及由此产生的高效率丧失了优势，并使竞争对手比较容易以更低的成本进入该行业，造成对企业的威胁。把过多的注意力集中于低成本战略，可能导致企业忽视顾客需求特性及需求趋势的变化，忽视顾客对产品差异的兴趣及价格敏感性的降低，企业一旦拘泥于现有战略的选择，就很有可能被采用产品差异化战略的竞争对手击败。企业集中大量资本投资于现有技术及现有设备，容易导致企业领导者对新技术及技术创新反应迟钝。

5. 运用成本领先战略的注意事项

许多企业由于未能从战略的角度充分认识和理解成本领先战略，因而在执行成本领先战略中犯下错误，失去了在行业中取得低成本竞争优势的机会。常见的错误包括：提取成本时，大多数管理人员都会自然而然地想到生产成本，然而有相当大一部分成本产生于市场营销、技术开发、服务、管理和基础设施等方面，这些项目成本在分析中却很少受到重视。其实在这些方面降低成本的潜力是非常大的，而且也相对比较容易实现。一些企业在降低劳动力成本上斤斤计较，而对采购成本全然不顾；企业采购部门也往往把注意力集中在关键原材料的买价上，对采购成本和其他价值活动的成本之间的联系也未给予足够的重视。对企业来讲，对采购方法稍加改变便可产生成本上的重大效益。

（二）差异化战略

1. 差异化战略的含义

差异化战略是指企业提供的产品与服务在行业中具有独特性的战略，独特性可以表现在产品设计、技术特征、产品形象、服务方式等方面。差异化战略的重点不是成本，而是不断地投资和开发顾客认为重要的产品或服务的差异化特征，满足顾客对某些特定产品或服务的需求，并从中获得溢价收益。实现差异化战略有许多方式，如建立品牌形象、技术特点、客户服务、经销网络及其他方面的独特性。实施差异化战略必须把创造价值所需的各种活动有机结合起来，事实上企业可做的一切能为顾客创造价值的活动都可以作为差异化的基础。

2. 差异化战略的类型

差异化战略的类型如下。

（1）销售服务差异化战略。改变销售方式，加强售后服务，在服务上优于竞争对手是许多成功企业乐于采用的战略。

（2）产品创新差异化战略。一个资金雄厚、研究开发能力强的企业，如果实行以产品创新为主的差异化战略，就可以使企业在技术上保持领先地位，并且还可以增强企业的竞争优势。

（3）品牌差异化战略。品牌差异化战略指企业通过创名牌产品，保名牌产品，使其在同行业中富有竞争力。名牌是指具有较高知名度和较高市场占有率的品牌，是社会对产品及企业整体的评价，是企业实力与地位的象征。那些勇于创名牌的企业更容易在竞争中取胜。

实施差异化战略并不意味着企业可以忽视成本，追求差异化往往以很高的成本为代价，大量的研发、产品设计、高质量的原材料及周到的顾客服务都需要支付成本。如果忽视了成本控制，差异化获得的高利润就会被成本劣势所抵消。因此，企业必须在不影响差异化的前提下尽可能地降低成本，尽量保持与竞争对手的成本相等或近似。

3. 差异化战略的优点

差异化战略利用了顾客对产品特色的关注和信任，顾客对产品价格的敏感程度下降，从而使企业避开竞争，在特定领域形成独家经营的市场，而其他企业一直追不上来，此时企业可保持优势的地位。企业实行产品创新差异化战略，可以获得较高的利润，以此领先竞争对手。

4. 差异化战略的缺点

保持产品的差异化往往要以成本的提高为代价，因为实行这种战略要增加相应的设施及研究开发费用，要用高质量的原材料。此时企业往往把保持产品经营特色放在第一位，而把降低成本放在第二位，这样企业产品差异化所取得的一部分或大部分利润就会被产品成本抵消。顾客对差异化所支付的额外费用是有一定限度的，若超过支付极限，低成本低价格产品的企业就比高价格差异化产品的企业更具竞争力。由于特色产品价格较高，销售量往往不高，因此，差异化战略不可能迅速提高市场占有率。差异化战略使同一产业内的不同企业产品之间的替代性降低了。

5. 运用差异化战略的注意事项

运用差异化战略时易犯的错误，主要包括以下3点。

（1）一个企业在产品的某些方面具有独特性并不意味着差异化。一个产品的独特性是否具有价值，检验方法是看企业在向顾客推销其产品时能否得到顾客的赏识以及能否控制和维持较高的价格。

（2）避免过分的差异化。如果企业的产品质量和服务水平超出了顾客的需要，那么这个企业相对于那些产品质量合格且价格便宜的竞争对手，其竞争地位较低。企业若试图通过提高产品销售价格来实现对产品或服务的差异化经营，会使采用成本领先战略的企业对顾客的吸引力增强。

（3）差异化战略必须以顾客需求为基础。有的企业并不了解顾客所需要的差异化因素，就主观设计出差异化的产品，这样的战略无法满足顾客的需求，更经不起实施集中化战略的企业的攻击。

📋 案例分析

海底捞是一家四川风味的火锅连锁企业，其凭借"服务至上、顾客至上"的宗旨，力图为每位到店顾客提供细致入微的服务体验，在服务方面实行差异化战略，深受顾客喜爱。

成本领先战略和差异化战略有着不同的管理方式和开发重点，有着不同的企业经营结构，其市场观念也存在差异。企业一般不能同时采用这两种战略。但在同一市场中，随着时间的推移，常会出现这两种竞争战略循环变换的现象。一般来讲，为了竞争及生存的需要，企业往往以差异化战略打头，创造差异化产品使整个市场的需求动向发生变化，随后其他企业看到这种差异化产品有利可图，纷纷仿制这种产品，使差异化产品逐渐丧失差异化优势，最后该产品变为标准产品。此时企业只能采用成本领先战略，努力降低成本，使产品产量达到一定规模，通过提高市场占有率来获得利润。但此时企业之间竞争十分激烈，利润逐渐减少，企业要维持原来较高的利润，就必须着手再开发新产品，开始新一轮的战略循环。

（三）集中化战略

1. 集中化战略的含义

集中化战略是指企业或事业部的经营活动集中于某一特定目标市场的战略。集中化战略主攻某个特定细分的顾客群，如某产品线的一个细分区域或某一个区域市场。它围绕着某一特定目标，使业务集中化，以更高的效率、更佳的效果为某一范围狭窄的战略对象服务。

企业可以采用两种集中化战略：以低成本为基础的集中成本领先战略和以差异化为基础的集中差异化战略。集中成本领先战略是从某些细分市场上成本行为的差异中获取利润的，企业要做到服务于某一细分市场的成本比竞争对手低。是否采用此战略取决于是否存在这样一个购买者细分市场——满足其要求所付出的代价要比满足整体市场其他部分要求所付出的代价小。集中差异化战略从特定细分市场中客户的特殊需求中获得利润。两种集中化战略能使企业成功应对 5 种竞争力量，其方式分别与成本领先战略和差异化战略相仿。它们唯一的区别在于竞争范围从整个行业变成了相对狭窄的行业细分市场。

2. 集中化战略的类型

集中化战略是指企业在某一特定的目标市场上实施的成本领先战略或差异化战略。尽管从市场的角度来看，集中化战略未能让企业取得低成本或差异化优势，但它的确在某一狭窄的市场中为企业获得了竞争优势，让企业在有效防御行业中 5 种基本竞争力量的同时，避开在大范围内与对手的竞争。

集中化战略的类型如下。

（1）产品线集中化战略。对于产品开发和工艺装备成本较高的行业，企业可采取产品线集中化战略。

（2）顾客集中化战略。将经营重心放在不同需求的顾客群上，是顾客集中化战略的主要特点。有的厂家以市场中高收入顾客为重点，即产品集中供应给注重质量而不计较价格的顾客。

（3）地区集中化战略。如果一种产品能够按照特定地区的需要实行重点、集中运营，也能获得竞争优势。此外，在经营地区有限的情况下，企业采取地区集中化战略，也易于取得成本优势。

（4）低占有率集中化战略。市场占有率低的事业部，通常被公司总部视为"瘦狗"或"金牛"类业务单元，对这些事业部，公司总部往往采取放弃或彻底整顿的战略，以便提高其市场占有率。

3．集中化战略的优点

集中化战略可以使战略目标集中明确，企业可以更好地进行调查研究，以了解竞争对手与产品有关的技术、市场、顾客等各方面的情况，经济结果易于评价，从而带来管理上的便利。其最突出的特征是企业专门服务于总体市场的一部分，即对某一类型的顾客或某一地区市场做密集型的经营，这便于企业集中资源，更好地为某一目标市场服务，抵御外部竞争者的进入，也易于形成替代产品难以克服的进入障碍。

4．集中化战略的缺点

由于狭小的目标市场难以支撑必要的市场规模，所以集中化战略可能带来高成本的风险，从而又会导致在较宽范围内经营的竞争对手与采取集中化战略的企业之间在成本上的差距日益扩大，抵消了企业在细分市场上的成本优势或差异化优势，使企业集中化战略失败。在整个行业内竞争的企业可能会认为由执行集中化战略的企业所服务的细分市场很有吸引力，值得展开竞争，并实施竞争战略，使原来实施集中化战略的企业失去优势。同时由于技术进步、替代品出现、价值观念更新、消费偏好变化等，细分市场与总体市场之间在产品或服务的需求上差别变小，细分市场中的顾客需求可能会与一般顾客需求趋同。此时集中化战略的优势就会被削弱。

5．运用集中化战略的注意事项

运用集中化战略时要注意防止来自3方面的威胁，并采取相应措施维护企业的竞争优势。

（1）以广泛市场为目标的竞争对手，很可能将该目标细分市场纳入其竞争范围，甚至已经在该目标细分市场中竞争，也可能作为该目标细分市场的潜在进入者，构成对企业的威胁。这时选用集中化战略的企业要在产品及市场营销等各方面保持和加大其差异性。产品的差异性越大，集中化战略的维持力越强；需求者差异性越大，集中化战略的维持力也越强。

（2）除了本企业采用集中化战略外，该行业的其他企业也采用集中化战略，或者以更小的细分市场为目标。这时采用集中化战略的企业要提高其他企业进入的壁垒。另外，目标细分市场的规模也会造成对集中化战略的威胁。

（3）集中化战略的细分市场中，替代品出现，消费偏好发生变化，价值观念更新，社会政治、经济、法律、文化等环境的变化，技术的突破和创新等，引起目标细分市场的变化及替代，导致市场结构发生变化，此时集中化战略的优势将随之消失。因此，企业也应随时关注宏观环境的变化。

📖 案例分析

一项调查报告显示，方便面虽然是方便食品，但我国消费者非常关注方便面的口味和品质。除了口味以49%的比重排在购买因素的第一位之外，有38.5%的消费者关注方便面的品质，仅有27%的消费者关注方便面的价格。统一方便面通过推出新的产品口味，与其他方便面品牌在口味上形成差异，赢得了消费者的认同，产品销量迅速增加，同时提升了统一方便面的整体品牌形象。统一方便面通过产品口味差异化在细分市场取得竞争优势。

波特对 3 种基本竞争战略的阐述表明，要么把成本控制到比竞争对手更低的程度；要么在企业产品和服务中形成与众不同的特色，让顾客感觉到企业提供了比其他竞争者更多的价值；要么企业致力于服务某一特定的细分市场、某一特定的产品种类或某一特定的区域。企业应结合实际情况，选择其中一种竞争战略。

📚 任务训练 9-1

归纳 3 种竞争战略的含义、优缺点。

📚 任务训练 9-2

找一家熟悉的上市公司，收集相关资料，分析其主要业务单元采用的竞争战略，并说明采用这种战略的原因。

任务二　企业竞争战略管理

一、战略管理

（一）战略管理的内涵

战略管理是一种区别于传统职能管理的管理方式。这种管理方式的基本内容是：企业战略指导着企业的一切活动，企业战略管理的重点是制定和实施企业战略，制定和实施企业战略的关键是对企业的外部环境和内部条件进行分析，并在此基础上确定企业的使命和战略目标，使它们之间形成并保持动态的平衡。因此，企业战略管理的含义可以界定为：为实现企业的使命和战略目标，科学地分析企业的内外部环境与条件，制定战略决策，评估、选择并实施战略方案，控制战略绩效的动态管理过程。

（二）战略管理过程

战略管理包括 3 个关键因素：战略分析——了解组织所处的环境和相对竞争地位；战略选择——战略制定、评估和选择；战略实施——采取措施使战略发挥作用。

1. 战略分析

战略分析的主要目的是评价影响企业目前和今后发展的关键因素，并确定在战略选择步骤中的具体影响因素。战略分析需要考虑许多方面的问题，主要是外部环境分析和内部环境分析。

（1）外部环境分析。外部环境分析可以从企业所面对的宏观环境、产业环境和竞争环境等方面展开。外部环境分析要了解企业所处的环境正在发生哪些变化，这些变化将给企业带来哪些机会和威胁。

（2）内部环境分析。内部环境分析可以从资源与能力、价值链和业务组合等方面展开。内部环境分析要了解企业自身所处的相对位置，企业具有哪些资源及战略能力。波士顿矩阵、通用矩阵等都是常用的战略分析工具。

2．战略选择

战略分析阶段明确了"企业目前处于什么位置"，战略选择阶段所要回答的问题是"企业向何处发展"。企业在战略选择阶段要考虑可选择的战略类型和战略选择过程两个方面的问题。

（1）在公司战略的3个层次上存在着各种不同的战略类型。

① 总体战略。总体战略包括发展战略、稳定战略、收缩战略。

② 竞争战略。竞争战略包括基本竞争战略、中小企业的竞争战略、蓝海战略。

③ 职能战略。职能战略主要包括市场营销战略、生产运营战略、研究与开发战略、采购战略、人力资源战略、财务战略等。

（2）约翰逊和施乐斯在1989年提出了战略选择过程的3个组成部分。

① 制定战略选择方案。在制定战略过程中，可供选择的方案越多越好。根据不同层次管理人员介入战略分析和战略选择工作的程度，可以将战略形成的方法分为自上而下、自下而上、上下结合3种。

② 评估战略备选方案。评估战略备选方案通常使用 3 个标准：适应性标准、可接受性标准、可行性标准。

③ 选择战略。选择战略即做出最终的战略决策，确定准备实施的战略。如果用多个指标对多个战略方案的评价产生不一致的结果，最终的战略选择可以考虑以下几种方法：根据企业目标选择战略、提交上级管理部门审批、聘请外部专家进行战略选择。

3．战略实施

战略实施就是将战略转化为行动并取得成果的过程，在这一过程中，要依据企业选择的战略类型，切实做好以下工作。

（1）调整和完善企业的组织结构，使之适合企业战略的定位。

（2）推进企业文化建设，使企业文化成为实现企业战略目标的驱动力和重要支撑，以及调动企业员工积极性，促进战略实施。

（3）运用财务和非财务手段、方法，监督战略实施进程，及时发现和纠正偏差，确保战略实施达到预定的目标，或者对战略做出适当修改，以利于企业绩效的持续提升。

（4）采用先进技术，尤其是数字化技术，构建新型企业组织，转变经营模式，支持企业数字化转型和数字化战略的实施。

（5）协调好企业战略、组织结构、文化建设和技术创新与变革诸方面的关系。战略制定固然重要，但从某种程度上说，战略实施更为重要。制定一个良好的战略仅仅是战略成功的一部分，只有有效实施这一战略，企业的使命和目标才能够顺利地实现。如果一个良好的战略没有得到很好的贯彻实施，可能会导致事与愿违，甚至失败的结果。相反，如果企业没能制定出完善且合适的战略，但是在战略实施中，能够克服原有战略的不足之处，那么也有可能最终实现企业的使命和目标。

二、企业竞争行动决策步骤

企业竞争行动决策主要包括以下4个步骤。

（一）明确决策问题和目标

制定决策首先必须明确决策的问题和目标。在一项决策做出之前，必须首先弄清楚问题所在。弄清楚问题以后，就应该对决策的标准进行界定，目标是利润最大化，是尽可能扩大市场份额，还是成本最小化。在决策之前，必须清晰界定决策的标准，作为选择最优方案的依据和准绳。

（二）收集相关资料并制定备选方案

对决策问题明确之后，应该收集相关资料和数据，并充分考虑现实情况，制定各种可能实现目标的备选方案。备选方案的制定要集思广益，充分考虑各种可能的情况和因素。各备选方案要尽可能详细，以有利于分析各方案的优劣。

（三）对备选方案做出评价，选择最优方案

这一过程需要对各备选方案进行详细的定性和定量分析，从各个方面分析各方案的可行性和优劣。这个过程是正确决策的关键，它要求对各方案的决策标准（如利润）做出细致的分析，进而通过各方案的决策标准进行比较，从而得到最优方案。

（四）决策方案的实施与控制

最优方案选定以后，就要组织实施。在方案的实施过程中，可能会出现不曾预料到的新情况，根据新情况可能要调整和修改方案。对方案实施过程的监控，可以保证决策的顺利实施，同时能够积累经验和数据，为之后的类似决策提供指导。

企业竞争行动决策的关键在于从各个备选方案中选出最优方案。判断方案优劣的经济标准有两个：成本和经济效益。而成本又是影响经济效益的一个重要因素。因此，为了使企业的决策更加准确可靠，首先必须弄清各种成本同决策之间的关系。从与企业决策是否相关的角度划分，成本可分为两大类：相关成本和不相关成本。

三、竞争战略管理过程

竞争战略管理过程要经过 3 个阶段：竞争战略分析、竞争战略选择、竞争战略实施。企业竞争战略管理过程是动态的和连续的，模型中任何一个要素的变化都会导致其他要素甚至所有要素的变化。企业竞争战略管理中各个层级之间存在相互交错和妥协的关系，每隔一段时间需要重新确认企业的机会与威胁、优势与弱势，并重新评价企业竞争战略，这对企业的发展很重要。

（一）竞争战略分析

竞争战略分析包括确定企业的任务，认定企业的外部机会与威胁、内部优势与弱势，建立长期的目标，制定可供选择的竞争战略，以及选择特定的实施战略。竞争战略分析是一项很复杂的工作，它大致可以分为企业外部环境分析和企业内部环境分析两个方面。

1. 企业外部环境分析

对社会的政治、经济、文化、技术等各个方面环境因素进行分析，要分析国内的、国际的，也要尽可能考虑到一切对企业将来的经营有影响的环境因素。

企业的外部环境分析可以从宏观环境、产业环境和竞争环境等层面展开。

① 宏观环境分析。一般来说，宏观环境因素可以概括为以下 4 类：政治（political）因素、经济（economic）因素、社会（social）因素、技术（technological）因素。这 4 个因素的英文首字母组合起来是"PEST"，所以宏观环境分析也被称为"PEST 分析"。

② 产业环境分析。波特在《竞争战略》一书中指出："形成竞争战略的实质就是将一个公司与其环境建立联系。尽管相关环境的范围广阔，包括社会的因素，也包括经济的因素，但公司环境的关键部分就是公司投入竞争的一个或几个产业。"

产业发展要经过 4 个阶段：导入期、成长期、成熟期和衰退期。这些阶段以产业销售额增长率曲线的拐点划分。当产业走过它的生命周期时，竞争的性质将会发生变化。

波特认为，在每一个产业中都存在 5 种基本竞争力量。这 5 种力量共同决定产业竞争的强度及产业利润率，最强的一种或几种力量占据着统治地位，并且从战略形成角度来看起着关键性作用。

③ 竞争环境分析。作为产业环境分析的补充，竞争环境分析的重点集中在与企业直接竞争的每一个其他企业。竞争环境分析又包括两个方面：一是从个别企业视角去观察分析竞争对手的实力，二是从产业竞争结构视角观察分析企业所面对的竞争格局。

2. 企业内部环境分析

在对企业进行详尽、全面的外部环境分析之后，竞争战略分析的另一个方面是进行企业内部环境分析。通过内部环境分析，企业可以决定"能够做什么"，即企业所拥有的独特资源与能力所能支持的行为。企业内部环境分析可以从资源与能力、价值链、业务组合等层面展开。

> **知识扩展**
>
> 资源与能力分析的目的在于识别企业的资源状况，企业在资源方面所表现出来的优势、劣势及其对未来战略目标制订和实施的影响，以及企业配置资源，发挥其生产和竞争作用的能力。企业资源主要分为 3 种：有形资源、无形资源和人力资源。
>
> 从企业内部环境分析角度，企业的主要能力包括研发能力、生产管理能力、营销能力、财务能力和组织管理能力。
>
> 价值链分析有助于对企业的能力进行考察，这种能力来源于独立的产品、服务或业务单元。但是，对于多元化经营的公司来说，还需要将公司的资源和能力作为一个整体来考虑。因此，公司竞争战略能力分析的另一个重要组成部分就是对公司业务组合进行分析，保证业务组合的优化是公司竞争战略管理的主要责任。波士顿矩阵和通用矩阵是公司业务组合分析的主要方法。

（二）竞争战略选择

竞争战略选择一般包含以下 3 个步骤。

1. 制定战略方案

根据不同层次管理人员介入竞争战略分析和战略选择工作的程度，可以将竞争战略形成的方法分为 3 种。

（1）自上而下的方法。即先由企业最高管理层制定企业的总体战略，然后由各下属部门根据自身的实际情况将企业的总体战略具体化，形成系统的战略方案。

（2）自下而上的方法。在制定战略时，企业最高管理层对下属部门不做具体规定，而要求各部门提交战略方案。企业最高管理层在各部门提交的战略方案基础上，加以协调和平衡，对各部门的战略方案进行必要的修改后加以确认。

（3）上下结合的方法。即企业最高管理层和各下属部门的管理人员共同参与，通过上下级管理人员的沟通和磋商，制定出适宜的战略。

以上 3 种方法的主要区别在于在战略制定中集权与分权程度不同。企业可以从对企业整体目标的保障、对中层管理人员积极性的发挥，以及企业各部门战略方案的协调等多个角度考虑，选择适宜的战略制定方法。

2．评估战略方案

评估战略方案通常使用以下 3 个标准。

（1）适宜性标准。考虑选择的战略是否发挥了企业的优势，克服了企业的劣势；是否利用了机会，将威胁削弱到最低限度；是否有助于企业实现目标。

（2）可接受性标准。考虑选择的战略能否被企业利益相关者接受。实际上并不存在最佳的、符合所有利益相关者需求的统一标准，高层管理人员、利益相关者的不同价值观和期望在很大程度上影响着战略的选择。

（3）可行性标准。对战略的评估最终要落实到战略收益、风险和可行性分析的财务指标上。

3．选择战略

选择战略即做出最终的战略决策，确定准备实施的战略。如果用多个指标对多个战略方案的评估产生不一致的结果，最终的战略选择可以考虑以下 3 种方法。

（1）根据企业目标选择战略。企业目标是企业使命的具体体现，因而选择对实现企业目标最有利的战略方案。

（2）提交上级管理部门审批。对于中下层机构的战略方案，提交上级管理部门审批能够使最终选择的方案更加符合企业整体战略目标。

（3）聘请外部专家进行战略选择。专家们拥有广博、丰富的经验和知识，能够提供比较客观的意见。

（三）竞争战略实施

在战略实施过程中，要依据企业选择的战略类型，切实做好以下 3 项工作。

1．建立与企业战略相适应的组织结构

组织结构的功能在于分工和协调，是保证战略实施的必要手段。通过组织结构，企业的目标和战略转化成一定的体系或制度，融进企业的日常生产经营活动中，发挥指导和协调的作用，以保证企业战略的实现。

战略的一个重要特征就是适应性。它强调企业组织要运用已有的资源和可能占有的资源去适应组织外部环境和内部条件的变化。这种适应是一种复杂的动态调整过程，要求企业在加强内部管理的同时，不断推出适应环境的有效组织结构。在选择的过程中，企业可以考虑的组织结构类型主要包括防御型、开拓型、分析型和反应型。

2．树立与企业战略相适应的企业文化

什么是企业文化？企业界和学术界对于这一概念有多种定义。以下两种定义较为简单明了。一种是美国学者赫尔雷格尔（Don Hellriegel）等在 1992 年提出的定义，企业

文化是企业成员共有的哲学、意识形态、价值观、信仰、假定、期望态度和道德规范；另一种定义则是基于文化的经济学含义，即企业文化代表了企业内部的行为指南，它们不能由契约明确，但却制约和规范着企业的管理者和员工。企业文化主要包括以下类型：权利导向型、角色导向型、任务导向型和人员导向型。

3. 实施与企业战略相适应的战略控制

战略控制是指企业在战略实施过程中，检测环境变化，检查业务进展，评估经营绩效，把检查和评估结果与既定的战略目标相比较，发现战略实施出现的偏差，分析产生偏差的原因，采取有效措施及时纠正偏差，使战略实施结果符合预期战略目标的过程。战略控制的主要方法有预算、企业业绩衡量、平衡计分卡、统计分析与专题报告。

素质拓展

数字伦理是在数字技术和数字信息的开发、利用和管理等方面应该遵循的要求和准则。企业数字化战略转型不仅是纯粹数字技术的应用，还将涉及在数字技术应用中所产生的企业与社会之间的行为规范。一方面，企业要重视数字伦理，即要重视在数字化战略转型过程中，数字技术应用所带来的安全、隐私保护、数字信息产权等问题，避免数字技术滥用、用户隐私被侵犯、算法歧视与陷阱等，把握合理的伦理尺度、价值准则与道德规范，为社会创造积极正向价值。另一方面，企业管理人员要提高数字素养，合理有效地利用数字技术并发挥数字技术的积极作用，强化数据思维，提高数据挖掘能力，促进数据价值创造，推动企业数字化战略转型。

任务训练 9-3

找一家熟悉的上市公司，收集相关资料，分析与其竞争战略相适应的实施方法。

模块 10　企业风险管理

学习目标

【知识目标】

1. 掌握企业风险的类别
2. 掌握企业风险管理的基本原则、流程
3. 理解企业风险应对策略

【能力目标】

1. 能够区分企业风险的类别
2. 能够理解企业风险管理原则及流程
3. 能够运用具体措施应对企业风险

【素质目标】

1. 培养风险意识
2. 培养严谨求实、一丝不苟的工作态度

引例

1912 年 4 月 10 日，泰坦尼克号从英国南安普敦出发，途经法国瑟堡-奥克特维尔及爱尔兰的昆士敦，目的地为美国纽约。4 月 14 日晚 11 点 40 分，这艘豪华巨轮在北大西洋海域与冰山相撞，仅仅过了 2 小时 40 分钟，被称为"永不沉没的巨轮"的泰坦尼克号就沉没了。由于缺少足够的救生艇，1 500 余人遇难，造成了当时在和平时期最严重的一次航海事故，也是迄今为止最为人所知的一次海难。电影《泰坦尼克号》就是根据这一真实故事拍摄的。

【点评】泰坦尼克号沉没这一历史事件告诉我们：世界充满未知，风险无处不在。同样，企业在发展过程中也随时面临着各种风险挑战，企业管理者需要知道如何管控风险。

任务一 理解企业的主要风险

一、企业风险的含义

企业风险是指未来的不确定性对企业实现其经营目标的影响，一般用事件后果和发生可能性的组合来表达。企业在市场竞争环境中，将受到各种事件的影响，这些事件对目标的实现均有积极或消极的影响。风险的含义应从以下两个方面理解。

（一）风险与目标实现相关

企业在创造价值的过程中，需要拥有战略、经营、财务、合规等目标，同时目标也体现在企业的不同层次中。要实现这些目标，就要根据所定目标逐一分析可能面临的事件及其影响，目标不同，面临的风险就不同。

（二）风险来自不确定性

企业经营所处的环境中，诸如全球化、技术、重组、变化中的市场、竞争和管制等因素都会导致不确定性。受限于各种原因，这些不确定性的事件和后果（或可能性），并不能保证为企业所充分认识。不确定性带来了不利影响，也带来了机遇，如果能够正确认识和有效管理企业风险，就有助于优化企业资源配置，创造更大的价值。

二、企业风险的类别

按照风险的内容不同，可以将企业风险分为战略风险、财务风险、市场风险、运营风险和法律风险等。

（一）战略风险

企业的战略风险主要考虑：国内外宏观经济政策以及经济运行情况、本行业状况、国家产业政策；科技进步、技术创新的有关内容；市场对本企业产品或服务的需求；与企业战略合作伙伴的关系，未来寻求战略合作伙伴的可能性；本企业主要客户、供应商及竞争对手的有关情况；与主要竞争对手相比，本企业的实力与差距；本企业发展战略和规划、投融资计划、年度经营目标、经营战略，以及编制这些战略、规划、计划、目标的有关依据；本企业对外投融资流程中曾发生或易发生错误的业务流程或环节。

> **案例分析**
>
> 诺基亚是人们十分熟悉的手机品牌，不少人以前都曾经拥有过一部诺基亚手机。提起诺基亚手机，第一感觉就是结实耐用。于是人们不禁要问，为何如此结实耐用的手机却走向了没落呢？
>
> 其中一个原因就是诺基亚战略决策失误，拒绝引进谷歌公司先进的智能操作系统，继续使用自己落后的塞班操作系统，从而导致自己失去大量智能手机市场。

（二）财务风险

企业的财务风险主要考虑：负债、或有负债、负债率、偿债能力；现金流、应收账款及其占销售收入的比重、资金周转率；产品存货及其占销售成本的比重、应付账款及其占购货额的比重；制造成本和管理费用、财务费用、营业费用；盈利能力；成本核算、资金结算和现金管理业务中曾发生或易发生错误的业务流程或环节；与本企业相关的行业会计政策、会计估算、与国际会计制度的差异与调节等。

📋 案例分析

据恒大集团发布的 2023 年上半年财报数据显示，截至 2023 年 6 月末，恒大集团负债总额约 2.39 万亿元，同期资产总值为 1.74 万亿元；总负债方面，别除合约负债 6 039.8 亿元后为 1.78 万亿元，2022 年别除合约负债后的负债规模为 1.72 万亿元。

2023 年 10 月 31 日晚间，恒大集团发布公告称，截至 2023 年 9 月末，恒大集团未能清偿的到期债务累计约 2 808.3 亿元，逾期商票累计约 2 060.84 亿元。恒大集团没有控制好资产负债率、现金流量等财务指标，一旦资金流断裂，所有财务问题都会如"多米诺骨牌"般爆发。

（三）市场风险

企业的市场风险主要考虑：产品或服务的价格及供需变化；能源、原材料、配件等物资供应的充足性、稳定性和价格变化；主要客户、主要供应商的信用情况；税收政策和利率、汇率、股票价格指数的变化；潜在竞争者、竞争者及其主要产品、替代品情况。

📚 任务训练 10-1

在理解企业市场风险的基础上，收集相关信息，思考下列问题。

（1）汇率变动对拥有外币资产/负债的上市公司有何影响？

（2）汇率变动对外贸公司的进出口业务有何影响？

（四）运营风险

企业的运营风险主要考虑：产品结构、新产品研发；新市场开发，市场营销策略，包括产品或服务定价与销售渠道、市场营销环境状况等；企业组织效能、管理现状，企业文化，高、中层管理人员和重要业务流程中专业人员的知识结构、专业经验；期货等衍生产品业务中曾发生或易发生失误的流程和环节；质量、安全、环保、信息安全等管理中曾发生或易发生失误的业务流程或环节；企业内外部人员的道德风险致使企业遭受损失或业务控制系统失灵；给企业造成损失的自然灾害；对现有业务流程和信息系统操作运行情况的监管、运行评价及持续改进能力；企业风险管理的现状和能力。

（五）法律风险

企业的法律风险主要考虑：国内外与本企业相关的政治、法律环境；影响企业的新法律法规和政策；员工的道德操守；签订的重大协议和有关贸易合同中本企业发生重大法律纠纷案件的情况；企业和竞争对手的知识产权情况。

任务训练 10-2

收集生活中大家所熟知的涉及公司战略风险、财务风险、市场风险、运营风险和法律风险的其他经典案例，逐一剖析，归纳风险类型，进一步加深对企业风险的整体认识。

知识拓展

企业风险除了按照风险的内容分类外，通常还有以下 3 种分类方法。

（1）企业风险按照能否为企业带来盈利机会等，可以分为危险性因素风险、控制性风险（或不确定风险）和机会风险。危险性因素风险是指只为企业带来损失这一种可能性的风险；而控制性风险和机会风险则是指既有为企业带来损失的可能性，也有为企业带来盈利的可能性的风险。

（2）企业风险按照来源和范围，可以分为外部风险和内部风险。外部风险包括法律风险、政治风险和经济风险等。法律风险、政治风险和经济风险是相互影响、相互联系的。内部风险包括战略风险、财务风险、经营风险等。与外部风险相比，内部风险源自企业自身的经营业务，一般更容易识别和管理，并可以通过一定的手段来降低风险和控制风险。

（3）企业风险按照风险有效性，可以分为固有风险和剩余风险。固有风险是管理层没有采取任何措施来改变风险的可能性或影响的情况下企业所面临的风险。剩余风险是在管理层进行风险应对之后所残余的风险。

此外，按照作用的时间，企业风险可以分为企业的短期风险、中期风险和长期风险。通常企业所面对的风险是多种类型的。

任务二　企业主要风险的应对

一、企业风险管理的含义和作用

（一）企业风险管理的含义

企业风险管理是一个过程，它由一个主体的董事会、管理层和其他人员实施，应用于战略制定并贯穿于企业之中。企业风险管理旨在识别可能会影响企业的潜在事件，并通过管理风险使不利因素控制在企业的可承受范围之内，为企业目标的实现提供合理保证。

企业风险管理主要涉及以下几个方面。

（1）一个正在进行并贯穿于整个企业的过程。

（2）受到企业各个层级人员的影响。

（3）战略制定时得到应用。

（4）贯穿于企业的各个层级和单元。

（5）目标是分析企业面对的不确定性，识别一旦发生将会影响企业的潜在事件，并把不利因素控制在可以承受的范围之内。

（6）能够向企业的管理层和董事会提供合理保证。

（7）力求实现一个或多个不同类型但相互交叉的目标。

企业风险管理强调风险组合观，目标是能够从容应对所有风险，对各种风险所带来的综合影响力进行有效管理。

（二）企业风险管理的作用

一般来说，企业风险管理主要包括以下 6 个方面的作用。

（1）增进风险应对决策，使企业在识别和选择风险应对方案（回避、降低、分担和承受）时更具严密性。

（2）抑减经营意外和损失。提升企业识别潜在事件、评估风险及加以应对的能力，减少意外的发生和由此带来的损失。

（3）识别和管理贯穿于企业的风险。企业面临着影响其不同部分的无数风险。对管理层而言，不仅需要了解个别风险，还需要了解其相互关联的影响。

（4）提供对多重风险的整体应对。经营过程带来许多固有的风险，而企业风险管理能够为管理这些风险提供整体解决方案。

（5）抓住机会。通过考虑潜在事件的各个方面，管理层能够识别代表机会的事件，提高决策水平，降低不确定性。

（6）改善资本调配。通过风险评估，提高企业的运营效率和服务质量，优化资源配置，提升为股东创造价值的能力。

在市场经济中，着眼于企业大局的风险管理方法优势非常明显，因为其能够对所有可能对利益相关者（股东、政府、员工等）的预期造成影响的重要因素做出详尽的分析。但是，风险管理的复杂程度也随之上升。特别是在风险的识别、分析和应对上，如何准确地找出关键风险因素，处理好风险之间此消彼长的关系，更好地通过管理风险获得机会方面，都存在着一定的复杂性，需要定量方法与定性方法的有机结合。

二、企业风险管理的主要特征和基本原则

（一）企业风险管理的主要特征

企业风险管理主要有以下 5 个方面的特征。

1．战略性

企业风险管理具有战略性，企业需要从战略层面整合和管理风险，提高企业的核心竞争力。

2．全员参与

企业全面风险管理由企业治理层、管理层和所有员工参与，涉及各个层级、业务单元及相对独立的项目。

3．双面性

企业全面风险管理的商业使命：一是将危险因素（如火灾、暴风雨、地震、战争及伤害、突发事故引发产品质量不合格等）导致的损失控制在最小范围内；二是机会风险绩效最优化。风险预示着机会时，应化风险为增进企业价值的机会。风险管理不仅可防止损失，同时与价值管理共生。

4. 系统性

企业风险管理涵盖了企业面临的战略、运营、财务、合规等所有风险类别，在进行风险管理时，企业须对所有风险类别加以综合考虑，尽可能实现风险管理与企业关键性决策相互融合。

5. 专业性

企业风险管理的目标设定、风险识别、风险评估、风险应对、风险监控都有一系列科学的专门方法，企业风险管理需要有专业人员参与才能取得好的成效。

（二）企业风险管理的基本原则

要想做好风险管理，应遵循以下原则。

1. 匹配性

确定与企业的风险水平相匹配的风险管理行为。要避免过度管理或纠结于某些不确定风险而抑制企业发展，导致企业运营效率低下或丧失机会。不确定性带来了不利影响，也带来了机遇。不能因为有风险而放弃机遇，也不能为了获得机遇而忽视风险。

2. 整体性

企业通常面对不止一种风险，企业进行风险管理时应该通盘考虑所有风险，提供对多重风险的整体应对策略。

3. 动态性

风险是动态的，风险管理行为也应当是动态的，应通过监控评价来应对风险的突发状况及变化。

4. 成本效益

企业进行风险管理的成本必须低于通过风险管理获得的收益或避免的损失，否则，企业就没有开展风险管理的必要。

三、企业风险管理流程

企业风险管理流程可以分为风险识别、风险评估、风险应对、风险监控与评价。

（一）风险识别

风险的重要特征是其不确定性和潜在性，不容易被人们感受或理解。因此，风险管理首先要做的就是识别风险，即按照一定的科学方法来识别和区分风险。风险识别是风险管理的第一步，也是风险管理的基础。只有在正确识别出自身所面临风险的基础上，企业才能够主动选择适当、有效的方法进行管理。

风险识别是指识别可能会对企业产生影响的潜在事件，并确定是否会对企业成功实施战略和实现目标的能力产生负面影响的过程。风险识别要针对目标进行，充分考虑可能给企业带来有利或不利影响的内部因素和外部因素，再在此基础上考虑各项因素的重要性，从而进一步分析相关事件。

企业处于不同时期所进行的风险识别的重点或关键因素是不同的。例如，一家大型能源企业在经济高速发展期，关注的风险主要是企业资本配置不足、市场占有率不能快速扩大、产品价格受到政府限制等；在经济转型期，其关注的风险是新技术、新商业模式的出现，消费者年龄及需求变化，环保方面是否满足政府要求等。

在如今信息技术与商业模式、管理模式有效结合的情况下，大数据对风险管理变得越来越重要，能够提高企业对风险识别的认知度，筛选出对企业更重要的有利或不利的因素，将更多的不确定性转化为机会。例如，利用电子商务平台对用户的消费行为和偏好、用户访问群、用户访问量、平均停留时间、服务及时率及满意度等信息进行收集、分析，识别市场对产品的供需变化；利用设备管理信息系统记录不同设备残损构件及其原因、供应商、停工持续时间、对生产有效性的负面影响、成本，确定设备故障对生产有效性的影响和相关货币化成本。

（二）风险评估

风险评估是在风险识别的基础上，进一步考虑潜在事件影响企业目标实现的程度，为风险应对策略提供支持。一般采用定性和定量相结合的方法，从发生的可能性和影响程度两个方面对事件进行评估。风险评估既包括对企业个别潜在事件正面和负面影响的评估，也包括对企业分类潜在事件正面和负面影响的评估。由于背景不同、时期不同，风险评估在企业中持续、重复地进行，且不同性质、规模、时期的企业风险评估的内容会有所不同，因此，风险评估时必须考虑企业的特点。一般来说，风险评估按照以下内容和流程进行。

1. 分析风险可能性

风险可能性分析遵循"大数法则"，即如果有足够的事例可供观察，则这些未知与不可测力量将趋于平衡的自然倾向，在个别情况中存在的不确定性，将在"大数"中消失。风险可能性分析结果的定性描述一般有"很少的""不太可能的""可能的""很可能的""几乎确定的"等情况。风险可能性的排序和基本标准如表 10-1 所示。

表 10-1　风险可能性的排序和基本标准

级别	描述符	发生的可能性	基本标准
1	几乎确定的	非常高	在多数情况下会发生
2	很可能的	高	在多数情况下很可能发生
3	可能的	中等	在某些时候会发生
4	不太可能的	低	在某些时候不太可能发生
5	很少的	非常低	在例外情况下才可能发生

2. 分析风险影响程度

根据风险可能产生的影响，一般可定性地将风险性质划分为"不重要的""次要的""中等的""主要的""灾难性的"等级别。风险可能产生的影响的排序及标准如表 10-2 所示。

表 10-2　风险可能产生的影响的排序及标准

程度	描述符	影响程度	基本标准
1	不重要的	轻微	没有伤害，很小的损失
2	次要的	较轻	轻微伤害，较小的损失
3	中等的	一般	中等伤害，中度损失
4	主要的	较重	较大伤害，较重损失
5	灾难性的	非常严重	极大伤害，严重损失

3. 确定风险的重要性水平

通过对风险发生的可能性和影响程度进行分析（如风险矩阵），将各类风险按照重要性水平进行排序，确定企业需要优先控制的风险，为选择相应的风险应对策略奠定基础。

4. 从企业整体角度进行风险评估

风险分析不仅要分析单一风险的可能性和影响程度，同时要关注风险之间的关系，考虑整个企业层面的组合风险，特别是各业务单元风险均未超过容忍度，但组合在一起超出整体风险容忍度的情况。当然，如果一个业务单元风险超过容忍度，但因与其他业务单元的抵消效应，风险降低到可承受的范围是可以接受的。

（三）风险应对

风险应对是指根据风险评估的结果，针对不同的风险选择不同的风险管理方法，将企业风险控制在总体风险承受度范围之内。企业在选择风险应对策略时应当从整体层面和组合的角度综合考虑。同时，风险应对策略的选择必须在技术和资源上具有可行性，必须权衡成本与效益。

风险应对策略主要包括风险规避、风险降低、风险分担和风险承受。

1. 风险规避

风险规避是指企业主动回避、停止或退出某一风险的商业活动或商业环境，避免成为风险的承受者。例如，由于雨雪天气，航空公司取消某次航班；拒绝与信用等级低的交易对手交易；设置网址访问限制，禁止员工下载不安全的软件；禁止在金融市场做投机业务；出售从事某一业务的子公司；退出某一亏损且没有发展前景的产品线。

风险规避是控制风险的一种彻底措施，是在风险事故发生之前将所有风险因素完全消除，从而彻底排除某一特定风险发生的可能性。风险规避策略是相对消极的风险应对策略，选择这一策略意味着放弃可能从风险中获得的收益，同时企业在该业务或事项上的前期投入也将成为沉没成本，因此，企业应当谨慎选择风险规避的策略。一般来说，企业对危险性因素的容忍度较低，应尽可能采取风险规避策略；而对控制性风险（或不确定风险）、机会风险的管理不宜采用此方法。

2. 风险降低

风险降低是指企业在权衡成本效益之后，采取适当的控制措施降低风险或者减轻损失，将风险控制在风险承受度之内的策略。风险降低策略是风险应对策略中较为积极和常见的方法，包括风险转换、风险分散和风险控制。

（1）风险转换。风险转换是指企业通过战略调整等手段将企业面临的风险转换成另一种风险，使总体风险在一定程度上降低。其简单形式就是在减少某一风险的同时，增加另一风险。企业可以通过风险转换在两个或多个风险之间进行调整，以达到最佳效果。

（2）风险分散。风险分散是指通过增加风险单元的数目，将特定风险在较大范围内进行分散，以此减少单个风险单元的损失。风险分散是金融证券投资领域常用的风险应对策略。例如，投资者在证券市场上选择不同类型的证券，通过证券组合来分散证券投资的风险。对企业而言，也可以选择不同的投资项目来分散本企业总体的投资风险。

（3）风险控制。风险控制是指通过控制风险事件发生的动因、环境、条件等，来达到减轻风险事件发生时的损失或降低风险事件发生的概率的目的。例如，厂房生产车间内禁烟、合同签订符合法律要求等。

3. 风险分担

风险分担是指企业为避免承担风险损失，有意识地将与损失有关的财务后果转移给其他方的一种风险应对策略，包括风险转移和风险对冲。

（1）风险转移。风险转移是指企业通过合同将风险转移到第三方，企业对转移后的风险不再拥有所有权。转移风险不会降低其可能的严重程度，只是从一方移除后转移到另一方。

① 购买保险。将未来发生的风险转移给保险公司，将不确定的损失转变为确定的成本（即保费支出）。对企业而言，虽然购买保险并没有改变风险发生的可能性与潜在损失，但却对潜在损失的补偿做了事先安排，一旦风险事故发生，企业就可以从保险公司得到资金补偿。

② 风险证券化。例如，通过发行巨灾保险连接证券可以将巨灾保险市场的承保风险向资本市场转移。

③ 转移责任条款。转移责任条款是指在经济合同中将某些潜在的损失转移给其他方的条款。例如，原材料采购和产品配送过程中可能因时间延误而导致原材料或产品变质，对此，食品公司在与运输企业签订的经济合同中明确规定，若运输方原因导致运输时间延长而使运输物品变质所造成的损失由运输方承担。这一条款就将潜在的产品变质损失风险转移给了运输方。

（2）风险对冲。风险对冲指采取各种手段，引入多个风险因素或承担多个风险，使这些风险能够互相对冲，也就是使这些风险的影响相互抵消。资产组合的使用、多种外币结算的使用、多种经营战略、金融衍生品（套期保值、外汇远期）等都属于风险对冲的手段。

4. 风险承受

风险承受是指企业不采取任何措施干预风险发生的可能性和影响，对所面临的风险采取接受的态度，从而承担风险带来的后果。企业因风险管理能力不足未能辨认出的风险只能承受，对于辨认出的风险也可能由于以下原因采取风险承受策略：缺乏能力进行主动管理，对这部分风险只能承受；没有其他备选方案；从成本效益考虑，风险承受是最适宜的方案。例如，企业设有一个小型仓库存放一些价值较低的待处理设备，如果为了防止这些设备被盗而专门雇用一个保管员，预计支付保管员的人工费用要远高于设备价值，根据成本效益原则，对于潜在的失窃风险，企业应当采取风险承受策略。

需要指出的是，对企业的重大风险，企业一般不应采取风险承受的策略。

> **任务训练 10-3**
>
> 根据上述风险应对策略，分小组讨论：为了防止公司运输业务的车辆损坏和人身伤害，可采取哪些风险应对措施？

（四）风险监控与评价

这是风险管理中不可或缺的一步。企业的风险管理应随着时间而变化。风险应对可能会随着组织架构、人员、流程等变化不再有效，控制活动可能不再有效或不被执行，企业的目标也可能发生变化。监控的目标就是确保企业风险管理的运行持续有效，同时，通过对企业原有的风险管理体系进行评价，不断完善整个风险管理体系。

📝 知识拓展

企业应当根据自身所处的发展阶段、业务拓展情况、整体风险承受度等实际情况的变化，及时调整风险应对策略。企业生命周期各阶段的风险应对策略如表10-3所示。

表10-3 企业生命周期各阶段的风险应对策略

企业生命周期阶段	企业特征	风险承受度	风险应对策略
新生期	生产工艺和产品未定型、销售渠道不通畅、管理水平不高、企业抗风险能力弱	风险承受度低	风险规避策略、风险降低策略、风险分担策略
成长期	实力逐步增强，经营者具有冒险精神	风险承受度逐步提高	风险降低策略、风险分担策略、风险承受策略
成熟期	组织体系已经趋于完备，企业管理趋于模式化、规范化	风险承受度维持在较高水平，但开始逐步降低	风险降低策略、风险分担策略
衰退期	资产负债率高、包袱沉重，产品亏损、组织结构混乱	风险承受度低	风险降低策略、风险分担策略、风险规避策略

📚 任务训练 10-4

某企业集团内部有甲、乙两家子公司，其中上市子公司甲公司生产的产品不适应市场，盈利能力差，面临着退市的风险；而另一非上市子公司乙公司业绩好，但缺少资金。请分析该企业集团应如何管理风险。

📄 素质拓展

对个人而言，也需随时管控好各种风险。例如，同学们在日常生活中收到未知链接、接到陌生电话，被要求转账汇款时，也需要进行充分的风险识别、评估及应对，谨防电信网络诈骗。

再如，随着个人财富的增加，很多人会选择投资理财来让财富保值、增值。但是每项投资都是有一定风险的，且高收益与高风险并存。因此，个人在进行投资理财时不能只看收益而忽视风险。要做好投资理财，风险防范应放在首位。只有注重和做好风险防范，才可能实现预期的投资理财目标。

前路布满荆棘，未来不可知，各种风险挑战都是我们日常生活中需要面对的。对风险始终保持敬畏之心，在管控好风险的同时，抓住其中的机会，努力实现人生目标，只有这样，我们才会在未来走得更远。正如海尔董事长张瑞敏提出的一句口号，"永远战战兢兢，永远如履薄冰"。

📚 任务训练 10-5

请思考在创业、投资理财时，大家可能遇到的主要风险，应该如何应对这些风险。

模块 11
个人理财基础知识

学习目标

【知识目标】
1. 了解个人理财的必要性
2. 理解个人理财的定义
3. 掌握理财相关金融知识
4. 熟悉个人理财所处的法律环境

【能力目标】
1. 能阐述个人理财的目标
2. 能根据个人理财原则和定律分析理财目标如何实现
3. 能描述宏观经济变化对个人理财策略的影响
4. 能简单分析经济指标所提示的信息

【素质目标】
1. 增进对宏观经济变化的认知
2. 培养观察能力和问题解决能力
3. 培养理性投资基本观念

引例

　　从金钱的角度讲，人的生活无非分成两部分：上班赚钱，下班理财。很多人往往注重上班赚钱，也就是高薪水，而忽略了理财的重要性。即使有高薪水，如果不能合理理财，也会让自己衣食有忧，因为很难做到一直有高薪水。尤其是在退休后，生活的经济来源就是年轻时积累的财富。高薪水比不上会理财，这句话点出了问题的关键。

　　把收入比作一条河，财富就是个水库，花出去的钱就是流出去的水，即使有水，如果都流出去了，那么水库还是干枯的，也就是说没有财富。因此理财始于消费，合理控制消费是理财的第一步。谨慎消费是非常正确的，谨慎消费的一个核心内容就是不要过度负债消费，这值得很多人重视。

【点评】无论什么时代，无论什么年龄，理财都是人生中绕不过去的话题。个人理财与个人生活休戚相关，应该尽早学习理财知识和技能。建立正确的理财观念，让个人更加谨慎地管理和控制消费，避免过度负债和浪费，确保财务稳定和可持续发展；合理的投资和理财策略，可以使闲置资金得到增值，实现财富的增长；通过长期财务规划，确保个人在退休或突发情况时有足够的财务储备，避免陷入经济困境。

任务一　了解个人理财的必要性

一、个人理财的发展历程

相对于国家理财和企业理财，个人理财的历史比较短，它起源于 20 世纪 30 年代的美国，20 世纪 60 年代至 20 世纪 90 年代在欧美及亚洲的日本等发达国家和地区得到迅猛的发展。至今，个人理财几乎渗透发达国家和地区的每一个家庭。自 1978 年改革开放以后，我国国民经济的分配格局发生了很大的变化，国民收入分配向个人倾斜，个人收入逐年上升，这使个人理财有了资金基础和动力。"个人理财"一词在当时也见诸报端，之后个人理财逐步深入人心。

2019 年，中国的 GDP 总量超过了 14 万亿美元，达到 14.36 万亿美元，人均 GDP 突破了 1 万美元，达到 1.03 万美元。这意味着，中国经济进入了一个新的发展阶段。

根据《中华人民共和国 2022 年国民经济和社会发展统计公报》，2019 年至 2022 年，我国全年全国居民人均可支配收入逐年增加，全国居民人均可支配收入由 2019 年的 30 733 元增加到 2022 年的 36 883 元，其中城镇居民人均可支配收入由 2019 年的 42 359 元增加到 2022 年的 49 283 元，农村居民人均可支配收入由 2019 年的 16 021 元增加到 2022 年的 20 133 元。伴随着个人收入水平的提高和持有资金的增加，个人理财已成为现代个人经济生活的主要组成部分，是个人财产得以保值增值的主要方式。

二、个人理财的定义

个人理财是为了实现个人的人生目标和理想，是一个制定、安排、实施和管理各方面总体协调的财务计划的过程。广义的个人理财涉及金融投资、社会保障、房地产、税收、收藏等多方面的内容，是一个涉及广泛知识面的系统性工程。狭义的个人理财是通过收集、整理和分析个人（家庭）收入、支出、资产、负债等数据，根据个人目标、风险承受能力、心理偏好等情况，制订储蓄、投资计划，设计家庭整体的财务方案并予以实施的过程。

三、个人理财的目的

理财的根本目的是使资产保值、增值，通过理财手段来满足自身发展的各层次的需求，让自己拥有追求幸福生活的物质基础。

在现代社会中，金融产品的不断丰富及差异性的扩大，个人保障系统日益社会化和商业化，使个人进行投资理财日益显得必要。人们需要有计划地打理自己的财产，甚至需要请专业理财师帮助自己制订科学的金融理财规划。个人和家庭如果失去了节约成本和增加收益的基本手段，就常会使自己陷入困境。因此，科学的理财规划成为现代人的一堂必修课。每个人应该从这堂课上学会规划自己的生活并做出安排，为自己的将来做好打算。

> **案例分析**
>
> 　　一位国王远行，给 3 个仆人每人一锭银子，吩咐他们用这银子做生意。国王远行回来，几个仆人前来汇报。第一个仆人说："主人，我已经用这锭银子赚了 10 锭银子。"国王因此奖励他 10 座城池。第二个仆人说："我赚了 5 锭银子。"国王奖励了他 5 座城池。第三个仆人说："您给我的一锭银子，我怕丢失，一直用手绢包着，没敢拿出来。"于是，国王将第三个仆人的那锭银子赏给第一个仆人。
>
> 　　这个故事反映了投资理财中的"马太效应"。故事中第三位仆人受到惩罚，是因为他没有好好利用金钱来投资。

四、个人理财的目标

人生的每个阶段都应该制定合理的理财目标，阶段不同，个人理财目标重点也不一样。而每个人生阶段内，又可将理财目标进一步细分。

（一）按个人人生阶段划分

按个人人生阶段来分类，理财目标可以分为单身期、成长期、成熟期和退休期 4 个阶段的目标，个人收入在这期间呈现先增后减的趋势。人生收支曲线如图 11-1 所示，个人生命周期阶段的不同理财目标如表 11-1 所示。

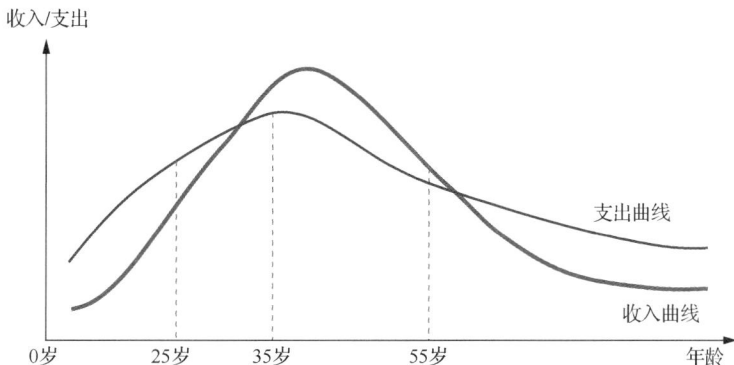

图 11-1　人生收支曲线

表 11-1　个人生命周期不同阶段的理财目标

项目	单身期	成长期	成熟期	退休期
理财目标	培养观念，积累组建家庭和创业的基金	组建家庭，合理安排家庭建设的各项开支，积累教育基金	实现家庭财产快速增长，确保家庭财产保值增值，积累养老金	确保家庭财产安全，合理安排各项开支

（1）单身期。处于单身期的个人一般在学习期或者工作初期，与父母一起居住或自己租住，收入低、花销大，可能开始参与投资。这个阶段，个人的生活费可能占据了收

入的主要部分。此阶段的个人无家庭消费支出及子女教育的消费需求，但又要为将来组成家庭、子女教育、事业发展、退休养老的需求做打算。

（2）成长期。成长期的个人一般已经建立了家庭，贷款购买了房产或是租住，生活压力增加，已经积累了一些投资经验。这个阶段，人处于从个人到家庭人的转变期，事业上获得提升，生活逐步走向稳定，经济负担加重，家庭消费支出增加，同时还要为子女教育、退休养老做好家庭财富的积累。

（3）成熟期。成熟期的个人已经建立了一个核心家庭，子女已经上大学，收入也基本达到个人的较高水平。这一阶段要支付子女大学教育费用，一般不再操心房贷和车贷。在此阶段的个人资产增加、负债减少、财富积累达到高峰，对生活品质有较高要求，夫妻为下一人生阶段进行计划。

（4）退休期。退休期个人的家庭已经达到稳定阶段，收入开始从较高水平下降，子女也已经开始独立，负债基本处理完毕，投资回报将成为收入的主要来源。此阶段以安度晚年为主要生活目标。

（二）按理财时间划分

按理财时间分类，理财目标主要分为短期目标、中期目标和长期目标 3 种，其中，短期目标是指 1～3 年内的目标，中期目标是指 3～5 年的目标，而长期目标是指 5 年以上的目标。每个个体在特定的时期可以根据自身需要调整自己的理财计划，以实现自己的理财目标。此处的理财目标只针对一般情况的安排，按理财时间划分的理财目标如表 11-2 所示。

表 11-2　按理财时间划分的理财目标

类型	包含的内容	适用的理财工具
短期目标	以旅游、购物等消费为主	活期存款/股票
中期目标	子女教育、买房、医疗等费用	定期存款/房地产
长期目标	退休生活、养老费用	房地产/国债/基金定投

案例分析

小明，本科毕业，参加工作刚半年，每月的工资是 5 000 元；小李，专科毕业，也是刚参加工作，每月工资是 3 000 元。他们在生活支出上基本类似，都是单身，除去一些基本消费，只有偶尔和朋友一起聚会的消费支出。

如果单纯按照收入来比较，小明每月的收入比小李多，他应该比小李更具备理财的条件。可事实并非如此：他们两人均每月月末领薪，结果半年后，小李存款有 4 800 元，小明存款不到 800 元。

看起来很奇怪，既然生活开支基本类似，为什么收入高的小明半年之后却没有收入低的小李存款多？这并不是因为小李有其他的收入，而是小李更懂得计划自己的收入和支出。我们分析一下他们各自的财务情况。

小明在衣食住行上的开销都要高于小李，除去一些基本消费，在娱乐、健身、购买喜爱的电子产品方面还有一笔支出，粗略算下来，小明的 5 000 元月收入所剩无几。

而小李虽月收入不高，但一切从简，每月基本消费只有 1 500 元。加上其他消费，小李每月的开销在 2 200 元左右，半年能节余 4 800 元。也许有人会认为小李只是节约而已，只要小明也能节约一点，半年下来存款一定会比小李多。

若你不认同小李的做法，那你可能需要改变思维。任何一个懂得理财的人都知道，收入高不代表理财能力强。须知每日生活与金钱密切相关，应该正视其实际价值，但也不能过分看重金钱而扭曲个人的价值观，成为金钱的"奴隶"。

1 000 万元有 1 000 万元的投资方法，1 000 元也有 1 000 元的理财方式。对于绝大多数人，理财之路可以从储蓄开始：可以先将每月收入的 10% 存入银行，遵循"不动用""只进不出"的原则，为后续个人理财打下基础。例如，从每月的薪水中拿 500 元存入银行的零存整取账户，即使不算利息，10 年后仅本金就有 6 万元。

总之，不要忽视小钱的力量，随着时间的推移，其会显示出惊人的效果。在理财的过程中，切忌追求"一夜暴富"。只有在脚踏实地慢慢地积累和投资的过程中不断提高自己的理财能力，才是正确的观念。

任务训练 11-1

说一说你是否有属于自己的积蓄，是通过什么途径积累的，你和你的父母的理财观有哪些不同。

五、个人理财的原则

个人理财原则是指个人在组织其理财活动时应遵循的若干准则和规范要求，或者说应具备的指导思想。这一原则要能体现个人理财活动的特点，反映社会、家庭对其理财活动的根本要求。

（一）合法性原则

合法性原则是社会生活的一切方面都应遵循的首要原则。这一原则既是对参与个人理财的个体的要求，也是对提供理财产品的机构的要求。

（二）提早规划原则

理财目标并不是依靠一次性的大笔投入就能实现的，小数目投资的积累，也会带来不少财富。资金是有时间价值的，提早规划一方面可以尽量利用复利"钱生钱"的功效，另一方面由于准备期长，可以减轻各期的经济压力。能否通过理财规划达到预期的财务目标，与金钱多少的关联性不大，却与时间长短有直接的关系，因此理财规划要趁早，早规划、早受益。

（三）现金保证优先原则

进行理财规划应首先考虑并重点安排现金保障规划，只有建立了完备的现金保障规划，才能考虑对家庭的其他资产进行专项安排。建立一个现金保障系统，当遭遇失业、大病、灾难等意外事件时，也能安然度过危机。一般来说，家庭建立的现金储备要包括日常生活覆盖储备和意外现金储备。建立日常生活覆盖储备，在家庭主要经济收入创造者因故（失业或其他原因）失去劳动能力或失去收入来源时，可以保障家庭的正常生活，使家庭生活质量不受严重影响。建立意外现金储备，是为了应对因重大疾病、意外灾难、突发事件等发生的计划外开支，用以预防可能发生的重大事故对家庭经济短期的冲击。

（四）量入为出和量出为入原则

所谓量入为出，就是要根据自己的财产状况进行投资，决不能盲目投资，或超出个人理财承受能力进行投资，导致影响家庭正常生活和工作。把握量入为出原则，要求个人根据自己的收入水平、财产拥有量、消费基准及对各类消费品的需求迫切程度，选择同家庭经济状况相适应的消费水平和财产结构；要求收支相符，收支平衡，不能使消费和支出高于收入；还要求审时度势，有计划、有顺序地添置家庭财产，如生活必需品优先购买，一般品按需购买，耐用品有计划地购买，享受品酌情添置。

坚持量入为出原则的同时，量出为入原则也需要予以考虑。如今很多人经常"用明天的钱圆今天的梦"，在许多状况下，适度地负债经营、负债投资、负债消费也是一种可行的选择。

（五）风险管理优于追求收益原则

个人理财优先要考虑的因素是风险，而非收益。个人理财规划的目的是通过财务安排和合理运作来实现个人或家庭财富的保值增值，使生活更加舒适、快乐，最终实现财务安全和财务自由。风险无处不在，理财的核心是保值，保值是增值的前提，追求理财收益最大化应基于风险管理基础之上。制订个人理财计划，应评估可能出现的各种风险，并根据所处的不同生命周期阶段、不同的风险承受能力，制定不同的理财方案，采取措施，合理利用理财工具规避风险。

六、个人理财的常用定律

要想成为理财能手，可以借鉴投资专家的经验，专家总结的个人理财四大定律可以加深我们对理财的理解。

（1）"4321"定律。家庭资产合理配置的比例是：家庭收入的 40%用于供房及其他方面投资，30%用于家庭生活开支，20%用于银行存款以备应急之需，10%用于保险。

（2）"80"定律。股票占总资产的合理比重等于 80 减去年龄的得数添上一个百分号（%）。例如，30 岁时股票可占总资产的 50%，就是说在 30 岁时可以用 50%的资产投资股票，其风险在这个年龄段是可以接受的，而在 50 岁时则股票投资占总资产的 30%为宜。

（3）家庭保险"双 10"定律。家庭保险设定的适宜额度应为家庭年收入的 10 倍，保费支出的适当比重应为家庭年收入的 10%。

（4）房贷"31"定律。每月归还房贷的金额以不超过家庭当月总收入的 1/3 为宜。

> **案例分析**
>
> "80"定律常常用在资产配置方面，举例如下。
>
> 假设小王今年 30 岁，年收入 30 万元，每月基本生活消费 1 万元，这样他每年能余下 18 万元。小王应该怎样配置这些资产？
>
> 首先，小王需要留 6 个月的生活费，所以需要将 6 万元存入银行或者购买随时能灵活支取的货币类理财产品。

其次，小王使用 2 万元的资金，购买保额在 200 万元左右的保险产品，这样还剩余 10 万元。

最后，小王用"80"定律计算，他可以用 50% 的余钱，也就是 5 万元，尝试购买股票或者股票型基金，另外 5 万元可以购买固定收益类理财产品。

📓 知识拓展

理财大师沃伦·巴菲特擅长于长期价值投资，他接手的伯克希尔·哈撒韦公司从一家濒临破产的纺织厂到资产达 1 350 亿美元的大公司，创造了一个时代的奇迹。以下是巴菲特投资理念的"三要三不要"理财法。

（1）要投资那些始终把股东利益放在首位的企业。巴菲特总是青睐那些经营稳健、讲究诚信、分红回报高的企业，以最大限度地避免股价波动，确保投资的保值和增值。而对于总想利用配股、增发等途径压榨投资者的企业，巴菲特一律将其拒之门外。

（2）要投资资源垄断型企业。从巴菲特的投资构成来看，道路、桥梁、煤炭、电力等资源垄断型企业占了相当大的份额。这类企业一般是外资入市并购的首选，同时其独特的行业优势也能确保效益的平稳。

（3）要投资易了解、前景好的企业。巴菲特认为凡是投资的股票必须是自己了如指掌的，并且是具有较好行业前景的企业。不熟悉、前途莫测的企业即使很有吸引力也不要动心。

（4）不要贪婪。1969 年，整个华尔街进入了投机的阶段，面对连创新高的股市，巴菲特却在手中股票价格上涨达到 20% 的时候就非常冷静地悉数抛出。

（5）不要跟风。2000 年，全世界股市出现了所谓的网络概念股，巴菲特却称自己不懂高科技，没法投资。一年后全球出现了高科技网络股股灾。

（6）不要投机。巴菲特常说的一句口头禅是：拥有一只股票，期待它下个早晨就上涨是十分愚蠢的。

📚 任务训练 11-2

分析四大理财定律有什么共同点。

📚 任务训练 11-3

阅读《滚雪球：巴菲特和他的财富人生》《巴菲特传》，了解巴菲特的投资理财理念。

任务二 掌握理财相关的金融知识

宏观经济和金融环境与个人理财密切相关，在理财过程中，需要学会分析宏观经济的基本状况。分析宏观经济，判断经济运行目前处于什么阶段，预测经济形势将会发生什么变化，不仅能使我们的财富保值增值，还能在获得可观收益的同时预见潜在的风险。从事个人理财活动，具体需要了解如 GDP、CPI、利率、汇率的含义，并且把握其与个人理财活动的关系。

一、经济增长

经济增长一般是指在一个较长的时间跨度上，一个国家人均产出水平的持续增加。一般采用国内生产总值（gross domestic product，GDP）或者国民生产总值（gross national product，GNP）作为衡量经济产品与劳务总量的指标。GDP 常被公认为衡量国家经济状况的最佳指标。它不但可反映一个国家的经济表现，而且可以反映一国的国力与财力。

一个国家 GDP 的增长速度反映了这个国家的经济发展程度。

经济增长率提高意味着社会的产品越来越丰富，人民的生活水平越来越高，人民收入越来越多。但过快的经济增长可能造成产能过剩，这时就需要让经济增长速度放慢一点。我国改革开放 40 多年来，GDP 年均增长率为 9.8%，已成为世界第二大经济体。从世界各国的发展规律来看，一国的 GDP 增长速度和 GDP 总量是密切相关的。GDP 的总量越大，每增长一个百分点的绝对量就越多。发达国家如美国、日本的经济总量大，现阶段的增长率都低于历史上平均的增长率。随着我国经济总量越来越大，GDP 潜在的增长率逐步下降是正常的。在实际生活中，个人需要根据不同经济增长速度对理财策略进行调整。经济增长与个人理财策略如表 11-3 所示。

表 11-3 经济增长与个人理财策略

理财产品	预期经济增长，处于景气周期		预期经济下降，处于不景气周期	
	理财策略调整建议	理财策略调整理由	理财策略调整建议	理财策略调整理由
储蓄	减少配置	收益偏低	增加配置	收益稳定
债券	减少配置	收益偏低	增加配置	风险较低
股票	增加配置	企业盈利增长	减少配置	企业盈利降低
基金	增加配置	价格将上涨	减少配置	价格将下跌
房产	增加配置	价格将上涨	减少配置	价格将下跌

任务训练 11-4

查询我国目前的人均 GDP 及世界排名。

二、经济周期

经济周期又称商业周期或商业循环，指经济运行中周期性出现的经济扩张与经济紧缩交替更迭、循环往复的一种现象。一个完整的经济周期通常包括萧条、复苏、繁荣和衰退 4 个阶段，经济周期如图 11-2 所示。在不同的经济周期中对应的投资策略也应有所区别，因此，个人理财需要考虑经济周期所处的阶段。

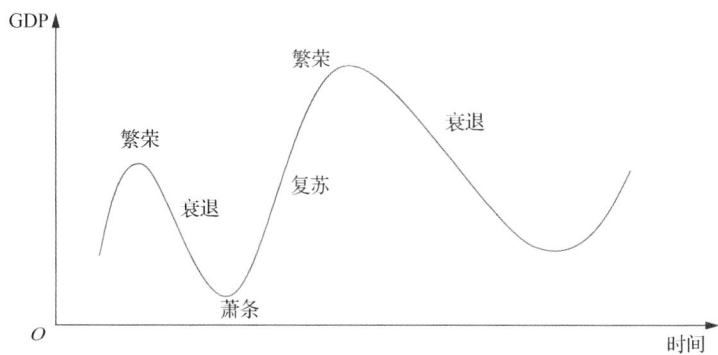

图 11-2　经济周期

　　经济周期不同阶段的特征能够有效地反映在各个经济变量上。在经济复苏、繁荣阶段，GDP 快速增长，工业产值提高，就业率上升，个人可支配的收入增加，对应的企业股票估值上升。在经济衰退、萧条阶段，个人和家庭应考虑增加对抗风险能力较强、受周期波动影响较小的债券和储蓄类资产的投资。

三、通货膨胀

　　通货膨胀是指在货币流通条件下，货币实际需求小于货币供给，也即现实购买力大于产出供给，导致货币贬值，而引起的一段时间内物价持续而普遍上涨的现象。通货膨胀与物价上涨是不同的经济范畴，但两者又有一定的联系，通货膨胀的直接结果就是物价上涨。

　　　　　通货膨胀率＝（现期物价水平－基期物价水平）÷基期物价水平

　　其中，基期物价水平就是选定某年的物价水平作为参照，这样就可以通过将其他各期的物价水平与基期物价水平做对比，衡量现今的通货膨胀率。

　　衡量通货膨胀率变化的主要指标有 3 个，分别是生产者价格指数（producer price index，PPI）、消费者价格指数（consumer price index，CPI）、零售物价指数（retail price index，RPI）。消费者价格是商品经过流通各环节形成的最终价格，它最全面地反映了商品流通对货币的需要量，因此，消费者价格指数是最能充分、全面反映通货膨胀率的价格指数。世界各国基本上均用消费者价格指数（我国称居民消费价格指数）来反映通货膨胀的程度。我国 2013—2022 年居民消费价格指数如图 11-3 所示。

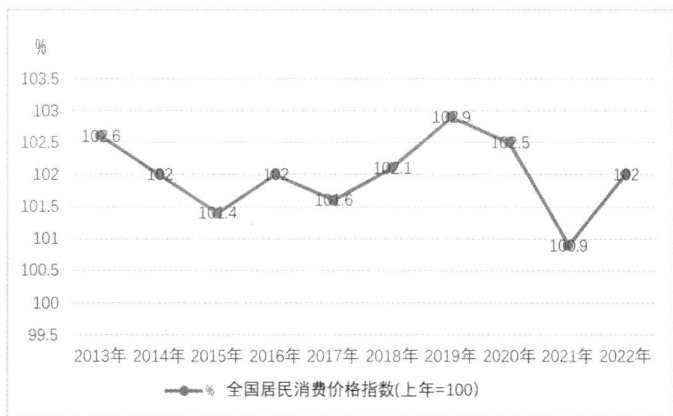

图 11-3　我国 2013—2022 年居民消费价格指数

个人理财时需要预测未来的物价走势，如果预期将发生温和通货膨胀，应增加股票和基金的配置，而减少债券和储蓄的配置。反之，如预测未来出现通货紧缩，则应该维持储蓄的配置，增加长期债券配置，而减少基金和股票的配置。通货膨胀与个人理财策略如表 11-4 所示。

表 11-4　通货膨胀与个人理财策略

理财产品	预期未来温和通货膨胀		预期未来通货紧缩	
	理财策略调整建议	理财策略调整理由	理财策略调整建议	理财策略调整理由
储蓄	减少配置	净收益下降	维持配置	收益稳定
债券	减少配置	净收益下降	增加长期债券配置	锁定长期收益
股票	适当增加配置	企业盈利增长	减少配置	企业盈利降低
基金	增加配置	价格将上涨	减少配置	价格将下跌

任务训练 11-5

搜索我国国家统计局公布的 2013 年之前的 10 年每年的居民消费价格指数，并增加到图 11-3 中，形成一张 20 年的趋势图。

四、税率

税率是指纳税人的应纳税额与征税对象数额之间的比例，是法定的计算应纳税额的尺度。税率直接关系到国家的财政收入和纳税人的负担，体现了国家对纳税人征税的深度，是税收制度的核心要素。

我国现行税率可分为 3 种：比例税率、定额税率和累进税率。税率反映征税的深度和税收的高低，直接关系到国家财政收入和纳税人的负担水平，是税收政策和国家调节意志的具体体现。税收是政府财政收入中的主要部分。税率的大小及其变动方向对经济活动（如个人收入和消费）会直接产生很大的影响。政府调节税率是一种调节经济的方式，政府提升税率一般会降低经济的增长速度；政府降低税率对经济增长有一定的促进作用。有关税率对各种经济业务的影响已经在模块 5 和模块 8 进行了详细的阐述，这里不赘述。

五、利率

利率是经济学中一个重要的金融变量，几乎所有的金融现象、金融资产均与利率有着或多或少的联系。世界各国频繁运用利率杠杆实施宏观调控，利率政策已成为各国中央银行调控货币供求，进而调控经济的主要手段，利率政策在中央银行货币政策中的地位越来越重要。

利率政策是西方宏观货币政策的主要措施，政府为了干预经济，可通过变动利率的办法来间接调节通货。在萧条时期，降低利率，扩大货币供应，刺激经济发展；在膨胀时期，提高利率，减少货币供应，抑制经济的恶性发展。因此，利率对我们的生活有很大的影响。

利率包括法定利率和市场利率。在我国，以中国人民银行对国家专业银行和其他金融机构规定的贷款利率为基准利率。市场利率是市场资本借贷成本的真实反映，也成为市场上理财产品定价的重要标准。能够及时反映短期市场利率变动的指标有银行间同业拆借利率、国债回购利率等。在现实生活中，计算理财产品真实收益时，需将名义利率减去通货膨胀率之后才是实际利率。

利率对于个人理财策略来说是较为重要的影响因素之一，可以直接影响投资收益。例如，提高利率会增加生活成本同时提升储蓄收益，反之，则减少生活成本和降低收益。利率变化与个人理财策略如表 11-5 所示，在理财过程中不可忽视利率的影响。

表 11-5　利率变化与个人理财策略

理财产品	预期利率上升		预期利率下降	
	理财策略调整建议	理财策略调整理由	理财策略调整建议	理财策略调整理由
储蓄	增加配置	收益将增加	减少配置	收益将减少
债券	减少配置	价格将下跌	增加配置	价格将上涨
股票	减少配置	价格将下跌	增加配置	价格将上涨
基金	增加货币基金配置 减少股票基金配置	货币基金收益增加 股票基金价格下跌	减少货币基金配置 增加股票基金配置	货币基金收益减少 股票基金价格上涨

📚 任务训练 11-6

查询各大银行最新的存贷款利率，并与同期通货膨胀率进行比较。

六、汇率

汇率指的是两种货币之间兑换的比率，亦可视为一个国家的货币对另一国货币的价值。汇率具体是指一国货币与另一国货币的比率或比价，或者说是用一国货币表示的另一国货币的价格。

汇率是国际贸易中重要的调节杠杆之一，汇率变动对一国进出口贸易有着直接的调节作用。一个国家生产的商品是按本国货币来计算成本的，要拿到国际市场上竞争，其商品成本一定会与汇率相关。汇率的高低直接影响商品在国际市场上的成本和价格，直接影响商品的国际竞争力。

汇率是两国货币之间的相对价格，与其他商品的定价机制一样，它由外汇市场上的供求关系所决定。外汇是一种金融资产，人们持有它，是因为它能带来资本收益。人们在选择是持有本国货币，还是持有某一种外国货币时，首先会考虑持有哪一种货币能够带来较大的收益。而各国货币的收益率首先是由其金融市场的利率来衡量的。某种货币的利率上升，则持有该种货币的利息收益增加；如果利率下降，持有该种货币的收益便会减少。因此，可以说"利率升，货币强；利率跌，货币弱"。在一般情况下，一国利率下跌，货币汇率的走势就疲软；利率上升，则货币汇率走势偏好。汇率变化与个人理财策略如表 11-6 所示。

表 11-6　汇率变化与个人理财策略

理财产品	预期本币升值		预期本币贬值	
	理财策略调整建议	理财策略调整理由	理财策略调整建议	理财策略调整理由
储蓄	增加配置	收益将增加	减少配置	收益将减少
债券	增加配置	本币资产升值	减少配置	本币资产贬值
股票	增加配置	本币资产升值	减少配置	本币资产贬值
基金	增加配置	本币资产升值	减少配置	本币资产贬值
外汇	减少配置	外币价值下降	增加配置	本币价值上升

任务训练 11-7

查询现在人民币对美元的汇率，欧元、日元对美元的汇率。

七、货币的时间价值

货币的时间价值是货币经过一定时间的投资和再投资所增加的价值。货币的时间价值是没有风险和没有通货膨胀情况下的社会平均资金利润率。在计量货币时间价值时，风险报酬和通货膨胀因素不应该被考虑在内。

一般来说，今天的 100 元要比将来的 100 元具有更大的经济价值。

货币时间价值是个人理财中最重要的工具之一，它是评价理财收益的尺度，也是评价一个投资方案是否可行的基本标准。模块 3 已经对其进行了详细的阐述，这里不再赘述。

八、法律法规

在个人理财活动中，了解和遵守多项法律法规必不可少。单位或者个人需要在法律环境约束下开展理财活动，不得违反法律法规进行内幕交易、操纵市场、传播虚假信息等，同时法律法规也为依法从事各类投资活动的单位和个人提供法律上的保护。

进行个人理财，需要了解和遵守的法律主要有：民事领域基础性、综合性法律，如《民法典》，它规范和保障各类民事主体的人身关系和财产关系；企业组织法律，如《公司法》《合伙企业法》等，此类法律对实业投资影响较大；金融市场法律，如《证券法》《中华人民共和国证券投资基金法》等，此类法律对股票、债券、基金、住房等投资理财影响较大；社会保障体系法律，如《中华人民共和国保险法》(以下简称《保险法》)、《中华人民共和国消费者权益保护法》等，此类法律对保险规划、消费信贷等影响较大；财税法律，如《企业所得税法》《个人所得税法》等，此类法律对财税筹划有影响。

素质拓展

2020 年李女士在某银行公众号看到 PS9 产品的宣传，并咨询理财师，得知这是一款低风险、高收益产品，就按照要求通过网银转账 120 万元购买了该产品。18 个月期限到了，李女士联系该银行理财师要求兑付，得知产品逾期并亏损，至 2022 年 3 月清算结束，李女士共损失本金 31.392 万元，多次要求某银行退赔无果，无奈之下，李女士向法院提起诉讼，要求某银行赔偿李女士损失的本金、预期利息、维权等相关费用。

李女士认为，该银行未尽到适当性义务，将高风险产品销售给厌恶风险的投资人，宣传资料违规公开虚假宣传，宣传资料与合同不一致。

经过庭审，法院认为，首先，李女士在其签署的《资产管理计划交易类业务申请表》和《个人投资者风险属性评估问卷》中，均有产品风险等级超出其风险承受能力时仍然购买该产品的意思表示，尤其是在《个人投资者风险属性评估问卷》中"如果您所购买产品的风险等级超出您的评测结果，您是否同意继续购买"处，李女士在可以选择"否"的情况下选择了"是"。在此情况下，无论其购买的产品是否超出其风险评估结果，某银行均不存在违反适当性义务的情形。

其次，关于李女士称某银行存在夸大宣传等不当宣传行为一节，法院认为，李女士就其该部分主张，并未向法院提交有效证据。关于李女士提交的公众号截图，因其来源无法核实，法院对该证据不予采信。

最终法院认为，李女士所称某银行在其购买理财产品中存在的不当行为的主张，证据不足，与事实不符，在此情况下，李女士要求某银行赔偿其理财产品的损失及其他损失的诉讼请求，缺乏事实和法律依据，法院不予支持。

李女士案件，可以给我们两点启示。

（1）目前理财产品的销售基本原则是"卖者尽责，买者自负"，理财产品已经不再刚性兑付，只要销售机构做到了风险的全面揭示，也就尽到了相应的责任。广大投资者要擦亮眼睛，认清理财项目风险属性，避免上当受骗。

（2）投资者自己应该掌握一些理财知识，要清楚理财产品底层配置资产情况及赚钱原理，不可听信销售人员的一面之词，从而盲目踩坑。

模块 12　个人投资理财

学习目标

【知识目标】

1. 熟悉银行理财产品的类别
2. 了解债券的特点
3. 掌握股票技术分析法
4. 熟悉其他理财产品的特点

【能力目标】

1. 能计算银行理财收益
2. 能计算债券的收益
3. 能计算买卖股票的成本
4. 能阐述理财产品风险适应人群
5. 能根据自身的现状做出基本的理财规划

【素质目标】

1. 树立健康良好的储蓄意识
2. 培养计算能力和问题解决能力
3. 培养思辨思维、独立思考的职业素养

引例

太史公在《史记·货殖列传》中说："无财作力，少有斗智，既饶争时，此其大经也。"这句话的意思是，当你年轻没有任何资产的时候，应该凭着自己的勤奋劳动去赚取人生的第一桶金；小有资产后，就凭借自己的智力尽快拓宽生财渠道，以增加自己的财富；当有足够的资产时，运用市场供求的变化，抓住有利时机致富，这些是常理。太史公这句话的精髓在于，他指出了可以通过钱去赚钱，也就是钱生钱的道理，用现在的话说就是理财投资。

【点评】古往今来，追求财富增长的观念相差无几，变化的是技术和市场。个人需要接受市场的变化，了解新技术，学习新的理财工具。

任务一　了解理财工具

一、银行理财

银行理财通常包括银行储蓄和银行理财产品两类。

（一）银行储蓄

中华传统的美德"节俭"是个人理财能力的根基。无论理财形式和品种怎么变化，储蓄仍然是最大众化、最保险的理财方式之一。储蓄作为传统的理财方式，是一项高流动性、低风险、低收益的资产持有手段，能满足人们日常现金需求，还能为实现未来的理财目标积累资金。

银行储蓄可分为活期存款、定期存款(零存整取、整存零取、存本取息、定活两便)、通知存款、协定存款等。

（1）活期存款。活期存款是存取金额不限的一种储蓄方式，客户可以随时存入、随时取出，方式比较灵活，但利率低。2023 年央行基准利率只有 0.25%，各大银行根据央行的基准利率进行调整，有的银行活期存款利率甚至只有 0.2%。

（2）定期存款。定期存款是整存整取的，用户需要将本金一次性存入，由储蓄机构发给存单，到期凭存单支取本息，三个月起存，未到期取款按活期存款计息。定期存款主要有三个月存款期限、六个月存款期限、一年存款期限、两年存款期限、三年存款期限和五年存款期限之分。一般情况下，定期存款的存款期限越长，利率越高。

① 零存整取。零存整取是指不一次性存入本金，但取出的时候整笔取出。

② 整存零取。整存零取是指在存款的时候一次性存入本金，取出的时候不是一次性取出。

③ 存本取息。存本取息是指存入了本金之后，只取出利息。

④ 定活两便存款。定活两便存款介于定期存款和活期存款之间。这种存款既像活期存款可随存随取，又比活期存款有更高的利息。

（3）通知存款。通知存款一般分为一天和七天通知存款两种类别。

（4）协定存款。协定存款是银行与企业之间为了满足企业的特定需求而约定的存款模式，一般不适用个人。

每家银行的存款利率都是不同的，而且不同的存款产品利率也有很大的区别，具体哪家银行利率高，需要到各银行官方网站或者柜台查询之后才能获知。以中国银行为例，其 2023 年 12 月 22 日公布的人民币存款利率如表 12-1 所示。

表 12-1　中国银行人民币存款利率（2023 年 12 月 22 日）

项　　目	年 利 率/%
一、城乡居民及单位存款	
（一）活期存款	0.20
（二）定期存款	

续表

项目	年利率/%
1. 整存整取	
三个月	1.15
六个月	1.35
一年	1.45
两年	1.65
三年	1.95
五年	2.00
2. 零存整取、整存零取、存本取息	
一年	1.15
三年	1.35
五年	1.35
3. 定活两便存款	按一年以内定期整存整取同档次利率打6折
二、协定存款	0.70
三、通知存款	
一天	0.25
七天	0.80

活期存款与其他存款不同，是根据支取日的利率水平计算利息的，活期存款利息随央行利率调整而及时调整。活期存款利息是按季结算的，每个季度的最后一个月的20日左右结息一次，所以平时不是每个月都能看到活期存款利息的。

银行计算活期存款利息的公式为：

$$活期存款利息=存款金额×（年利率÷360）×存款天数$$

案例分析

（1）小王开了一家小超市，早上存入银行10 000元，中午取出2 000元，下午又存入4 000元，其活期存款利息是怎么算的？不同时刻的本金是变化的，按什么时刻的本金算利息呢？

所有银行都以某个账户当日最终存款余额作为计息本金，然后乘以活期存款年利率除以360，就是该账户当天应得活期存款利息。例如，银行下班时小王账户里有12 000元，那就以12 000元作为计息本金。

（2）假设某银行活期存款年利率为0.36%，则：

月利率=0.36%÷12=0.03%

日利率=0.36%÷360=0.001%

1月1日第一次存入100元，1月4日又存入300元，1月9日取出200元，此后该账户未发生交易，至该季度末结息日3月20日。

存款积数=100×3+（100+300）×5+（100+300－200）×71=16 500

本季度活期存款利息=16 500×0.001%=0.165（元）

（3）假设小明将100 000元资金存入银行作为活期存款，持续一年的时间，活期存款年利率为0.35%。那么这笔存款一年的活期存款利息=100 000×1×0.35%=350(元)。

因为活期存款利率明显低于定活两便存款、协定存款及通知存款等的利率，所以，在日常开支不受影响的情况下，可以将资金以定活两便存款或者通知存款等方式存入银行，日积月累，获得更多收益。

任务训练 12-1

查询你常用的银行当下的利率政策，看看自己银行账户每个季度末的 21 日左右是否有利息入账，根据自己的银行存款余额和该行的利率水平，判断银行支付的利息是否正确。

（二）银行理财产品

银行理财产品是商业银行在对潜在目标客户群分析研究的基础上，针对特定目标客户群开发设计并销售的资金投资和管理计划。在这种投资方式中，银行只接受客户的授权管理资金，投资收益与风险由客户自己或客户与银行按照约定方式承担。

银行理财产品的分类可按风险评级、募集方式、产品开放形态和投资性质等进行分类。

（1）按发行管理主体分类，银行理财产品可以分为商业银行发行的理财产品和商业银行理财子公司发行的理财产品。

（2）按风险评级分类，银行理财产品可分为 5 级，具体为 R1（低风险产品）、R2（中低风险产品）、R3（中等风险产品）、R4（中高风险产品）、R5（高风险产品）。

（3）按募集方式分类，银行理财产品可以分为公募产品和私募产品。公募产品面向非特定公众公开发行，私募产品面向合格投资者非公开发行。私募产品的投资门槛相对较高，需要投资者具备一定的财务实力和投资经验，而公募产品的投资门槛则相对较低，普通投资者也可以参与；私募产品的投资范围相对较窄，通常只投资于少数几种资产，如股票、债券、房地产等，而公募产品则可以投资于多种资产，如股票、债券、货币市场工具等；私募产品的投资风险相对较高，而公募产品则相对较低。

（4）按产品开放形态分类，即按照理财产品存续期间份额是否可变分类，银行理财产品可以分为开放式理财产品和封闭式理财产品。

开放式理财产品是指自产品成立日至终止日，理财产品份额总额不固定，投资者可以在协议约定的开放日和场所，进行认购或者赎回的理财产品。其还可细分为现金管理类理财产品、定期开放类理财产品等。现金管理类理财产品与货币基金类似，具有风险低、流动性高、交易便利等优势。定期开放类理财产品的特点是产品流动性好，收益相对较低。

封闭式理财产品是指有确定到期日，且自产品成立日至终止日，理财产品份额总额固定不变，投资者不得进行认购或者赎回的理财产品，其期限可长可短。封闭式理财产品的特点是产品封闭运行、流动性较差，但规模稳定，有利于产品投资运作。

（5）按投资性质分类，银行理财产品可以分为固定收益类理财产品、权益类理财产品、商品及金融衍生品类理财产品、混合类理财产品和代客境外理财产品。

固定收益类理财产品，是指投资于债券市场、货币市场、信托融资、同业存款等方向的本外币资产的比例不低于 80% 的理财产品。其特点是收益稳健、安全性高、期限灵活、资金使用效率高，可能遇到认购风险、政策风险、市场风险、流动性风险、不可抗力风险等各种风险。

权益类理财产品是指投资于结构化证券、股票收益权类基金、组合信托、组合基金等方向的资产的比例不低于80%的理财产品。其特点是投资范围广、波动性大、风险较大、期限灵活，可能遇到股票价格波动风险、利率风险、信用风险、汇率风险、流动性风险、不可抗力风险等各种风险。

商品及金融衍生品类理财产品是指投资于与黄金、奢侈品等实物或利率、汇率、股指、信用等多种市场因子挂钩的期货、期权等金融衍生品的资产比例不低于80%的理财产品。客户在获得理财收益的同时，有权选择既定商品实物。商品及金融衍生品类理财产品多与期权期货等的对冲功能相关。其特点是产品结构比较复杂，需要较强的专业能力。

混合类理财产品是指可投资于债权类资产、权益类资产、商品及金融衍生品类资产的理财产品，且任意一类资产的投资比例不超过80%的理财产品。

代客境外理财产品是指商业银行受境内机构和居民个人委托，以投资者资金在境外进行金融产品投资的理财产品。其特点是可以在全球范围内，根据不同市场的走势进行资产配置，理论上可以分散投资风险，有助于获取长期稳定的收益。其可能涉及的风险主要有股票价格波动风险、利率风险、信用风险、汇率风险、流动性风险。

📖 案例分析

具备长期金融理财经验的王某购买了1 500万元某银行代销的基金公司理财产品，不料一年内亏损近115万元。于是，王某将该银行告上法庭，要求该银行赔偿损失。

在一审判决驳回王某诉讼请求后，二审法院改判该银行承担10%的赔偿责任，即赔偿王某约11.5万元。改判的关键在于银行未能向法院提供相关"双录"资料，不能证明其已完全尽到相关风险告知义务。

二审法院指出，适当性义务的履行既是"卖者尽责"的主要内容，也是"买者自负"的前提和基础。契约自由、平等保护、诚实信用等均是法院进行民商事案件审判的重要基本原则。

法院同时强调，本案裁判并非要求金融机构在销售金融产品或代理相关业务过程中忽视投资主体的自由处分权利，而是希望金融机构作为更有能力提示消费者防范相应风险的主体，能够完善相关机制举措，同时，金融消费者亦需具风险意识，双方共同促进金融秩序的良好发展和社会经济法治的进步。

2018年4月27日，国家四部门联合印发《关于规范金融机构资产管理业务的指导意见》（以下简称《资管新规》），其自发布之日起施行，过渡期至2021年年底。从2022年开始，金融机构的理财产品均严格执行《资管新规》的要求，刚性兑付的保本理财产品正式退出历史舞台，银行理财市场进入全面净值化时代。

2021—2022年，银行理财产品净值阶段性下跌，甚至跌破初始净值的现象较为常见。根据零售金融新视角监测的数据，截至2021年12月末，理财公司有5 240种人民币非现金管理类产品披露净值数据，其中37种产品累计净值低于1，占比0.71%；四季度首尾均披露净值的产品有3 315种，其间净值下跌的产品103种，占比3%。

从产品实际净值表现来看，净值波动较大的大多为中高风险理财产品，净值型产品整体亏损比例不高，投资者只要持谨慎态度，可以将风险控制在可承受范围内。

二、债券

债券是政府、金融机构、工商企业等直接向社会借债筹措资金时，向投资者发行，同时承诺按一定利率支付利息并按约定条件偿还本金的债权债务凭证。债券的本质是债的证明书，具有法律效力。

（一）债券的分类

按债券发行的主体不同，债券可分为政府债券、公司债券和金融债券 3 种。

1. 政府债券

政府债券又称为国债，是一国政府以国家名义为了弥补财政赤字、筹集建设资金或归还旧债本金利息等在证券市场上融资，并承担还本付息责任的各种债务凭证的总称。在政府债券中，短期国库券以其信誉高、流动性强、基本无风险、收益高于银行存款等特点，被人们称为"金边债券"。

2. 公司债券

公司债券发行的主体是公司，在我国主要指股份有限公司、国有独资公司和有限责任公司。公司债券的还款来源是其经营利润，因此，公司债券存在很大的不确定性。公司债券的利率水平一般都高于国债。

3. 金融债券

金融债券是银行和非银行金融机构利用自身信誉向社会公众发行的一种债券，无须财产抵押。由于金融机构的信用水平一般高于其他公司，因此其利率水平略低于公司债券。通过发行债券扩大信贷资金的来源是国外银行通行的一种筹资方式。

（二）国债购买

国债可到证券经营机构购买。国债的品种不同，其购买方式也不同，其中，凭证式国债的购买手续简便，记账式国债的购买手续稍复杂些。

1. 凭证式国债的购买

凭证式国债主要面向个人投资者发行。其发售和兑付通过各大银行的储蓄网点、邮政储蓄部门的网点以及财政部门的国债服务部办理。其网点遍布全国城乡，能够最大限度满足群众购买、兑取需要。投资者可在凭证式国债发行期间到各网点填单交款，办理购买事宜。由网点填制凭证式国债收款凭单，其内容包括购买日期、购买人姓名、购买券种、购买金额、身份证号码等，填完后交给购买者收妥。

办理手续和银行定期存款办理手续类似。凭证式国债以百元为起点整数发售，按面值购买。发行期过后，客户提前兑取的凭证式国债可由指定的经办机构在控制指标内继续向社会发售。投资者在发行期后购买时，网点将重新填制凭证式国债收款凭单，投资者购买时仍按面值购买。购买日即为起息日。兑付时按实际持有天数、相应档次利率计付利息（利息计算至到期时或兑取时的最后一日）。

2. 记账式国债的购买

记账式国债是通过交易所交易系统以记账的方式办理发行的。投资者购买记账式国债必须在证券交易所开立证券账户或国债专用账户，并委托证券机构代理进行。

（三）国债收益的计算

1. 国债持有到期本息计算

国债持有到期本息计算公式为：

$$本息＝本金×（1+利率×存期）$$

【例 12-1】投资人用 10 000 元购买了 5 年期的凭证式国债，年利率为 2.5%，到期后投资人共取得多少本息？

$$国债持有到期本息＝10\,000×（1＋2.5\%×5）＝10\,000×（1＋12.5\%）＝11\,250（元）$$

【例 12-2】投资人用 10 000 元购买了 5 年期的记账式国债，年利率 2.5%，当投资人持有一年时将得到 10 000 元×2.5%＝250（元）的利息，然后每过一年投资人都将得到 250 元的利息，直到第五年投资人拿到最后一年的利息，并收回本金。

记账式国债与凭证式国债的本息计算公式是相同的，但凭证式国债到期一次性还本付息，记账式国债分年付息。记账式国债在持有期的每年都会有利息收入，而凭证式国债在最后一年才能取回本金和全部利息。

2. 国债持有期收益计算

凭证式国债是按面值购买，到期一次性还本付息的。投资者提前兑取凭证式国债，会损失部分利差，并支付提前兑取手续费。记账式国债买卖均在交易账户中进行，持有期间的收益以买卖价为基础计算。

（1）凭证式国债持有期收益计算公式为：

$$凭证式国债持有期收益＝年利率×债券金额×投资年限$$

（2）记账式国债持有期收益。记账式国债持有期收益计算公式为：

$$记账式国债持有期收益＝（卖出价格－买入价格）＋票面利率×债券金额$$

【例 12-3】某投资人按 99 元的价格买入 100 元面值的五年期记账式国债，票面利率 2.5%，投资者一年后卖出此债券价格为 99.5 元，投资者该年收益＝（99.5－99）+100× 2.5%=3（元）。

从上面的计算中，可以看出债券票面利率虽然是 2.5%，而持有期间实际每 100 元获得 3 元利息，因此，投资者债券持有期的实际利率为 3%。

三、股票

（一）股票与股票投资

股票由股份公司发行，投资人购买股份公司发行的股票进行股票投资。

1. 股票

股票是股份公司所有权的一部分，是所有权凭证，是股份公司为筹集资金而发行给各个股东作为持股凭证并借以取得股息和红利的一种有价证券。股票是股份公司资本的构成部分，可以转让、买卖，股东凭借它可以分享公司的利润，但也要承担公司运作错误所带来的风险。每家上市公司都会发行股票。

2. 股票投资

股票投资是指企业或个人用积累起来的货币购买股票，借以获得收益的行为。股票投资的收益是由"收入收益"和"资本利得"两部分构成的。收入收益是指股票投资者以股东身份，按照持股的份额，在公司盈利分配中得到的股息和红利的收益。资本利得是指投资者在股票价格的变化中所得到的收益，即将股票低价买进、高价卖出所得到的差价收益。

（二）股票的分类

股票通常按交易市场、股东享有的权利分类。

1. 按交易市场分类

股票按交易市场分为 A 股、B 股、H 股。A 股是以人民币计价，供境内投资者以人民币认购和交易且在境内上市的普通股票。B 股又称人民币特种股票，它是以人民币标明面值，以外币认购和买卖，面向境外投资者发行，但在境内上市的股票。H 股是以港元计价在香港发行并上市的境内公司的股票。需要注意，沪市挂牌 B 股以美元计价，而深市 B 股以港元计价。

2. 按股东享有的权利分类

股票按股东享有的权利分为普通股和优先股。

普通股是享有普通权利、承担普通义务的股份，是公司股份最基本的形式之一。普通股的股东对公司的管理、收益享有平等权利，根据公司经营效益分红，风险较大。它构成公司资本的基础，是股票的一种基本形式，也是发行量最大、最为重要的股票之一。在上海和深圳证券交易所中交易的股票，都是普通股。

优先股是股份公司发行的相比普通股享有某些特定优先权利的股票。优先股与普通股相比，可优先获得固定股息，优先分配公司剩余财产。但其股东不能参与公司经营管理决策，不具有投票权，也无法享受公司利润增加带来的收益。

（三）股票投资常用的方法

股票投资常用方法有基本分析法、技术分析法和量化交易法。

1. 基本分析法

基本分析法是从影响证券价格变动的敏感因素出发，分析研究证券市场的价格变动的一般规律，为投资者做出正确决策提供科学依据的分析方法。敏感因素主要有 3 个层次：一是宏观社会经济类影响因素，二是行业类影响因素，三是企业类影响因素。3 类影响证券价格的因素构成证券投资基本分析的 3 个部分，即宏观经济分析、行业分析和企业分析。宏观经济分析的基本内容见模块 11 的详细阐述，行业分析和企业分析见模块14、模块 15、模块 16 的详细阐述，这里均不赘述。

2. 技术分析法

技术分析法是通过对市场行为本身的分析来预测市场价格的变化方向，即对股票市场的日常交易状态，包括价格变动、交易量与持仓量的变化等，按照时间顺序绘制成图形或图表，或形成一定的指标系统，然后针对这些图形、图表或指标系统进行分析研究，以预测股票价格走势的方法。

尽管技术分析在金融市场基本面发生突变时容易失灵，但随着股票市场的发育成熟和证券监管的完善，技术分析的准确性日趋提高，解读技术指标的重要性也就日益突出。

技术分析是以 3 个假设条件为前提的。第一，价格反映市场的一切信息；第二，价格运动具有趋势性；第三，历史是会重演的。

技术分析常用的工具有：K 线图、成交量图、趋势线、移动平均线等。由于篇幅的关系，这里不展开阐述，对技术分析工具有兴趣的，可以参考其他的有关书籍。

3. 量化交易法

量化交易法用统计、数学、计算机技术和现代金融基础理论，帮助投资者更好地赚取利润。它是一种新型的专业化金融投资方式，通过用专门的数学分析模型替代人的客观逻辑思维来制定交易对策。与其余的方式对比，股票量化交易法运用计算机强大的计算力，从大量的股票、债券、期货等历史交易记录中预测交易的盈亏。投资者在取得有关数据信息以后，可以通过剖析数据信息做出正确的决定。股票量化交易法运用计算机的强大计算能力，在深度、广度上占据一定的优势，并且评定又快又准，可以更科学合理、更理性地考虑交易对策的实际效果。

（四）A股交易的一般程序

A股交易程序一般分为6步：开立账户、资金准备、下单交易、委托成交、资金结算、股票持有。投资者主要与证券经纪商（即证券公司，以下简称"券商"），而不是与证券交易所（以下简称"证交所"）办理业务，并通过证交所下属的证券登记结算公司完成结算等事项。

1. 开立账户

自然人持有效证件，到证券登记结算机构指定的营业网点填写证券账户申请表，经审核后就可领取证券账户卡。开设证券账户以后，投资者必须指定某一家券商作为自己的代理经纪人，并持证券账户卡、银行卡和身份证到指定的券商处开设资金账户，该资金账户用于存放投资者买入股票所需资金和卖出股票所得的资金。投资者具备了身份证、证券账户和资金账户，才算真正具备了证券交易资格。

2. 资金准备

投资者在进行股票交易前，需要将投资资金转入证券账户中，作为买入股票的资金来源。

3. 下单交易

投资者通过证券公司提供的交易终端或其他方式，输入买入或卖出股票的指令，包括股票代码、交易数量、买入价或卖出价等。

4. 委托成交

下单成功后，若买入或卖出的股票价格达到设定的条件，委托将会成交。

5. 资金结算

交易完成后，买方需要向卖方支付购买股票的资金，并且卖方需要将股票转移到买方的证券账户中。资金结算通常在交易日后的一个工作日内完成。

6. 股票持有

投资者购买成功的股票将会显示在其证券账户中，投资者可以选择持有股票以期待未来的盈利，或者随时卖出以获取投资收益。

（五）A股交易基本规则

《上海证券交易所交易规则》《深圳证券交易所交易规则》分别详细规定了A股交易的规则，普通投资者应该首先了解一些基本交易规则。

（1）交易机制：A股与其他股票的交易机制不同，属于T+1交易，即当日买入，次日（交易日）才能卖出去。

（2）交易时间：沪深两所证券采用竞价交易方式，周一至周五（不包含法定节假日），9:15—9:25 属于开盘集合竞价的时间段，9:30—11:30、13:00—14:57 可以进行连续竞价，14:57—15:00 则是尾盘集合竞价的时间。

（3）交易单位：股票以"手"为交易单位，1 手=100 股，至少需要交易 1 手，委托买入的数量必须为 100 股或其整数倍。

（4）交易费用：A 股交易需要缴纳 0.5‰的印花税，佣金率最高不超过 3‰（如果不足 5 元，则按 5 元收取）。

（5）交易方式：股票交易可以通过证券公司的交易终端、手机 APP、网上交易平台等方式进行。

任务训练 12-2

随意选择某一天的 9:20—9:25，留心观察某一只股票当天的开盘价。

四、基金

基金有广义和狭义之分，广义基金是指为了某种目的而设立的具有一定数量的资金，主要包括公积金、信托投资基金、保险基金、退休基金、各种基金会的基金。

狭义的基金主要是指证券投资基金，是通过发售基金份额募集资金形成独立的基金财产，由基金管理人管理、基金托管人托管，以资产组合方式进行证券投资，基金份额持有人按其所持份额享受收益和承担风险的投资工具。证券投资基金是间接的证券投资方式，投资者购买基金份额后，基金以自己的财产投资于证券市场。与投资股票不同，基金投资者不能参与发行证券的公司的决策和管理。以下是狭义基金的分类。

（1）根据基金份额能否增加或赎回，基金可分为封闭式基金和开放式基金。封闭式基金是指基金份额在基金合同期限内固定不变，基金份额可以在依法设立的证券交易所交易，但基金份额持有人不得申请赎回的基金。开放式基金是指基金份额不固定，基金份额可以在基金合同约定的时间和场所进行申购或赎回的基金。

（2）根据投资对象不同，基金可分为股票基金、债券基金、货币市场基金和混合基金。根据中国证监会对基金类别的分类标准，60%以上的基金资产投资于股票的为股票基金；80%以上的基金资产投资于债券的为债券基金；基金资产仅投资于货币市场工具的为货币市场基金；基金资产投资于股票、债券和货币市场工具，但股票投资和债券投资的比例不符合股票基金、债券基金规定的为混合基金。

（3）根据投资风险与收益的不同，基金可分为成长型投资基金、收入型投资基金和平衡型投资基金。成长型投资基金是指把追求资本的长期成长作为其投资目标的投资基金。成长型投资基金常投资于有长期增长潜力或存在长期盈余的成长型公司，追求基金资产的长期增值。收入型投资基金是指以为投资者带来高水平的当期收入为目标的投资基金。收入型投资基金资产的成长潜力较小，但本金遭受损失的风险也较低。平衡型投资基金是指以支付当期收入和追求资本的长期成长为目标的投资基金，其主要特点是投资风险比较低，但缺乏成长的潜力。平衡型投资基金一般将 25%～50%的资产投资于债券或其他固定收入证券，其余的部分再投资于股票。

（4）其他特殊类型。我国证券市场上还有一些特殊类型的基金，包括指数基金（被动型基金）、交易型开放式指数基金（exchange traded fund，ETF）、上市型开放式基金（listed open-ended fund，LOF）、合格境内机构投资者（qualified domestic institutional investor，QDII）基金等。指数基金投资组合等同于市场价格指数的权数比例，收益随着当期的价格指数上下波动。ETF属于开放式基金的一种特殊类型，它综合了封闭式基金和开放式基金的优点，投资者可以在证券交易所内按市场价格买卖ETF基金份额。LOF发行结束后，投资者既可以在指定网点买卖基金份额，也可以在证券交易所买卖基金份额。QDII基金是在资本账项未完全开放的情况下，允许国内投资者往海外资本市场进行投资的一种方式。

📚 任务训练 12-3

上网查一查基金的交易成本和股票的交易成本哪个低。

五、其他理财工具

（一）外汇交易

外汇交易是指投资者为了获取投资收益而进行的不同货币之间的兑换行为。外汇交易多是保证金交易，即杠杆交易，这决定了外汇交易高风险、高收益或高亏损的特点。

外汇交易与股票投资的比较如下。

投入资金时，外汇只需要0.33%的资金投入，而股票需要100%的资金投入，所以外汇交易的风险更大。

外汇的交易范围是全球，相比股票投资市场更广阔，所以不易受大机构控制，而股票会受机构或者股东控制。

外汇交易时间是周一至周五全天，相比股票交易自由度更高。

（二）黄金投资

黄金投资是投资者通过黄金买卖获取投资收益或通过储备黄金抵御通货膨胀风险的一种理财行为。黄金因其物理、化学性质和在地球上储量的有限性而成为保值和增值的投资工具。黄金投资包括实物黄金、纸黄金、黄金ETF和黄金期货。

1. 实物黄金

投资实物黄金主要指投资金条、金币、金豆、黄金饰品等。纪念金条、贺岁金条都属于饰品金条，不是投资金条。投资金条可以通过银行或者品牌金店进行购买。金币一般分为纯金币和纪念金币，纪念金币的发行机构是中国人民银行，具备收藏价值。金豆和黄金饰品，购买渠道更广泛。

投资实物黄金的优点是：第一，有实物，看得见、摸得着，且具备一定的收藏和纪念价值；第二，投资金条比较方便，购买渠道网点很多，而且投资金条加工费也较低；第三，投资门槛低，金豆通常为1克～5克，单次投资金额小，有利于强制储蓄；第四，黄金饰品具有一定的观赏性。

投资实物黄金的缺点是：第一，买入成本高，购买金条时，要支付一定的手续费；第二，卖出成本高，卖出金条时，交易成本包括鉴定费及其他手续费、损耗费和回购差价；第三，存在储存成本；第四，流动性低，各银行的实物金条一般不能通兑，从哪个银行买一般只能卖回哪个银行。

2. 纸黄金

纸黄金即个人凭证式黄金。投资者需要先在银行开设一个黄金存折账户，然后按照银行报价在账面上"虚拟"买卖黄金。投资者的交易记录只在个人预先开立的黄金存折账户上体现，不会发生实物黄金提取和交割，所以又叫"记账黄金交易"。投资者靠低吸高抛赚取买卖差价获利。投资者可通过手机银行、网上银行交易。

投资纸黄金的优点主要是：相对便捷，通过手机银行、网上银行等就可以操作；交易成本比实物黄金低；支持双向交易，可以做空。投资纸黄金的缺点是：纸黄金是交易凭证，没有实物，风险高；赚取黄金价格波动的差价，对投资者的能力要求就比较高。

3. 黄金 ETF

黄金 ETF 是一种主要以黄金为基础资产进行投资、紧密跟踪黄金价格，并在证券交易所上市的开放式基金。黄金 ETF 通过证券账户在证券交易所进行交易。

投资黄金 ETF 的优点是：交易费率较低，可以免除黄金的检验、称重、保管、储藏等费用；投资门槛低，黄金 ETF 的交易起点是 1 手，1 手对应 1 克黄金；交易效率较高，采用 T+0 的交易模式，当日买入当日就可以卖出，套利机制灵活，资金使用效率较高。投资黄金 ETF 的缺点是：不能做空；若长期持有、频繁交易，黄金 ETF 的持有成本可能比纸黄金高。

4. 黄金期货

黄金期货是在上海期货交易所上市，由期货交易所统一制定的以黄金为交易对象的期货合约。购买黄金期货需要在期货公司开立期货账户，在期货公司指定平台上进行交易。

投资黄金期货的优点是：交易效率高，实行 T+0 交易模式，资金利用率较高；采用保证金交易模式，可以使用杠杆；支持双向交易，可以做空。投资黄金期货的缺点是：投资门槛较高，交易起点为 1 手（1 手=1 000 克）；杠杆交易，风险和收益放大了数倍，对操作要求高。

📚 任务训练 12-4

说一说黄金投资在个人理财中有哪些优势。

（三）保险

保险的含义有广义和狭义之分。广义保险包括了商业保险、社会保险、相互保险和合作保险等，狭义保险仅指商业保险。这里主要介绍狭义上的保险。

商业保险是指投保人根据合同约定，向保险人支付保险费，保险人对于合同约定的可能发生的事故因其发生所造成的财产损失承担赔偿保险金责任,或者当被保险人死亡、伤残、疾病或者达到合同约定的年龄、期限时承担给付保险金责任的商业行为。

1. 保险优势

保险属保障、稳健类投资，除投资风险较低之外，还可以为投资者形成节税、债务和筹措资金的优势。

（1）节税优势。投保人通过购买保险，获得保险金的时候是不用纳税的，相对于其他金融工具具有较大的节税优势。

（2）债务优势。保险具有银行存款、股票、基金等金融工具所不具备的免于债务追偿的功能。符合一定条件的商业健康保险，其保费可以在计算个人所得税应纳税所得额时予以税前扣除。

📋 案例分析

司机孙某（未婚）经常用自家的车帮人送货。某日，孙某在运送货物时因操作不当，在铁路道口与火车相撞，当场死亡，并负事故全部责任。事后发现，孙某生前在保险公司除投保了车损险外，还投保了人身意外伤害险，并指定其母亲为受益人。因孙某死亡而产生的两份保险金，孙某的母亲是否都能继承？

本案主要涉及保险金是否属于遗产的问题。根据《民法典》的规定，遗产是指自然人死亡时遗留的个人合法财产。所以，孙某的母亲作为法定继承人只能继承孙某死亡时遗留的个人合法财产。

本案中，保险金是否属于遗产，应区分情况进行认定。

首先，孙某投保的车损险是财产保险。根据相关司法解释的规定，财产保险金属于被保险人的遗产，可以依法继承。因此，在孙某没有订立遗嘱的情形下，孙某的母亲可以以第一顺位继承人的身份进行继承。但同时，孙某的母亲在继承遗产的范围内，也要清偿孙某生前所欠的债务。

其次，孙某投保了人身意外伤害险，并指定了受益人，属于人身险。根据相关法律和司法解释的规定，指定了受益人的人身保险金应付给受益人，不属于遗产。因此，孙某的母亲可以以受益人的身份，而不是以继承人的身份获得该保险金。因该保险金不属于遗产，孙某的母亲也不需要以该保险金偿还孙某生前所欠的债务。

相关法律依据如下。

（1）《民法典》第一千一百二十二条 遗产是自然人死亡时遗留的个人合法财产。依照法律规定或者根据其性质不得继承的遗产，不得继承。

（2）《保险法》第四十二条 被保险人死亡后，有下列情形之一的，保险金作为被保险人的遗产，由保险人依照《中华人民共和国继承法》的规定履行给付保险金的义务。

第一，没有指定受益人，或者受益人指定不明无法确定的。

第二，受益人先于被保险人死亡，没有其他受益人的。

第三，受益人依法丧失受益权或者放弃受益权，没有其他受益人的。

受益人与被保险人在同一事件中死亡，且不能确定死亡先后顺序的，推定受益人死亡在先。

（3）筹措资金优势。保险法中明确规定了"现金价值不丧失条款"，即投保人虽然与保险公司签订合同，但投保人有权终止合同，并得到相应的退保金额。这里的"现金价值"是指保单所有人终止合同并向保险公司退保时，保险公司保证给付的金额。在某些保险合同中也规定了当投保人资金紧缺时可申请现金价值的 70%～90%作为短期贷款，如果投保人急需资金，又一时筹措不到，便可以将保险单抵押在保险公司，从保险公司取得相应数额的贷款。

2. 保险选择

投保者应该根据自身的年龄、职业、家庭结构、经济收入等实际情况，力所能及地购买保险，做到既能够负担得起保费支出，也能够适当转移相关风险。

18～30 岁阶段：可以选择购买综合意外医疗保险，有效补充城镇医疗保险；可以根据自身情况适当选择购买重大疾病保险，转移未来高额医疗费用带来的负担。

30～40 岁阶段：在保证家庭的每一个成员都具有基础医疗保障、重大疾病保障之外，可以适当为孩子准备教育年金与婚嫁金，有余力再考虑养老年金的规划。

（四）实业投资

实业投资是指投资者为获取收益而将资金投入生产领域的投资行为。

个人实业投资指个人通过创办企业的方式开展的理财活动，通常个人开办的企业包括独资企业、合伙企业和公司企业。如何设立、经营、管理一家初创企业，模块 1 到模块 10 已经做了介绍，这里不赘述。

实业投资一般要以项目为载体，投资项目的筛选对实业投资至关重要。筛选投资项目要考虑的问题很多：首先要投资符合国家发展规划、产业政策、产业布局和地区布局的要求及市场需要的项目；还需要投资自己熟悉的行业，建立合作团队，管理成本和风险，寻找资金支持，开拓市场等。实业投资要经过较长的经营周期才有可能获得收益。

📋 案例分析

民以食为天，餐饮是古老而长久不衰的行业，起步门槛低，是实业投资的常选。根据过往人的经验，开一家有特点的小面馆需要注意以下要点。

选址：一条街上人气最高处。面食制作快，翻台率高，街上人多不仅可以带来人气，更利于品牌宣传。

装修：有文化特色，色彩明亮、欢快。

开业：尽量当天有现场活动。现场活动能引起周围人群注意，比起开业后到处发传单效果强很多倍，并且保证到场参加活动的顾客一定能品尝到店内的小面，注重口碑与体验。

竞争：把握好与周围小面馆的合作与竞争。和周围已经开张的小面馆要形成明显的对比，多观察学习，取长补短，适时调整策略。

选人：热情、认真、负责的员工。老板要善于发现优秀的员工，并且留住他们，因为优秀的员工，善于用服务留住顾客，有助于提升经营业绩。

特色：要重点经营招牌特色面。一家特色面馆，应味道独特、装修独特、服务独特，并注重自己的招牌产品。

顾客：注重把顾客变"常客"，与顾客互动。多与店内顾客交流，收集顾客的意见和建议。

以上是根据调查的 700 多位成功人士经验得出开一家特色小面馆的结果。实业投资没有完全复制的经验，要在实际经营中不断调整，才能做到持续发展。

任务训练 12-5

如果创业开一家水吧，应该注意哪些要点？

任务二　个人理财规划

个人（家庭）的财务状况是个人投资理财的基础，全面了解个人（家庭）的资产、负债、收入和支出情况，结合自身流动性方面的需求，预测这些要素未来的发展趋势及对自己资金需求的影响，分析存在的问题和需要改进的地方，为制定理财规划方案做好准备。

一、个人财务分析

个人财务分析主要包括财务状况分析、收支分析和风险分析。财务状况分析主要是分析个人的资产、负债等结构情况，债务期限结构是否合理等。收支分析主要是分析个人每月的固定收入及日常生活支出情况，掌握个人消费的一般规律。风险分析主要是分析个人对各种投资理财产品的风险承受能力。

通常可以一个月、一年或者自己需要的任意周期，编制一张个人收支表，实现个人日常生活条理化，保持勤俭节约的习惯。个人收支如表 12-2 所示。

表 12-2　个人收支

收入			支出		
项目	金额/元	比重/%	项目	金额/元	比重/%
1. 工薪收入			1. 消费性支出		
专职收入			衣食住行		
兼职收入			通信		
			娱乐		
			医药		
			其他		
2. 财产经营收入			2. 贷款利息		
股息/利息			房贷		
租金			车贷		
其他			其他		
3. 劳务收入			3. 保障性支出		
稿费			保险费		
其他			紧急备用		
			其他		
4. 个体经营收入			4. 教育支出		
5. 其他收入			5. 其他支出		
收入合计			支出合计		
结余（收入－支出）					

掌握了个人的日常收支后，可以每年编制一张个人财务状况，如表 12-3 所示，其有利于正确了解个人的资产、负债，对设定正确的理财目标和阶段性总结理财成果都有十分重要的意义。个人将当下的资产情况结合收入变化趋势，针对短期、中期和长期理财目标选择合适的投资组合，调整理财工具的结构比例，合理安排支出。

表 12-3　个人财务状况

资产		金额/元	比重/%	负债		金额/元	比重/%
现金类	现金			短期负债	信用卡		
	活期存款				分期付款		
	定期存款				其他负债		
					短期负债小计		
现金类小计				长期负债	住房贷款		
金融资产	债券				汽车贷款		
	股票				其他贷款		
	基金				长期负债小计		
	其他				负债总计		
金融资产小计							
实物资产	住房						
	机动车						
	黄金						
	收藏品						
	其他						
实物资产小计							
资产总计							
净资产（总资产 - 总负债）							

任何投资理财产品都会存在价格波动，这种波动对每个人的心理冲击程度是不一样的，即每个人的风险承受能力不同，有的人比较激进，可以承受较大的风险，有的人比较保守，较难承受亏损。因此，在进行理财规划前，需要了解自己的投资风险偏好。

一般来讲，资金充足且不畏惧高风险，同时具备较强风险承受能力的投资人，如果目的是追求较高收益，可以购买风险较高的理财产品；闲钱有限、厌恶风险且风险承受能力较差的投资人，则应该去购买风险较低的理财产品；对产品的预期收益要求较低而对流动性要求较高的投资人，建议购买低风险易变现的理财产品，在急需资金的时候可以快速将理财产品赎回；对流动性要求较低的投资人则可以考虑购买期限较长的理财产品。投资人的风险偏好类型与选择投资品种的关系如表 12-4 所示。

表 12-4　投资人的风险偏好类型与选择投资品种的关系

风险偏好类型	风险承受能力	可选择投资品种
保守型	不愿意承担风险	选择低风险、低收益的投资品种 如储蓄、货币基金、国债

风险偏好类型	风险承受能力	可选择投资品种
谨慎型	风险承受能力较弱	选择低、中风险的投资品种的组合 如货币基金、保险、股票的组合
稳健型	风险承受能力适中	选择稳健的投资品种 如银行理财、债券
积极型	风险承受能力较强	选择高风险、高收益的投资品种 如股票、股票类基金
激进型	愿意进行高风险投资	选择高风险、高杠杆的投资品种 如外汇、黄金

任务训练 12-6

请对自己当下的收支和财务状况进行梳理，分别编制收支表和财务状况表。再预计自己 5 年之后可能的收支及财务状况，各编一张想象的收支表和财务状况表，保存起来，5 年之后再回头来看看现在的预测如何。

二、理财规划

个人理财是一项终身经济活动，理财目标的确定和理财策略的选择应体现出人生各个阶段的生活特点和财务要求，理财规划也只有和生命周期的不同阶段理财需求相结合才能产生最佳的效果。生命周期不同阶段理财需求和理财规划如表 12-5 所示。

单身期、成长期、成熟期和退休期的划分在模块 11 已有阐述，此处不赘述。

表 12-5　生命周期不同阶段理财需求和理财规划

生命周期	理财需求	理财规划
单身期	1. 租赁房屋 2. 日常支出 3. 储蓄 4. 小额投资积累经验	1. 个人提升 2. 培养理财意识 3. 积累投资经验
成长期	1. 买房、买车 2. 增加收入 3. 建立应急基金 4. 储蓄和投资	1. 合理支出 2. 开源节流 3. 应急保险 4. 适当风险投资
成熟期	1. 子女教育费用 2. 建立风险保障 3. 储蓄和投资 4. 养老金储备	1. 现金流规划 2. 子女教育规划 3. 多元化投资 4. 养老规划
退休期	1. 保障财务安全 2. 安排退休生活 3. 准备疾病费用 4. 设立遗嘱	1. 稳健投资规划 2. 安度晚年 3. 投资回收 4. 财产传承规划

素质拓展

2020 年 8 月 20 日，最高人民法院发布了新修正的《最高人民法院关于审理民间借贷案件适用法律若干问题的规定》。最高人民法院民一庭负责人就有关问题回答了记者提问。

问：为什么将民间借贷利率司法保护上限确定为一年期贷款市场报价利率的"4 倍"？

答：这次修正民间借贷司法解释，我们将民间借贷利率司法保护上限由年利率 24%～36% 调整为中国人民银行授权全国银行间同业拆借中心每月发布的"一年期贷款市场报价利率的 4 倍"。这样规定，主要考虑了我国社会经济发展状况、民间借贷利率司法保护的历史沿革、市场需求以及域外国家和地区的有关规定等因素。确定一年期贷款市场报价利率的 4 倍作为民间借贷利率司法保护上限，有助于人民群众对此标准的理解和接受，也体现了司法政策的延续性，同时，这一标准也接近多数国家和地区的有关规定。

中国人民银行官方网站的利率政策分栏，每个月的 20 日左右会公布贷款市场报价利率（loan prime rate，LPR），2023 年 8 月 21 日中国人民银行 LPR 公告如图 12-1 所示。

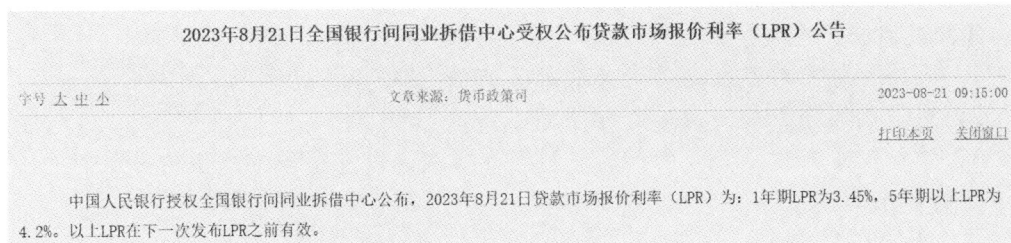

2023年8月21日全国银行间同业拆借中心受权公布贷款市场报价利率（LPR）公告

字号 大 中 小　　　　文章来源：货币政策司　　　　2023-08-21 09:15:00

打印本页　关闭窗口

中国人民银行授权全国银行间同业拆借中心公布，2023年8月21日贷款市场报价利率（LPR）为：1年期LPR为3.45%，5年期以上LPR为4.2%。以上LPR在下一次发布LPR之前有效。

图 12-1　2023 年 8 月 21 日中国人民银行 LPR 公告

2023 年 8 月 21 日中国人民银行公布的一年期贷款市场报价利率（LPR）为 3.45%，因此，民间借贷利率司法保护上限为其 4 倍，即 13.8%。

充分了解国家政策后，看到市场上有理财产品宣称其收益率超过了当时中国人民银行公布的一年期贷款市场报价利率 4 倍的，需要谨慎考虑。

专题四　分钱

模块 13　企业利润分配

学习目标

【知识目标】

1. 了解会计中对于利润的定义及计算方法
2. 熟悉利润分配的一般原则和顺序
3. 理解企业向投资者分配股利、利润的方式，以及不同方式下的分红对企业和投资者的影响

【能力目标】

1. 能根据已知条件计算营业利润、利润总额和净利润
2. 能计算可供分配利润及各分配步骤应分得利润的金额
3. 能根据企业实际情况对企业是否分红及如何分红进行初步判断

【素质目标】

1. 提高对企业财务信息的理解和判断能力
2. 培养合理储蓄以应对不确定性风险的消费观念
3. 培养根据不同情况做出理性选择的思维

引例

在监管层大力提倡现金分红的背景下,中国工商银行股份有限公司 2022 年度利润分配方案公布,每股派发现金股息人民币 0.303 5 元（含税）,本次派发现金股息共计约人民币 1 081.69 亿元。

【点评】分红是指公司按照一定比例从净利润中抽取一部分作为红利,分配给股东的一种行为。公司通过分红来激励股东对于公司的支持和投资,从而提高公司的业绩和市场表现,尤其是对于那些盈利稳定的公司,分红可以增强股东的信心,促进公司的发展。对股东而言,分红是一种重要的收益来源,如果公司股票的分红率较高,股东可以获得较多的分红收益。另外,证券市场上如果很多公司都开始分红,那么整个市场的氛围将会比较积极,投资者对于证券市场的信心也会增强,证券市

场会更加稳定。如果多数公司不分红或分红率很低，那么投资者对于证券市场可能会比较悲观。

因此，股票分红虽然看似只是一项简单的公司财务安排，但实际上对公司、潜在投资者以及现有股东都会产生影响。公司在制定分红政策时，既要考虑自身的盈利水平和未来的经营状况，也要考虑投资者的期望。同时，投资者也需要对公司的分红政策进行研究和分析，以便做出正确的投资决策。

任务一　理解利润与利润分配的基础知识

一、利润的形成及分类

利润是指企业在一定会计期间的经营成果，利润包括收入减去费用后的净额、直接计入当期利润的利得和损失等。

从利润的构成看，既有通过生产经营活动获得的利润，也有通过对外投资活动形成的利润，同时还有与生产经营活动无直接关系的事项所产生的利润。利润是衡量企业经营情况的一个重要指标，在很大程度上反映了企业生产经营的具体效果。在企业所有权和经营权分离的情况下，利润往往是衡量企业管理层业绩的一项重要指标，是衡量企业生产经营管理水平的综合性指标，同时还是投资者进行投资决策时的重要参考指标。

二、可供分配利润

利润与可供分配利润是两个不同的概念。利润反映企业在一定会计期间内赚了多少钱，属于时期性指标。以年度利润为例：营业利润反映当前年度通过企业的日常经营活动赚了多少钱；利润总额反映当前年度日常活动和非日常活动总共赚了多少钱；净利润反映在利润总额的基础上扣除所得税费用后净赚了多少钱。而可供分配利润则是一个时点性指标，是指截止到当前，有多少利润是可以用于分配的。可用于分配的利润，既可能是当前年度实现的净利润，也可能是以前年度实现的留存收益。可供分配利润通常采用以下公式计算：

可供分配利润=当年实现的净利润+年初未分配利润（或–年初未弥补亏损）+其他转入

在可供分配利润的计算过程中，当年实现的净利润源自年度利润表中的净利润本期数，年初未分配利润则源自年末资产负债表中列示的未分配利润年初数。需要注意的是，按照利润结转的相关要求，如果不存在其他转入，年末资产负债表中列示的未分配利润期末数就是由当年实现的净利润和年初未分配利润构成的。

三、利润分配的一般原则

利润分配是企业根据国家有关规定、投资者的决议、公司章程，对企业缴纳所得税后的净利润进行的分配。利润的分配过程和结果，不仅关系到所有者的合法权益是否得到保护，还关系到企业能否长期、稳定和健康地发展。企业的利润分配应遵循以下原则。

（1）遵守国家财经法规。相关财经法规对于利润分配的内容、比例及程序都做了明确的规定，企业必须遵守。

（2）资本保全。利润分配必须建立在资本保全的基础上，分配的利润应来源于当期的净利润或以前的留存收益，不得以实收资本或股本、资本公积发放股利，以维持企业资本的完整性，防止企业任意降低资本结构中的所有者权益比例，保障债权人的权益。

（3）合理积累，适度分配。进行利润分配时，企业应兼顾近期利益和长期利益，处理好积累与分配的关系，重视对投资者的合理投资回报，并兼顾自身的可持续发展。企业利润分配不得超过累计可供分配利润的范围，不得损害企业的持续经营能力。

（4）同股同利。进行利润分配时，利润必须按照出资者的出资比例进行分配，同股同利，以保障每个投资者的合法权益。

四、利润分配的顺序

企业存在可供分配的利润，一般应按以下顺序依次进行分配。

（一）弥补企业以前年度亏损

企业发生的年度亏损可以用下一年度的税前利润等弥补，下一年度税前利润不足以弥补的，可以在 5 年内连续以税前利润弥补。但从亏损年度起连续 5 年内的税前利润仍不足以弥补的，自第六年起改用企业的税后利润，即净利润进行弥补，也可以用以前年度提取的盈余公积弥补。

同时，企业以前年度亏损未弥补完的，可不提取法定盈余公积，但在按规定提取法定盈余公积前，通常不得向投资者分配利润。

> **案例分析**
>
> 企业 2022 年度利润总额为 −400 万元，2023 年度利润总额为 600 万元，企业在利润分配时应做如下考虑。
>
> 2022 年度利润总额为 −400 万元，即企业 2022 年产生了 400 万元的亏损，如果不存在纳税调整事项，企业 2022 年度应纳税所得额为 −400 万元，无须缴纳企业所得税，当年也不计提法定盈余公积。但企业如果之前有留存收益，假设有未分配利润 500 万元，则企业仍有可供分配利润。
>
> 2023 年度企业利润总额为 600 万元，企业可先以 2023 年的利润弥补 2022 年度的亏损 400 万元，如果不存在纳税调整事项且适用的企业所得税税率为 25%，那么按弥补亏损后剩余的 200 万元计算缴纳企业所得税，即 200×25%=50（万元）。缴纳企业所得税后剩余的 150 万元用于计提法定盈余公积。

（二）提取法定盈余公积

按照《公司法》的相关规定，法定盈余公积按照本年实现净利润的一定比例提取，其中股份有限公司按 10%的比例提取，其他类型的企业可以根据需要确定提取比例，但至少应按 10%提取。同时，当已提取的法定盈余公积已达到注册资本的 50%时，可不再提取。

（三）向股东分配利润

可供分配的利润减去提取的法定盈余公积等后，为可供投资者分配的利润，即企业的可供分配利润。在分配可供投资者分配的利润时,首先考虑是否需要支付优先股股利,公司如果存在优先股,则需要按股东会决议支付优先股股利;其次,公司章程如果约定了任意盈余公积的提取比例,或者根据股东会决议提取任意盈余公积的,则需要进一步提取任意盈余公积;最后,支付普通股股利(或向投资者分配利润)。企业以前年度未分配的利润,可以并入本年向投资者分配。

需要注意的是,股份有限公司当年无利润时,不得分配股利,但在用盈余公积弥补亏损后,经股东会特别决议通过后,可以用盈余公积分配股利。在分配股利后,公司剩余的法定盈余公积不得低于注册资金的 25%。

✎ 知识拓展

利润是一定会计期间成果的反映,而期间则是在会计分期假设下具体某段时间的统称。会计分期是指将企业持续不断的生产经营活动分割为一定期间,据以结算账目和编制财务会计报告,从而及时提供有关企业财务状况和经营成果的会计信息。会计核算遵循持续经营假设,意味着企业的经营活动在时间上将无终止地进行下去。如果等到企业经营活动全部结束时再进行盈亏核算和编制财务报告,显然是不合理的。因此,有必要进行会计分期,即人为地将持续不断的生产经营活动划分为一个个首尾相接、等间距的会计期间。

我国《企业会计准则——基本准则》规定,企业应当划分会计期间,分期结算账目和编制财务会计报告。会计期间分为年度和中期。中期是指短于一个完整的会计年度的报告期间。我国目前的会计分期采用公历日期,具体如下。

- 年度:每年 1 月 1 日起至 12 月 31 日止为一个会计年度。
- 半年度:每年 1 月 1 日起至 6 月 30 日止为上半年,7 月 1 日起至 12 月 31 日止为下半年。
- 季度:每年 1 月 1 日起至 3 月 31 日止为第一季度,4 月 1 日起至 6 月 30 日止为第二季度,7 月 1 日起至 9 月 30 日止为第三季度,10 月 1 日起至 12 月 31 日止为第四季度。
- 月度:每月 1 日起至当月最后一天为一个月度。

📚 任务训练 13-1

找一家熟悉的上市公司,了解该公司最近一次的分红情况。

🔵 任务二　了解企业股利、利润分配

一、股利、利润分配的方式

企业向投资者分配股利或利润时,采取的形式是多样化的:既可以采取现金形式,如直接发放现金股利;也可以采取非现金形式,如发放股票股利;还可以采取现金和非现金相结合的方式,如同时发放现金股利和股票股利。但不管采用哪种方式,均需要通

过股东会等企业最高权力机构的决议。

（一）以现金形式分配股利或利润

企业直接以现金形式按股东持股比例给股东发放股利或利润。现金股利是企业最常用的股利或利润分配形式之一，所发放现金股利的金额取决于企业的股利政策、经营业绩和财务状况。发放现金股利将减少公司资产负债表上的货币资金和留存收益的金额，往往会对股票价格产生直接的影响，具体表现为在股票除息日之后，企业股票价格会出现下跌。

（二）以非现金形式分配股利或利润

以非现金形式分配股利或利润，常见的有以下几种。

1．实物股利

企业以股利或利润的名义向股东发放自产产品或其他实物资产。以实物股利的方式分配股利或利润不会额外增加企业货币资金的支出，但会导致其他资产和留存收益的减少。企业极少采用实物股利方式分配股利或利润，非上市公司现金支付能力不足时可考虑采用。

2．证券股利

企业将持有的其他上市公司的股票或债券等有价证券以股利或利润分配的形式发放给股东。用于股利发放的有价证券，其流动性及安全性较好，可随时变现，因此投资者和股东普遍愿意接受。

3．债券股利

企业将计划分配的股利或利润折合成自己的债券分发给股东，债券到期时再进行支付。该种方式下企业资产总额不发生变化，但负债增加，留存收益减少，可以将其视为现金股利延期支付的方式。对股东而言，这种方式虽然不能像现金股利那样直接收到现金，但往往能获得额外的利息收入；对企业而言，这种方式虽然增加了支付利息的财务压力，但却减轻了当期现金股利的支付压力。

4．股票股利

股票股利是企业以增发股票的方式代替货币资金，按股东持股比例分发给股东。具体情况如下。

（1）在企业注册资本尚未被足额认购时，以尚未被认购的股票作为股利进行支付。假设企业注册资本为500万元，目前已被认购400万元，尚有100万元未被认购，如果企业满足股利或利润的分配条件，则可以考虑将尚未被认购的100万元股票，以股利或利润分配的方式发给现有股东。

（2）以增资的股票作为股利。企业通过增发新股的方式进一步增加注册资本，在新股发行价的基础上预先扣除当年应分配股息和红利后，将新股减价配售给老股东。企业也可以考虑在发行新股票时进行无偿增资，即现有股东无偿取得企业发行的新股。

发放股票股利的具体办法又有送股和配股两种。

送股是指企业将留存收益或资本公积转为实收资本或股本，并将增加的股票按现有股东的持股比例派送给股东。这种情况下，企业虽未收到现金，但企业实收资本或股本仍然增加，也相应地减少了企业的留存收益或资本公积。

如果企业将留存收益转为实收资本或股本，实际上是以红利送股，对股东而言是一种收益的再投资。如果企业将资本公积转为实收资本或股本，其实质上不属于股利或利润的分配，因为资本公积不是企业的利润构成部分。不管是留存收益转为股本，还是资本公积转为股本，其资本都来源于现有股东的权益，因此送股并不直接增加股东收益和权益。

配股是指企业在增发股票时，以一定比例按优惠价格配给老股东股票。配股和送股的区别在于：配股是有偿的，而送股是无偿的。企业配股会收到现金或其他资产，因此，配股会使企业的资产规模进一步扩大，而送股则不会影响企业的资产规模发生变化。配股实质上是给予老股东的一种补偿，其目的之一是保护老股东对企业的控制权。

二、股利发放的一般流程

股份有限公司向股东分配股利时，从宣告发放到实际发放主要经历的几个时间节点为股利宣告日、股权登记日、除息日和股利支付日。

（一）股利宣告日

股利宣告日即公司发布公告决定要在未来某天发放股利的日期，也就是宣布分派股利的当天。公告中将宣布股利支付的方式、每股支付的股利、股权登记日、除息日和股利支付日。

（二）股权登记日

股权登记日即有权领取本次股利的股东资格登记的截止日期。只有股权登记日之前在公司股东名册上登记的股东，才有权分享本次股利；而在这一天之后才登记的股东，不得参与此次股利分配，即使是在股利支付日之前购买股票，也无权得到本次分配的股利。

（三）除息日

除息日是指领取股利的权利与股票相分离的日期。在除息日前，股票是含息的，持有股票者即享有领取股利的权利；除息日当天或以后购买股票的投资者，则无权分享本次股利。

证券交易所一般规定股东登记日的前两个交易日为除息日，在除息日之前的股票都是含息的。除息日对股票的价格有明显的影响，在除息日前进行的股票交易，股票价格包括应得的股利收入；除息日后进行的股票交易，股票价格不包括本次股利收入，应有所降低。

（四）股利支付日

股利支付日即将股利正式支付给股东的日期，即股息支付日。从这一天开始，公司会通过各种手段（如邮寄支票、汇款、转账等）将股利支付给股东。如果涉及个人所得税，公司应作为代扣代缴义务人计算并扣除股息红利所得对应的个人所得税。

> 🔍 **业务场景**
>
> 东方财富信息股份有限公司（简称"东方财富"，股票代码为 300059）2022 年度权益分派方案具体内容如下。

（1）以总股本 13 214 162 544 股为基数，用资本公积向全体股东每 10 股转增 2 股；同时，向全体股东每 10 股派发现金股利 0.70 元（含税）。

（2）权益分派股权登记日：2023 年 4 月 17 日。

（3）除权除息日：2023 年 4 月 18 日。

（4）新增可流通股份上市日：2023 年 4 月 18 日。

（5）权益分派对象：截至 2023 年 4 月 17 日下午深圳证券交易所收市，在中国证券登记结算有限责任公司深圳分公司登记在册的公司全体股东。

东方财富近 5 年股利分配信息如表 13-1 所示。

表 13-1　东方财富近 5 年股利分配信息

公告日期	分红方案	股权登记日	除权除息日	派息日
2023-04-11	10 转 2 派 0.7 元	2023-04-17	2023-04-18	2023-04-18
2022-04-13	10 转 2 派 0.8 元	2022-04-19	2022-04-20	2022-04-20
2021-05-20	10 转 2 派 0.6 元	2021-05-26	2021-05-27	2021-05-27
2020-05-14	10 转 2 派 0.3 元	2020-05-20	2020-05-21	2020-05-21
2019-05-15	10 转 2 派 0.2 元	2019-05-21	2019-05-22	2019-05-22

东方财富 2022 年 12 月 31 日股东权益信息如表 13-2 所示。

表 13-2　东方财富信息股份有限公司 2022 年 12 月 31 日股东权益信息　　单位：元

项目	金额
实收资本（或股本）	13 214 162 544.00
其他权益工具	—
资本公积	26 074 617 376.79
其他综合收益	77 915 695.89
盈余公积	1 210 304 710.68
未分配利润	24 587 662 895.88
股东权益合计	65 164 663 223.24

根据东方财富 2022 年利润表，公司 2022 年实现净利润 85.09 亿元。

业务分析

通过东方财富 2019—2023 年的股利分配信息和 2022 年 12 月 31 日的股东权益信息，可以得到以下信息。

（1）东方财富 2019—2023 年连续 5 年都进行了股利分配，均采用了现金股利和股票股利相结合的方式。该种组合方式下，一方面，现金股利发放会导致货币资金和所有者权益减少；另一方面，股票股利发放不会导致货币资金和所有者权益减少，但会使所有者权益项目的结构发生变化。

（2）东方财富 2022 年度实现净利润 85.09 亿元，应计提盈余公积，导致公司 2022 年 12 月 31 日资产负债表中未分配利润项目金额增加至 245.88 亿元，盈余公积增加至

12.10 亿元。

（3）东方财富 2023 年 4 月 11 日宣告进行 2022 年度股利分配时，对于股票股利采用的是资本公积转增资本方式。

（4）东方财富进行 2022 年度权益分配时，使用"以总股本 13 214 162 544 股为基数，用资本公积向全体股东每 10 股转增 2 股；同时，向全体股东每 10 股派发现金股利 0.70 元（含税）"的分红方式，会导致公司的资本公积减少近 26.43 亿元，但实收资本（或股本）增加近 26.43 亿元，公司的货币资金减少近 9.25 亿元，同时未分配利润减少近 9.25 亿元。

（5）东方财富进行 2022 年度权益分配时，有关时间节点如下。

① 股利宣告日为 2023 年 4 月 11 日。

② 股权登记日为 2023 年 4 月 17 日。

③ 除权除息日为 2023 年 4 月 18 日，即股权登记日之后 1 天。

④ 派息日为 2023 年 4 月 18 日。

三、股利政策的选择

股利政策是指在法律允许的范围内，企业对于是否发放股利、以何种形式发放股利、发放多少股利、何时发放所制定的一系列方针及对策。

股利发放可以向市场传递相应信息，股利发放的连续性、增长性、及时性是大多数潜在投资者预测公司经营状况、发展前景好坏的重要依据。可见，股利政策关系到公司在市场上、在投资者心中的形象，股利政策的最终目标是使公司价值最大化，较好的股利政策有利于提高公司的市场价值。

股利政策既要保持相对稳定，又要符合公司财务目标和发展目标，常见的股利政策有以下几种。

（一）剩余股利政策

剩余股利政策是指公司在有良好的投资机会时，根据目标资本结构，测算出投资所需的权益资本额，先从盈余中留存，然后将剩余的盈余作为股利来分配。也就是说，净利润首先用于满足公司的权益资金需求，如果还有剩余，就正常派发股利；如果没有剩余，则不进行股利派发。

剩余股利政策的理论基础是股利无关理论，即在完全理想的资本市场中，公司的股利政策与普通股每股市价无关，股利政策只需跟随公司投资、融资需求确定。采用剩余股利政策时，通常按照以下步骤。

（1）设定目标资本结构，使公司的加权平均资本成本达到最低水平。

（2）确定公司的最佳资本预算，并根据公司的目标资本结构预计权益资本需求。

（3）最大限度地使用留存收益来满足权益资本需求。

（4）留存收益在满足公司权益资本需求后，若还有剩余再用来发放股利。

（二）固定或稳定增长股利政策

固定或稳定增长股利政策是指公司将每年派发的股利和利润金额固定在某一水平，或是以某一固定比率保持逐年稳定增长，如每年股利和利润分配金额为 500 万元，或每年按照上一年度分配金额的 5%增长。由此可见，固定或稳定增长股利政策与剩余股利政策不同，采用固定或稳定增长股利政策时，应首先确定股利分配金额，而且分配金额一般不随资金需求的波动而波动，同时也要求公司对未来的盈利和支付能力能做出准确的判断。该股利政策通常适用于经营比较稳定或正处于成长期的公司，但很难被长期采用。

（三）固定股利支付率政策

固定股利支付率政策是指公司每年按净利润的固定百分比分配股利，如每年按照净利润的 20%进行股利分配。该政策与固定或稳定增长股利政策相比，考虑了公司经营的不确定性，不再刻意追求股利金额的稳定或增长，不会对公司形成固定的财务支付压力，使公司盈利与股利支付金额同向变动，公司盈利越多，股利支付金额越高。

需要注意的是，由于公司每年面临的投资机会、筹资渠道存在不确定性，固定股利支付率政策通常适用于那些发展稳定且财务状况也较稳定的公司。

（四）低于正常股利增加额外股利政策

低于正常股利增加额外股利政策是指公司事先设定一个较低的正常股利额，每年除了按正常股利额向股东发放股利外，还在公司盈余较多、资金较为充裕的年份向股东发放额外股利。但额外股利并不固定化，额外股利的发放在考虑公司的盈利情况和资金需求情况后确定，并不意味着公司永久地提高了股利支付额。

四、股利政策的影响因素

股利政策一旦确定后往往会在很长一段时间内保持，因此，公司股利政策的制定需要体现科学性、合理性和实用性，政策制定过程中也会受多种因素的影响。

（一）法律因素

法律并不要求公司一定要分派股利，但对公司发放股利的原则和条件进行了明确规定，主要有防止资本侵蚀、留存盈利、无力偿付债务等规定。

（1）防止资本侵蚀，即资本保全。防止资本侵蚀的规定要求公司股利的发放不能侵蚀资本，保证公司有完整的产权基础，由此保护债权人的利益。

（2）留存盈利。留存盈利的规定与防止资本侵蚀的规定类似，要求公司股利只能从当期利润和过去累积的留存盈利中支付，公司股利的支付不能超过当期与过去的留存收益之和，但并不限制公司股利的支付额是否大于当期利润，而是充分考虑可供分配利润。

（3）无力偿付债务。无力偿付债务是指公司由于经营管理不善，出现大量亏损，致使负债超过资产，即资不抵债；或者尽管公司没有形成大量亏损而导致资不抵债，但由于公司资产的流动性差而无力偿付到期债务。

（二）契约性限制条款

公司以长期借款协议、债券契约、优先股协议及租赁合约等形式向公司外部筹资时，往往会根据对方的要求，接受一些有关股利支付的限制条款。

例如，要求除非公司的盈利达到某一水平，否则公司不得发放现金股利；或把股利发放额限制在某一盈利率或盈利百分比上。契约性限制条款进一步限制了公司的股利支付，促使企业把节省下来的股利和利润按有关条款的要求进行再投资，从而扩大公司的经济实力，进一步保障债款如期偿还，维护债权人的相关利益。

（三）公司内部情况

公司资金维持周转是其生产经营得以正常进行的必要条件。因此，公司正常的经营活动对现金的需求也会成为对股利和利润分配的限制因素。

1. 变现能力

公司现金股利的分配以不危及公司经营上的流动性为前提。如果一家公司的资产有较强的变现能力，现金来源较充裕，则它的股利支付能力也较强。如果资产的变现能力较差，公司还要强行支付现金股利，显然会进一步对公司正常的生产经营造成影响。因此，公司现金股利的支付能力，在很大程度上受其资产变现能力的限制。

2. 筹资需求

公司的筹资需求往往与其投资需求直接相关，公司的股利政策应以其未来的投资需求为基础加以确定。

3. 筹资能力

公司股利政策也受其筹资能力的限制，公司不仅要考虑其筹资能力，还要考虑其筹资成本及筹资所需时间。

通常而言，规模大、发展较为成熟、市场规模稳定的公司比一些正在快速发展的公司具有更多的外部筹资渠道。因此，它们比较倾向于多支付现金股利，较少留存盈利。正在快速发展的公司，由于具有较大的经营不确定性和对应的财务风险，因此要经历一段困难的时期，才能较顺畅地从外部获得长期资金支持。在此之前，公司所举借的长期债务不仅代价高昂，而且往往附有较多的限制条款，甚至其新发行的证券有时也难以销售。因此，一些规模小、正处于高速发展期的初创企业，往往把限制股利支付、多留存盈利作为其切实可行的筹资办法。

4. 盈利的稳定性

公司的股利政策在很大程度上受其盈利稳定性的影响。盈利稳定的公司对保持较高的股利支付率更具信心，如果一家公司的盈利较为稳定，则其股利支付率也较高。同时，收益稳定的公司由于其经营和财务风险较小，因而与其他收益不是很稳定的公司相比，其筹资能力更强，更有可能会以较低的代价通过负债来筹集资金。

5. 股权控制要求

股利政策也会受到现有股东对股权控制要求的影响。以现有股东为基础组成的董事会，在长期的经营中可能获得了一定的有效控制权，为了维持现有局面，有时也会将股利政策作为维持其控制地位的工具。

（四）股东的意愿

股东在税负、投资机会、股权稀释等方面的意愿也会对公司的股利政策产生影响，但与之相对的是，不同股东的意愿也不尽相同，公司不可能形成一种能使每位股东的财富最大化的股利政策。公司制定股利政策的目的在于对绝大多数股东的财富产生有利影响。

1. 税负

公司的股利政策可能受其股东个人所得税状况影响。如果一家公司很大比例的股东因不符合个人所得税优惠条件，或达到个人所得税的某种临界值而按高税率缴纳个人所得税，则公司股利政策将倾向于多留盈利、少分股利。由于股利收入的税率往往要高于资本利得的税率，因而这种少分派股利的政策可以给部分股东带来更多的资本利得收入，从而达到少缴纳个人所得税的目的。

2．股东的投资机会

公司将留存盈利用于再投资所得报酬低于股东个人将股利收入投资于其他投资机会所得的报酬，则股东个人就更倾向于公司留存更少的盈利，而应多支付现金股利给股东，因为此时对股东更为有利。

3．股权的稀释

高股利支付率会导致现有股东股权和盈利的稀释，如果公司支付大量现金股利，然后再发行新的普通股以融通所需资金，现有股东的控制权就有可能被稀释。另外，随着新普通股的发行，流通在外的普通股股数必将增加，最终将导致普通股的每股盈利和每股市价下降，从而对现有股东产生不利影响。

素质拓展

股东是持有股份制公司相关股份的人，中小股东通常是指除公司董事、监事、高级管理人员，以及单独或者合计持有公司 5%以上股份的股东以外的其他股东，因其持股比例较低又被称为少数股东。

中小股东权益保护是指当中小股东相关权益与大股东的相关利益发生冲突时，在不违背公平原则和同股同权原则的基础上出台的一系列保护机制和运作机制。这一方面是为了缓解中小股东和大股东之间的矛盾，另一方面也是为了推动我国公司相关法制的完善和国民经济的良性发展。

2024 年 7 月 1 日起施行的新《公司法》进一步完善了对中小股东权利保护的相关规定，其中包括：当控股股东滥用股东权利，严重损害公司或者其他股东利益时，其他股东有权请求公司按照合理的价格收购其股权；完善股份有限公司股东查阅、复制公司有关材料的规定；增加公司不得提高临时提案股东持股比例的规定；规定公司减少注册资本，应当按照股东出资或者持有股份的比例相应减少出资额或者股份，法律另有规定的除外等相关保护措施。

任务训练 13-2

在网上查找一家近年来连续进行分红的上市公司，分析其分红的方式和影响其选择该分红方式的主要原因。

专题五　管钱

模块 14
资产负债表分析

学习目标

【知识目标】

1. 熟悉财务报表的基础知识
2. 理解资产负债表的结构与作用
3. 掌握资产负债表主要项目的分析方法
4. 了解偿债能力主要指标的分析与应用

【能力目标】

1. 能说出财务报表包括的内容
2. 能根据资产负债的结构阐述企业资产的来源
3. 能根据资产负债表主要项目判断企业的财务实力、行业特点
4. 能用偿债能力主要指标分析企业债务风险

【素质目标】

1. 提升搜寻上市公司公开财务信息的能力
2. 培养阅读资产负债表、了解企业财务状况的能力
3. 培养通过关键财务指标判断企业偿债风险的能力

引例

沃伦·巴菲特是世界上最成功的投资者之一，他的公司伯克希尔·哈撒韦在过去的几十年里实现了惊人的增长。沃伦·巴菲特的成功之处在于他对目标公司的财务状况进行了深入的分析和研究，并且只投资他认为"安全"和"理智"的企业。他善于利用资产负债表和其他财务报表来评估一家公司的价值和潜力。

2017 年宣布破产的欧洲航空公司，曾经是一家在欧洲范围内拥有庞大航线网络的航空公司。由于高管们忽视了资产负债表和其他财务报表的重要性，致使该公司的财务状况持续恶化。事后，调查发现欧洲航空公司的负债高达 20 亿欧元，而资产只有 10 亿欧元左右，公司早已陷入了无法挽回的困境。

【点评】

资产负债表是企业对外报送的主要财务报表之一。如果欧洲航空公司高管们重视资产负债表传递的信息，提前关注到公司负债增长速度过快，努力减少借款和其他负债，防止负债高于净资产的情况出现，欧洲航空公司也许就不会破产。透过这两则引例，资产负债表的重要地位和作用可见一斑。

任务一　了解财务报表的基础知识

一、财务报表的发展历程

在古代，商人需要记录他们的交易情况和收益，以便了解他们的财务状况和做出更明智的商业决策。随着商业活动的发展，财务报表变得越来越重要。财务报表的现代形式可以追溯到 19 世纪。最早的财务报表是资产负债表和利润表，它们被用来记录企业的财务状况和经营成果。后来，现金流量表也被添加到财务报表中，以提供更全面的财务信息。

随着时间的推移，财务报表的规模和复杂性不断增加。现代财务报表的编制需要遵守各种法规和会计准则，以确保财务信息的准确性和可靠性。财务报表已成为评估企业财务状况和业绩的重要工具，对于投资者、分析师和管理层都具有重要意义。

现代财务报表是对企业财务状况、经营成果和现金流量的结构性表述，是财务会计报告的重要组成部分，是企业对外传递会计信息的主要途径。财务报表主要包括资产负债表、利润表和现金流量表，通常简称"财报"。

二、财务报表的内涵

资产负债表是反映企业在某一特定日期财务状况的财务报表。资产负债表列出了企业在某一特定时间点的资产、负债和所有者权益。资产是企业拥有的资源，如现金、存货、设备、房地产等；负债是企业欠他人的债务，如贷款、应付账款、应交税费等；所有者权益是指企业的资产扣除负债后，由所有者享有的剩余权益。企业的所有者权益又称为股东权益。

利润表是反映企业在一定会计期间经营成果的财务报表。利润表记录了企业在一定时间内的收入、成本费用和利润。收入通常来自销售、投资和其他经营活动，成本费用包括成本（如原材料、劳动力成本等）和期间费用（如管理费用、销售费用等），利润是收入减去成本费用后的余额。

现金流量表是反映企业在一定会计期间现金和现金等价物流入、流出状况的财务报表。现金流入通常来自销售、投资和筹资活动，现金流出包括购买资产、支付薪酬、支付利息和股息等。

三、财务报表的种类

不同性质的会计主体，其核算的具体内容和经济管理要求不同，财务报表的分类也不尽相同。财务报表可以根据需要，按不同标准进行分类。

（一）按编制时间划分

按编制时间不同，财务报表可以分为月度财务报表（月报）、季度财务报表（季报）、半年度财务报表（半年报）和年度财务报表（年报）。月报要求简明扼要，及时反映企业资金的变动情况；季报和半年报提供的会计信息比月报详细；年报是企业向投资者和其他利益相关者披露财务状况和经营成果的重要文件，其内容披露的严谨性对于企业的声誉至关重要。企业需要对其年报进行审计，以确保其报表的真实性和完整性。因此，年报的内容披露需要非常谨慎，确保其报告的内容准确、完整、及时、可比和易懂。这样才能保证年报的质量和价值，提高企业的财务透明度和信任度。

（二）按编制主体划分

按编制主体不同，财务报表可分为母公司财务报表和合并财务报表。母公司财务报表是指母公司单独编制的财务报表，反映了母公司自身的财务状况和经营成果。合并财务报表是指母公司与其子公司合并编制的财务报表，反映了整个集团的财务状况和经营成果。合并财务报表通常包括合并资产负债表、合并利润表、合并现金流量表等。

（三）按服务对象划分

按服务对象的不同，财务报表可分为内部财务报表和外部财务报表。内部财务报表是公司内部使用的财务报表，用于管理层和内部员工了解公司的财务状况和经营情况。内部财务报表使用范围有限，只面向公司内部人员；报表内容更加详细，包含更多的财务指标和数据；报表制作和审计标准相对宽松，更加灵活。外部财务报表是公司向外界披露的财务报表，用于向股东、投资者、债权人等外部利益相关者展示公司的财务状况和经营情况。外部财务报表使用范围广泛，面向公司外的利益相关者；报表内容相对简略，只包含必要的财务指标和数据；报表制作和审计标准相对严格，需要遵守相关的会计准则和法规。

四、财务报表信息的主要来源

财务报表信息有较为广泛的来源，主要可以通过证券交易所、公司官网、财经媒体和财务数据提供商 4 种渠道获得。

（一）证券交易所

上市公司在证券交易所挂牌上市，交易所会公开披露上市公司的财务信息，包括财务报表、公告、公告解读等。常见的证券交易所有上海证券交易所、深圳证券交易所、香港证券交易所、纽约证券交易所、纳斯达克证券交易所。

（二）公司官网

一般上市公司都会在自己的官网上公开披露财务信息，包括财务报表、公告、投资者关系等。有一些非上市公司也会在自己的官网上公开披露财务报表，如华为。

（三）财经媒体

财经媒体是指专门报道与分析财经、金融和投资领域的媒体。这些媒体通常会涵盖股票、债券、商品、外汇、基金、保险等多个领域，以及经济政策、全球经济形势、公司财务报表等方面的内容。常见的财经媒体有东方财富网、新浪财经网、中国证券网等。

（四）财务数据提供商

财务数据提供商如 Wind、Choice 等，提供丰富的财务数据和分析工具，可以帮助投资者更好地了解上市公司的财务状况。

知识拓展

根据中国证监会发布的《上市公司信息披露管理办法》，有以下规定。

一季度财务报表：会计期间是公历每年的 1 月 1 日至 3 月 31 日，上市公司需要在每年的 4 月 30 日前披露当年第一季度的财务报表。

半年度财务报表：会计期间是公历每年的 1 月 1 日至 6 月 30 日，上市公司需要在每年的 8 月 31 日前披露当年上半年的财务报表。

三季度财务报表：会计期间是公历每年的 1 月 1 日至 9 月 30 日，上市公司需要在每年的 10 月 31 日前披露当年前三个季度的财务报表。

年度报表：会计期间是公历每年的 1 月 1 日至 12 月 31 日，上市公司需要在次年的 4 月 30 日前披露上一年度的财务报表。

任务训练 14-1

归纳财务报表的分类图，简述不同分类下财务报表反映的内容。

任务训练 14-2

找一家熟悉的上市公司，在其上市的证券交易所官网，搜索该上市公司最近一年的年度财务报表。

任务二　阅读资产负债表

一、资产负债表的性质与作用

资产负债表是根据"资产=负债+所有者权益"的会计等式，按照一定的分类标准和顺序，将企业某具体时日的资产、负债和所有者权益项目予以适当排列，按照一定要求编制而成的。它是反映企业财务状况的静态报表。

资产负债表内各项目是按照流动性排列的。资产负债表立足于企业产权角度，反映了企业特定日期的财务状况。一方面，资产负债表揭示了企业在特定日期所持有的不同形态资产的价值存量；另一方面，资产负债表反映了企业在特定日期对不同债权人承担的偿债责任和对投资人净资产的价值归属。

对报表使用者来说，资产负债表通常能发挥以下 4 个方面的作用。

（一）揭示企业的资产总额及其分布

报表使用者通过资产负债表的资产项目，可以了解企业拥有的经济资源总额及其分布，可以计算出企业流动资产、长期股权投资、固定资产及无形资产等各项资产在总资产中的比重，分析资产的构成是否合理，从而评价企业的财务状况。

（二）揭示企业的权益总额及其结构

报表使用者通过资产负债表的权益项目，可以了解企业资产的来源渠道、债权人权益与投资者权益的比例关系，以及企业流动负债和非流动负债在债务总额中所占的比重，分析企业财务风险程度及未来的发展潜力。

（三）了解企业的长短期偿债能力和现金支付能力

短期偿债能力主要靠流动资产的流动性来衡量。资产负债表中流动资产与流动负债的相关信息能够反映资产的流动性，这些信息有助于评价企业的短期偿债能力和现金支付能力。同时，长期投资与长期负债的相关信息能够反映企业的长期偿债能力。

（四）预测企业的财务状况发展趋势

报表使用者通过资产负债表年末数和年初数的对比分析，可以了解企业财务状况的变动趋势；通过编制比较资产负债表，还可以对这种趋势产生的原因做出更深入的分析与评价。

二、资产负债表的结构

我国企业的资产负债表采用账户式结构。账户式资产负债表分左、右两边。左边为资产项目，主要包括流动资产和非流动资产两部分，从上到下流动性和转换能力递减。流动资产流动性大，排在前面，包括货币资金、应收账款、存货、其他流动资产等；非流动资产流动性小，排在后面，包括长期股权投资、固定资产、无形资产等。右边为负债和所有者权益项目，从上到下到期时间递增。例如，短期借款、应付账款、应付职工薪酬、应交税费、其他流动负债等需要在 1 年以内或者长于 1 年的一个正常营业周期内偿还的流动负债排在前面，长期借款和应付债券等 1 年以上才需要偿还的非流动负债排在中间，在企业清算之前不需要偿还的所有者权益项目排在后面。所有者权益项目包括实收资本（或股本）、资本公积、盈余公积、未分配利润等。

账户式资产负债表的资产各项目的合计等于负债和所有者权益各项目的合计，即资产负债表左边和右边平衡。因此，账户式资产负债表，可以反映资产、负债和所有者权益之间的内在关系，即"资产=负债+所有者权益"。账户式资产负债表的格式如表 14-1 所示。

表 14-1　资产负债表

会企 01 表

编制单位：　　　　　　　　　　____年____月____日　　　　　　　　　　单位：元

资产	期末余额	上年年末余额	负债和所有者权益（或股东权益）	期末余额	上年年末余额
流动资产：			流动负债：		
货币资金			短期借款		
交易性金融资产			交易性金融负债		
衍生金融资产			衍生金融负债		
应收票据			应付票据		
应收账款			应付账款		
应收款项融资			预收款项		
预付款项			合同负债		
其他应收款			应付职工薪酬		

续表

资产	期末余额	上年年末余额	负债和所有者权益（或股东权益）	期末余额	上年年末余额
存货			应交税费		
合同资产			其他应付款		
持有待售资产			持有待售负债		
一年内到期的非流动资产			一年内到期的非流动负债		
其他流动资产			其他流动负债		
流动资产合计			流动负债合计		
非流动资产：			非流动负债：		
债权投资			长期借款		
其他债权投资			应付债券		
长期应收款			其中：优先股		
长期股权投资			永续债		
其他权益工具投资			租赁负债		
其他非流动金融资产			长期应付款		
投资性房地产			预计负债		
固定资产			递延收益		
在建工程			递延所得税负债		
生产性生物资产			其他非流动负债		
油气资产			非流动负债合计		
使用权资产			负债合计		
无形资产			所有者权益（或股东权益）：		
开发支出			实收资本（或股本）		
商誉			其他权益工具		
长期待摊费用			其中：优先股		
递延所得税资产			永续债		
其他非流动资产			资本公积		
非流动资产合计			减：库存股		
			其他综合收益		
			专项储备		
			盈余公积		
			未分配利润		
			所有者权益（或股东权益）合计		
资产总计			负债和所有者权益（或股东权益）总计		

格式说明：财政部财会〔2019〕6 号一般企业财务报表格式（适用于已执行新金融准则、新收入准则和新租赁准则的企业）

　　企业对外披露的资产负债表需要符合财政部规定的基本格式，同时在会计准则规定的范围内，根据不同企业的业务特点，可增加或补充个别资产负债表项目。投资者在阅读资产负债表时，需要结合具体企业的行业类别、经营范围、产品特点理解资产负债表项目反映的内容。

三、阅读资产负债表主要项目

（一）阅读资产类主要项目

资产负债表的项目较多，每个企业因为主营业务的差异涉及的资产负债表具体项目也有很大不同，以下将以大多数企业可能会涉及的主要项目进行讨论。

1. 货币资金

货币资金反映企业库存现金、银行存款和其他货币资金的合计数。货币资金是企业资产中流动性最强的资产，也是盈利能力最弱的资产。货币资金是企业的"血液"，保障企业日常的支付能力和财务弹性。企业的货币资金并不是多多益善，货币资金积压过多，反而意味着企业资金运作效率较低。因此，企业应该结合经营规模、行业特点、融资能力、其他短期资产变现的能力和短期负债的水平，合理确定最佳的货币资金持有量，避免货币资金过多或者过少给企业带来不必要的损失。

2. 应收票据

应收票据是指企业因销售商品或提供劳务而收到的商业汇票。按承兑人的不同，商业汇票分为商业承兑汇票和银行承兑汇票两种形式。银行承兑汇票相较于商业承兑汇票，其承兑人是银行，信用程度更高，风险更小，因此，被企业广泛接受。

3. 应收账款

应收账款是企业对外销售产品、提供劳务而应向购货单位或者接受劳务方收取的款项。一般来说，应收账款的金额与主营业务收入金额成正相关关系。正常情况下，应收账款在一年内应该能够收回，所以属于流动资产。

知识拓展

一般来说，企业的应收账款与其主营业务收入存在一定的正相关关系。当企业放松信用限制时，往往会刺激产品销售，但同时也会增加应收账款；而企业收缩信用限制时，在减少应收账款时又会影响产品销售。因此，如果应收账款的增长率明显大于主营业务收入的增长率，则说明应收账款过多。

企业通常应按应收账款余额的一定百分比来提取坏账准备。首先，企业应收账款的结余越多，发生坏账损失的风险就越大。从这个意义上说，应收账款越少越好。其次，应收账款反映本企业的资金被赊购单位占用，并且一般是无偿占用的，不付利息，体现的是一种资金消耗。在企业资金总量一定时，应收账款占用越多，资产的使用效率越低，还可能导致现金短缺。从这个意义上说，应收账款越少越好。要减少应收账款并不容易，企业一方面需要增强主营产品的市场竞争力，另一方面还需加强对赊销方式的管理。

4. 存货

存货是指企业在正常的生产经营活动中持有以备出售的产品、处在生产过程中的在产品、在生产过程或提供劳务过程中耗用的材料和物料等，包括原材料、在产品、半成品、产成品、库存商品、包装物、低值易耗品、委托代销商品、委托加工物资等。

实际工作中对存货的分析主要关注以下几点。

（1）存货结构的合理性。存货结构是指企业的存货占总资产的比例。一般来说，每一个行业都有其独特的存货结构。如果企业的存货占总资产的比例明显超过同行业的平均水平，则往往说明存货过多。

（2）存货规模的合理性。一般来说，存货与营业收入规模正相关。企业的营业收入规模越大，存货规模越大；企业的营业收入越少，存货规模越小。因此，如果存货的增长率明显大于营业收入的增长率，则说明存货过多。

（3）存货的周转速度。存货周转速度可用存货周转率衡量，存货周转率计算公式如下：

$$存货周转率=营业成本÷存货平均余额$$

存货周转率是常用的阅读资产负债表的指标，在各种财经媒体网站上可以查询。一般应将目标企业的存货周转率与同行业其他企业的情况进行比较。如果企业的存货周转率明显低于同行业的平均水平，则往往说明存货周转速度慢，存货过多。

5. 固定资产

固定资产是指企业为生产商品、提供劳务或经营管理而持有的，且使用寿命超过一个会计年度的有形资产。固定资产是企业经营规模的标志，是企业最重要的非流动资产之一，是企业经济效益和竞争力的源泉。高质量的固定资产应当表现为：第一，技术装备水平较高，能够将符合市场质量需要的产品推向市场并获得利润；第二，结构合理，符合行业特征。

一般情况下，设备、厂房越新，技术装备水平越高；设备、厂房越旧，技术装备水平越低。判断技术装备水平主要使用固定资产综合成新率，即固定资产账面价值占固定资产原值的比率。

一般来说，不同类型的企业会有不同的固定资产结构。例如，金融类企业主要的盈利性资产是贷款，固定资产对其并不十分重要，所以银行的固定资产占总资产的比例相对较低；对制造业企业来说，固定资产通常为厂房、机器设备、运输工具等，固定资产是企业组织生产的核心资源，同时企业还需要相当一部分存货才能保证正常生产，因此固定资产占总资产的比例适中；对电力企业来说，主要产生盈利的电厂机组就是固定资产，所以其占总资产的比例会非常高。因此，判断固定资产结构是否合理，需要将企业的固定资产占总资产的比例与同行业的企业进行比较。如果企业的固定资产占总资产的比例明显超过同行业的水平，则往往说明固定资产过多，企业大量的资金被厂房、设备占用，创造利润的效率不高。

在资产负债表上，固定资产项目反映资产负债表日企业固定资产的期末账面价值。该项目根据"固定资产"科目期末余额，减去"累计折旧"和"固定资产减值准备"等科目期末余额后的金额填列。折旧有多种计提方法，反映固定资产在使用中的磨损程度。

6. 无形资产

无形资产是指企业拥有或者控制的、没有实物形态的可辨认非货币性资产，包括专利权、非专利技术、商标权、著作权、土地使用权、特许经营权等。与固定资产类似，资产负债表上的无形资产项目，反映的是无形资产的账面价值，按无形资产取得成本减去累计摊销和无形资产减值准备后的金额填列。

知识拓展

大多数科技创新类企业、需要产业转型升级的企业，会随着社会科技进步和知识创新步伐的加快，加大投入无形资产的研究和开发，企业无形资产占总资产的比例会越来越大，并构成这类企业的核心竞争力和未来价值创造的主要来源。因此，衡量科技类企业的价值创造能力时，需要更多关注其无形资产的绝对金额及其占总资产的比例变化情况。

同时，由于会计准则的限制，资产负债表中的无形资产项目反映的金额，仅仅是企业所控制的全部无形资源的一部分，有的甚至是很小的一部分。目前会计准则暂时没有找到理想的、适当的计量方法对无法准确计量的无形资源进行记录，如人力资源、品牌、企业文化、企业的供应链、社会网络渠道等。

7. 资产总计

资产总计代表着企业的经营规模，资产越多，说明企业可用于赚取收益的资源越多，可用于偿还债务的资产保障越多。将资产总计与同行业企业相比较，可判断企业规模在同一行业中是否处于龙头地位；对连续多年的资产总计进行纵向比较，还可判断企业持续发展的潜力。

素质拓展

资产总计涵盖了企业能控制的全部资源，在规模上反映了企业的市场地位和持续发展潜力。国家的发展是否也有类似的资产负债表呢？

2020 年 12 月，中国社科院国家金融与发展实验室、中国社科院金融研究所发布了《中国国家资产负债表 2020》。这份报告包含了 2000—2019 年的中国国家资产负债表数据，通过这些数据来"摸清家底"。

那么，我们国家的"家底"有多少？人均拥有多少财富呢？报告数据显示，中国社会总资产已经由 2017 年的接近 1 400 万亿元，上升到 2019 年的 1 655.6 万亿元；2019 年的社会总负债达到 980.1 万亿元，社会净财富为 675.5 万亿元。报告数据还显示，经过多年的发展，中国 GDP 已经由 2000 年的 10 万亿元，攀升到 2019 年的接近 100 万亿元；财富存量由 2000 年的不到 39 万亿元，上升到 2019 年的 675.5 万亿元。2000—2019 年，中国名义 GDP 的复合年均增速为 12.8%，社会净财富的复合年均增速为 16.2%。

从这些数据可以看出，中国近 20 年来社会净财富增速高于名义 GDP 增速。报告认为，中国社会净财富相对于 GDP 以更快的速度增长主要来自两方面的贡献，分别是较高的储蓄率和较大的价值重估效应。未来可能随着经济结构的转型，中国从过去的高速发展转向高质量发展。中国的国家资产负债表无论是从资产还是债务方面，都会实现更多并且更好的转型和调整。

（二）阅读负债类主要项目

1. 应付账款

应付账款是指企业因购买材料、商品或者接受服务等经营活动而应付给供应单位的款项。它是企业在采购等业务活动中，以自身的信用作保证，用赊购方式向供应商或其他债权人购买商品或服务而形成的一种短期债务。应付账款余额表明企业占用了其他企业的资金额度。应付账款余额较大的企业说明其能够通过与供应商的谈判获得更多的优惠，如更低的价格或更好的采购条件。这可以帮助企业减少资金使用量，提高购买力，从而获得更多的竞争优势。

2. 合同负债

合同负债是指企业已收或者应收客户对价而应向客户转让商品的义务。合同负债金额反映企业在向客户转让商品之前，已经收到的合同价款或者已经取得的收取合同价款权利的金额。这种负债通常只需公司在未来交付商品或者提供劳务偿还，无需支付现金，属于无息负债，是企业的良性负债。

3. 应付职工薪酬

应付职工薪酬是企业为了获取职工提供的服务或解除劳动关系而给予职工的各种形式的报酬或者补偿。应付职工薪酬的内容包括短期薪酬、离职后福利、辞退福利与其他长期薪酬。比较资产负债表该项目历史数据呈现的变化趋势，可以了解企业生产经营规模是在扩张还是在缩减。结合应付职工薪酬报表列示金额和财务报告提供的员工总数，可以大致了解员工人均年收入，将其与同行业企业的相应指标进行对比，可判断企业在同行业中吸引人才的优劣势。

（三）阅读所有者权益类主要项目

1. 实收资本（或股本）

实收资本（或股本）是指企业按照章程规定或合同、协议约定，接受投资者投入企业的资本。一般有限责任公司叫实收资本，股份有限公司叫股本，股本金额等于股份面值和股份总额的乘积。实收资本的构成比例或股东的股份比例，是确定所有者在企业所有者权益中所占份额的基础，也是企业进行利润或股利分配的主要依据。

实收资本（或股本）反映了股东投入企业的资本规模，是企业持续经营最稳定的物质基础之一，对企业的偿债能力、财务风险都会产生重大影响。

> 📝 **知识拓展**
>
> 我国实行的是实收资本制度，注册公司时注册资本可以是认缴金额，后续股东将认缴金额实际存入公司或者将财产转移到公司，即股东实缴注册资本到位，资产负债表上才反映为实收资本（或股本）。因此，可以把实收资本（或股本）与公司的注册资本相比较，判断公司注册资本是否及时足额到位，是否存在抽逃注册资本的情况。

2. 资本公积

资本公积是企业收到投资者出资额超出其在注册资本（或股本）中所占份额的部分（即资本溢价），以及其他资本公积等。我国《公司法》规定，企业形成的资本公积主要用来转增资本（或股本）及弥补亏损。上市公司分红方案中常常出现的类似"10

转 3"的分配方案，反映的就是公司将资本公积转化为股本，投资者的股份数会增加，但享有上市公司的权益不会增加，因为转增股本并没有改变股东的权益，只是增加了股本的规模。

3. 未分配利润

未分配利润是指企业实现的净利润经过弥补亏损、提取盈余公积和向投资者分配利润后留存在企业的、历年结存的利润。未分配利润通常能反映企业的盈利能力和财务状况。未分配利润的增加通常意味着企业在过去一段时间内取得了良好的业绩，同时也表明企业未来有更多的机会进行投资和发展。

如果企业的未分配利润持续增加，说明企业的盈利能力较强，同时也为企业未来的发展提供了更多的资金支持。反之，如果企业的未分配利润持续下降，可能表明企业的盈利能力正在下降，或者企业正在进行大规模的投资和扩张活动。

> **任务训练 14-3**
>
> 任选一家白酒类上市公司，用以上方法阅读其最近一年年报中的资产负债表重点项目，并与贵州茅台的相关项目进行横向比较，看看有什么收获。

任务三 分析企业偿债能力

企业偿债能力是指企业在债务到期时，能够按时足额偿还债务的能力。偿债能力分析包括短期偿债能力分析和长期偿债能力分析。

一、分析企业短期偿债能力

企业需要重视短期偿债能力，因为短期偿债能力是企业生存和发展的基础，它关系到企业能否及时偿还短期债务，保持正常的经营活动，维持企业信誉和声誉，以及吸引投资者和获得融资的能力。企业的短期偿债能力弱，可能会导致资金链断裂，影响企业的经营和发展。

短期偿债能力是指企业在短期内偿还到期债务的能力，主要涉及企业的流动资产和流动负债。分析短期偿债力的数据一般通过企业的资产负债表取得。常用的分析企业短期偿债能力的财务关键指标有流动比率、速动比率、现金比率等。

（一）流动比率

流动比率是指企业流动资产与流动负债的比率，反映企业动用流动资产偿还流动负债的能力。一般来说，流动比率在 2 以上为较好的水平。其计算公式如下。

$$流动比率 = \frac{流动资产}{流动负债}$$

（二）速动比率

速动比率是指企业除去存货后的流动资产与流动负债的比率，反映企业在短期内除去存货后的流动资产偿还流动负债的能力。一般来说，速动比率在 1 以上为较好的水平。其计算公式如下。

$$速动比率 = \frac{流动资产 - 存货}{流动负债}$$

（三）现金比率

现金比率是指企业货币资金与流动负债的比率，反映企业在短期内用货币资金偿还流动负债的能力。一般来说，现金比率在 0.2 以上为较好的水平。其计算公式如下。

$$现金比率 = \frac{货币资金}{流动负债}$$

✎ 知识拓展

华为公司是一家在全球范围内拥有广泛影响力的科技公司。在短期偿债能力方面，华为公司表现出色。根据华为公司的 2019 年年报，其流动比率为 1.55，速动比率为 1.23，现金比率为 0.81。这些指标均高于行业平均水平，表明华为公司有足够的流动资产来偿还短期债务，具备良好的短期偿债能力。反观乐视网，其资产负债表呈现出完全不同的短期偿债能力。乐视网是一家曾经在中国互联网行业颇有影响力的公司。然而，该公司在短期偿债能力方面表现不佳。根据乐视网 2019 年年报，其流动比率为 0.49，速动比率为 0.44，现金比率为 0.16。这些指标均低于行业平均水平，表明乐视网缺乏足够的流动资产来偿还短期债务，其短期偿债能力较差。

二、分析企业长期偿债能力

长期偿债能力主要用于衡量企业偿付未来到期（一般超过 1 年）债务的能力，包括偿还本金和支付利息的能力。企业需要重视长期偿债能力，因为它关系到企业的长远发展和稳定性。如果企业无法按时偿还长期债务，可能会导致企业信誉受损、资金链断裂、经营困难甚至破产等问题。

与短期偿债能力不同，长期偿债能力主要关注企业的长期资产和长期负债。常用的分析长期偿债能力的关键指标有资产负债率、产权比率、权益乘数。

（一）资产负债率

资产负债率指标用于衡量企业负债总额占全部资产的比例，反映企业的负债风险程度。资产负债率越高，企业的负债风险越大，偿债能力越弱。但是，资产负债率过低也不利于企业的发展，因为过低的资产负债率可能意味着企业没有充分利用借贷资金来扩大规模和提高效益。一般来说，资产负债率在 60% 以下被认为是比较正常的范围。其计算公式如下。

$$资产负债率 = \frac{负债总额}{资产总额} \times 100\%$$

资产负债率主要用于同行业不同企业间的对比分析，判断企业在行业中的长期偿债风险处于何种水平。不同行业的资产负债率有较大的差异。例如，白酒企业的资产负债率常常低于 30%，而房地产企业的资产负债率常常高于 60%。若将资产负债率在不同行业的企业间对比，由于行业特点不同，无法得出有意义的比较结果。

（二）产权比率

产权比率反映由债权人提供的资本与股东提供的资本的相对关系，以及企业基本财务结构是否合理。产权比率高，是高风险、高报酬的财务结构；产权比率低，是低风险、低报酬的财务结构。一般来说，产权比率应该小于 1。其计算公式如下。

$$产权比率=\frac{负债总额}{股东权益}$$

（三）权益乘数

权益乘数用于衡量企业股东权益的杠杆作用，反映企业利用借贷资金来扩大规模和提高效益的能力。权益乘数越高，说明企业利用借贷资金的效果越好，但是也可能意味着企业的长期偿债风险越大。一般来说，权益乘数在 2～3 被认为是比较正常的。其计算公式如下。

$$权益乘数=\frac{资产总额}{股东权益}$$

知识拓展

中国石油天然气股份有限公司（以下简称"中国石油"）作为中国最大的石化企业之一，在长期偿债能力方面表现出色。根据其 2020—2022 年年报，其资产负债率基本稳定在 42%～45%，产权比率为 0.82～0.90，权益乘数在 1.74～1.82。这些指标的表现均好于行业平均水平，表明中国石油有足够的长期资产来偿还长期债务，具备良好的长期偿债能力。

乐视网不仅在短期偿债能力方面表现不佳，其长期偿债能力同样薄弱。根据其 2019 年年报，其资产负债率为 351.3%。该指标表明乐视网缺乏足够的长期资产来偿还长期债务，其长期偿债能力弱。最终，该公司于 2020 年因为资金链断裂而陷入困境。

任务训练 14-4

在网上查找乐视网 2019 年的资产负债表，将其短期偿债指标和长期偿债指标数值与同行凤凰传媒的同类指标进行比较，分析其陷入经营困境的原因。

模块 15　利润表分析

学习目标

【知识目标】

1．理解利润表的作用
2．掌握利润表的基本内容和具体结构
3．掌握与利润表主要项目有关的常规分析
4．了解盈利能力主要指标的分析与应用

【能力目标】

1．能根据利润表的结构阐述企业利润的来源
2．能根据利润表的主要项目评价企业的获利能力
3．能用盈利能力主要指标分析企业发展趋势

【素质目标】

1．提升搜寻上市公司公开财务信息的能力
2．培养通过利润表了解企业经营成果的能力
3．培养通过关键财务指标分析企业盈利能力及发展趋势的能力

引例

史蒂夫·乔布斯作为苹果公司的创始人之一和前 CEO，他的创新思维和对细节的关注推动了苹果产品的不断发展和改进，从而提高了产品的盈利能力。苹果公司的产品 iPhone、iPad 和 Mac 等，在市场上有很高的声誉。这些产品的高利润率和销售量的增长为公司的盈利能力提供了强大的支撑。苹果公司注重用户体验，通过其生态系统中的高附加值服务，如 iCloud、Apple Music 和 App Store 等，实现了持续的盈利增长。这些服务为用户提供了更多的选择和便利，同时也为苹果公司带来了稳定的收入。

现任 CEO 蒂姆·库克在供应链管理方面表现出色。他通过优化供应链、降低成本和提高效率，在全球范围内积极扩大市场，特别是在中国等新兴市场的发展上取得了巨大成功，帮助苹果公司实现了更高的利润率。他的供应链管理策略为公司提供了更好的控制成本和提高利润的机会。

　　相反，诺基亚是一家曾经在移动通信领域占据主导地位的公司。没有及时推出具有竞争力的产品，导致诺基亚在智能手机市场上错失了发展机遇，并逐渐被其他竞争对手取代。诺基亚手机业务的盈利能力逐渐弱化，最后不得不退出手机市场。

　　【点评】利润表是反映企业经营成果的核心报表，阅读与分析利润表可以帮助我们深入了解企业的盈利能力。诺基亚在过去是手机市场的领导者时，如果能及时意识到智能手机的潜力和市场需求的变化，从利润表中洞察到利润率持续走低，加大对智能手机技术的研发投资，并推出具有创新功能和设计的产品，同时重视生态系统建设，或许能够留住更多的用户，就不会失去手机市场。这些持续的投入和改进，会在利润表中得到反映。

任务一　阅读利润表

一、利润表的性质与作用

　　利润表又称损益表，是反映企业在一定会计期间经营成果的报表。它是在会计凭证、会计账簿等会计资料的基础上进一步确认企业一定会计期间经营成果的结构性表述，综合反映企业利润的实现过程和利润的来源及构成情况，是对企业一定会计期间经营业绩的系统总结。

　　利润表与资产负债表不同，它是根据"收入－费用=利润"的会计等式编制而成的动态时期报表，主要揭示企业一定时期（月、季、年）的收入实现情况、费用耗费情况以及由此计算出的企业利润（或亏损）情况。

　　按照《企业会计准则——基本准则》的规定，企业的利润主要由营业利润、利润总额、净利润3个层次构成，详细揭示企业收益的形成过程，以便使用者理解企业经营成果的不同来源。

　　如果把资产负债表比喻为反映企业某一时点财务状况的"照片"，利润表则类似反映企业经营情况的一段"视频"。这段"视频"有开始和结束，而利润表主要记录这一期间发生了多少收入和多少费用，最终是盈利还是亏损。

　　利润表反映了因为盈利活动而引起的资产负债表中的权益变化，并最终通过所有者权益表现出来。利润表与资产负债表的勾稽关系如图15-1所示。所有者权益的期末余额包含了本期取得的净利润。

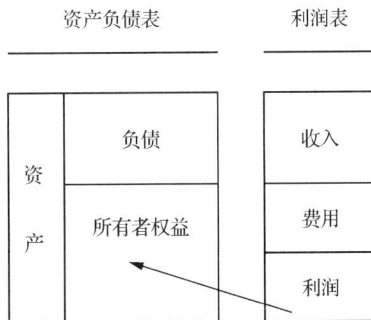

图 15-1　利润表与资产负债表的勾稽关系

知识拓展

勾稽关系是指一种以"勾连""稽考"形式相互依存协作的关系。会计中的勾稽关系指会计账簿和报表中有关指标、数字之间所存在的具有必然性，并可据以相互查证及核对的关系。

分析企业会计账簿和报表勾稽关系所涉及的内容主要包括对财务报表内部项目之间勾稽关系的分析、对财务报表与财务报表项目之间勾稽关系的分析、对报表中部分项目之间勾稽关系的分析、对前后期财务报表之间勾稽关系的分析以及对财务报表主表与附表之间勾稽关系的分析。

分析企业会计账簿和报表的勾稽关系，有利于财务报表使用者对企业的财务状况、经营成果、现金流量进行全面的了解，同时也能为完善企业生产经营的目标提供数据支持。

利润表的列报更贴近日常生活，人们对于利润表的理解相较于资产负债表更容易。分析利润表有助于报表使用者了解企业的利润规模，也有助于使用者把握企业利润的质量，进而科学地判断企业的盈利能力，做出正确的决策。对报表使用者来说，利润表通常能发挥出以下 4 个方面的作用。

（一）反映企业实现收入的规模和成本耗费水平

企业在生产经营活动中，不断地发生各种费用，同时取得各种收入。利润表可以提供企业在一定期间内的收益情况、成本费用情况，以及资金投入和产出的比例关系，可以使报表的使用者了解企业的经营业绩和财务成果，分析企业盈亏形成的原因。

（二）揭示利润的变化趋势，预测企业未来的获利能力

现行《企业会计准则第 30 号——财务报表列报》与《企业会计准则第 33 号——合并财务报表》均要求编制的利润表必须是涉及两个年度的比较报表。分析企业前后期的营业利润、投资收益和营业外收支等项目的增减变动情况，可以预测企业未来的盈利趋势。分析企业利润总额增减变化情况，可以判断企业利润变化的趋势，预测企业未来的盈利能力。同时，将利润表中的利润项目与现金流量表中的现金净流量进行比较，可以了解企业盈利与收现的真实情况，判断企业当期所实现利润的质量。

（三）发现企业经营管理中的问题，为经营决策提供依据

分析企业利润的形成过程及构成，可以为企业的经营决策提供依据。分析比较利润表中各项构成要素，并与以前各期相比较，可以了解企业各项收入、费用和利润的升降趋势及其变化幅度，找出原因所在，发现经营管理中存在的问题，促进企业全面改善经营管理，保持利润的稳定增长。

（四）为企业在资本市场融资提供重要依据

企业可以在资本市场上通过发行公司债券和股票进行融资，但我国法律法规对此有严格的规定。例如，《公司债券发行与交易管理办法》规定，"发行人最近三年平均可分配利润不少于债券一年利息的 1.5 倍"，是公司发行债券融资必须符合的条件之一。同时，《上市公司证券发行管理办法》规定，"最近三年以现金方式累计分配的利润不少于最近

三年实现的年均可分配利润的百分之三十"，是公司申请公开发行证券的必备条件之一。这些都表明企业的盈利能力和利润分红水平是企业在资本市场上融资及影响企业融资规模的重要依据。

二、利润表三大要素的基本概念和特征

（一）收入

收入是指企业在日常活动中形成的、会导致所有者权益增加的、与所有者投入资本无关的经济利益的总流入。这里所指的日常活动是企业为完成其经营目标所从事的经常性活动以及与之相关的其他活动。企业代第三方收取的款项应当作为负债处理，不应当确认为收入。另外，投资收益和营业外收入并不是企业在日常活动中形成的经济利益，因此也不应当作为收入处理。收入具有以下基本特征。

（1）收入在企业的日常活动中形成，而不是在偶发的交易或事项中产生，如工商企业销售商品、提供劳务的收入等。在判定一个企业的日常活动应该包含哪些内容时，通常以该企业的经营范围为基础。

（2）收入的实现通常意味着企业已经获得了与之相关的经济利益，该经济利益可能是现金或其他形式。收款的时间可能会有延迟，因为客户可能需要一定的时间来支付款项。因此，收入的确认与收款的时间并不完全一致。

（3）收入具有可比性，即不同企业之间或同一企业不同时期之间的收入可以进行比较。会计准则要求企业按照一致的原则来确认和报告收入，以便不同企业可以进行比较和分析。

（二）费用

费用是指企业在日常活动中发生的、会导致所有者权益减少的、与向所有者分配利润无关的经济利益的总流出，主要包括营业成本、税金及附加、管理费用、财务费用、销售费用以及所得税费用等。由于费用是为了取得收入而发生的，因此费用的确认范围与确认时间应当遵循配比原则。另外，投资损失和营业外支出并不是企业在日常活动中形成的经济支出，因此不应当作为费用处理。费用具有以下基本特征。

（1）费用在企业的日常活动中发生，而不是在偶发的交易或事项中发生。在判定一个企业的费用应该包含哪些内容时，通常以该企业收入的确认为基础，保证费用与收入无论是在确认范围上还是在确认时间上都相互配比。

（2）费用可以分为可变费用和固定费用。可变费用是随着收入的变化而变化的费用，如原材料成本、直接人工成本。固定费用是与收入无关的费用，无论企业的收入如何变化，固定费用都保持不变，如租金、基本工资。

（3）费用反映了企业为实现收入而承担的成本和支出，企业可能会以货币或者其他形式支付费用。费用按权责发生制确认，通常在费用发生时记录，而付款的时间可能会有延迟，因此，费用的确认与付款的时间并不完全一致。

（三）利润

利润是指企业在一定会计期间的经营成果。利润包括收入减去费用后的净额、投资收益以及直接计入当期利润的利得和损失等。其中，收入减去费用后的净额反映的是企

业日常活动的业绩。

利润是衡量企业盈利能力和判断企业质量优劣的一个重要标志，也是评价企业管理层业绩的一项重要指标，更是投资者等财务报告使用者进行决策时的重要参考。利润具有如下基本特征。

（1）利润既包括企业在日常活动中产生的经营成果，也包括在偶发的交易或事项等非日常活动中产生的经营成果，它是企业当期业绩的全面反映。

（2）利润既可能表现为企业货币性资产的增加，也可能表现为非货币性资产的增加，如应收账款、应收票据等。因此，企业"有利润不一定有钱"。利润是以权责发生制为基础，将收入和费用相互配比之后所产生的结果。

（3）利润会导致企业所有者权益的增加，而亏损会导致企业所有者权益的减少。

（4）由于在遵循权责发生制确认收入和费用的过程中，在确认时间和计量金额等问题上，不可避免地需要一些人为的估计和判断，因此，利润无论是在实现期间上还是在规模上均带有一定的主观因素。这是会计固有的局限性造成的，与会计准则完善与否无关。

> **知识拓展**
>
> 利润表编制依据"收入－费用=利润"，其中的费用与资产的成本既有区别也有联系。一般情况下，企业为取得一项资产或者完成一项工作需要发生一定数量的支出，如为生产产品所发生的料、工、费等各种耗费。在所生产的产品出售之前，这些支出作为存货的取得成本反映在资产负债表上（如列示在存货项目里），只有当产品已经销售（即带来了当期经济利益）之后，才将其转入费用（列示在利润表的营业成本项目里）。因此，一项支出是列为资产的成本还是利润表上的费用，取决于其带来的经济利益是不是在当期。那些能够带来未来经济利益流入的支出，一般情况下应计入资产的成本反映在资产负债表上；而只有带来当期经济利益流入的支出才作为费用反映在利润表上，与当期收入配比的结果是产生当期利润。

三、利润表的结构

利润表主要由表首、表体两部分组成。利润表的表首应列明报表名称、编制单位名称、编制日期、报表编号和计量单位；表体部分是利润表的主体，列示了形成经营成果的各个项目和计算过程。

利润表的表体结构有单步式和多步式两种。单步式利润表将当期所有的收入列在一起，所有的费用列在一起，然后将两者相减得出当期净损益。我国企业的利润表采用多步式，即通过对当期的收入、费用、支出项目按性质加以归类，按利润形成的主要环节列示一些中间性利润指标，分步计算当期净损益，以便财务报表使用者理解企业经营成果的不同来源。

为了使财务报表使用者通过比较不同期间利润的实现情况，判断企业经营成果的未来发展趋势，企业需要提供比较利润表。因此，利润表金额栏分为"本期金额"和"上期金额"两栏。利润表如表 15-1 所示。

表 15-1　利润表

会企 02 表

编制单位：　　　　　　　　　　　　　__年__月　　　　　　　　　　　　　　　　　单位：元

项目	本期金额	上期金额
一、营业收入		
减：营业成本		
税金及附加		
销售费用		
管理费用		
研发费用		
财务费用		
其中：利息费用		
利息收入		
加：其他收益		
投资收益（损失以"－"号填列）		
其中：对联营企业和合营企业的投资收益		
以摊余成本计量的金融资产终止确认收益（损失以"－"号填列）		
净敞口套期收益（损失以"－"号填列）		
公允价值变动收益（损失以"－"号填列）		
信用减值损失（损失以"－"号填列）		
资产减值损失（损失以"－"号填列）		
资产处置收益（损失以"－"号填列）		
二、营业利润（亏损以"－"号填列）		
加：营业外收入		
减：营业外支出		
三、利润总额（亏损总额以"－"号填列）		
减：所得税费用		
四、净利润（净亏损以"－"号填列）		
（一）持续经营净利润（净亏损以"－"号填列）		
（二）终止经营净利润（净亏损以"－"号填列）		
五、其他综合收益的税后净额		
（一）不能重分类进损益的其他综合收益		
1. 重新计量设定受益计划变动额		
2. 权益法下不能转损益的其他综合收益		
3. 其他权益工具投资公允价值变动		

项目	本期金额	上期金额
4.企业自身信用风险公允价值变动		
……		
（二）将重分类进损益的其他综合收益		
1.权益法下可转损益的其他综合收益		
2.其他债权投资公允价值变动		
3.金融资产重分类计入其他综合收益的金额		
4.其他债权投资信用减值准备		
5.现金流量套期储备		
6.外币财务报表折算差额		
……		
六、综合收益总额		
七、每股收益：		
（一）基本每股收益		
（二）稀释每股收益		

格式说明：财政部财会〔2019〕6号一般企业财务报表格式（适用于已执行新金融准则、新收入准则和新租赁准则的企业）。

利润表中各项目之间的联系可简单地通过下列计算公式体现。

营业利润=营业收入－营业成本－税金及附加－销售费用－管理费用－研发费用
　　　　 －财务费用+其他收益+投资收益（－投资损失）+净敞口套期收益
　　　　 （－净敞口套期损失）+公允价值变动收益（－公允价值变动损失）
　　　　 －信用减值损失－资产减值损失+资产处置收益（－资产处置损失）

利润总额=营业利润+营业外收入－营业外支出

净利润=利润总额－所得税费用

综合收益总额=净利润+其他综合收益的税后净额

其他综合收益的税后净额和综合收益总额两项内容，除上市公司外，中小企业极少涉及。要想进一步学习，可以参考《企业会计准则——基本准则》。

任务训练 15-1

　　认真观察一家街边的小面馆，根据利润表的结构和内容做个初步的判断：这家小面馆一个月的经营成果需要用一张利润表来呈现，分析这张利润表哪些项目会有金额，并简要说明原因。

四、阅读利润表主要项目

（一）阅读收入类主要项目

利润表各项目呈现的内容，依据不同企业的业务特点会表现出不同的分布情况，以下按大多数制造类企业会涉及的利润表主要项目进行讨论。

1. 营业总收入

营业总收入是指企业在一定期间内通过销售商品、提供劳务或经营活动所获得的全部收入，包括所有与公司经营活动相关的收入，如销售商品、提供劳务、租金收入、利息收入、股息收入等。营业总收入反映了企业整体的经营规模和收入水平，是评估企业经营状况的重要指标。

2. 营业收入

营业收入反映企业经营主要业务和其他业务所确认的收入总额。一般来说，主要业务就是企业的核心业务，其他业务就是企业的次要业务。随着市场经济细分领域越来越多，企业经营发展日益多元化，主营业务与其他业务常常相互协同与补充，很难划分主要业务和次要业务，因此，企业的各种经营业务所产生的收入均在营业收入中统一列示，报表项目不区分主营业务收入和其他业务收入。

从数量上分析，营业收入反映了企业经营规模和市场占有水平，代表了企业的经营能力和获利能力，这种能力应该与企业的生产经营规模相适应。分析时应该结合行业进行，不同行业的业务不同，收入规模也不相同。

从质量上分析，营业收入是按照《企业会计准则第 14 号——收入》的规定来确认的，核算基础是权责发生制，并不以收取现金为确认标准。高质量的营业收入应该表现为有充足的现金回款。营业收入作为企业获取利润的主要来源，其质量会在一定程度上决定企业的利润质量。

营业收入的分析可以从营业收入持续增加态势、行业领域、产品构成、地区构成、销售模式等方面综合判断。

（1）营业收入的年度同比增长分析。计算营业收入增长，可以分析企业营业收入连续几年的变化趋势。进行横向和纵向比较，可以判断企业的未来发展趋势。横向方面重点关注收入增长是否高于行业平均增长水平，只有高于行业平均增长水平才能显示其市场份额在扩大；相反，可能市场份额在减小。纵向方面比较企业自身连续年度营业收入增长情况，如果收入持续增长，反映企业产品或服务的市场需求强劲，企业能够吸引更多客户并增加收入。

（2）营业收入行业分布分析。在企业多元经营普遍存在的情况下，应该关注企业营业收入是不是通过多个行业取得的，需要将不同行业取得的营业收入分别与该行业平均水平进行比较，这样既能看到营业收入绝对值的增长，又能分析各行业收入增速是否高于行业平均水平。连续跟踪同一企业多年分行业的营业收入变动，能对企业的战略发展变化做出判断。

（3）营业收入分产品分析。多数企业会选择从事多种产品或劳务的经营，以分散经营风险。因此，多产品经营的企业营业收入分析要关注各产品贡献的营业收入。收入占总收入比重大的产品是企业当下利润的主要增长点，而这种比重结构会随着企业市场环境、经营战略、竞争优势等因素的变化而变化。分析营业收入时可以观察这种变化趋势，初步判断企业盈利的持续性。

（4）营业收入分地区分析。分析营业收入时，还应考虑收入的地区构成，分析哪些地区的收入是企业利润的增长点。不同地区的消费者对不同品牌的产品具有不同的偏好，直接影响产品在不同地区的市场潜力，很大程度上会制约企业的未来发展。随着经济全球化发展，越来越多的企业开始实行国际化发展战略。企业拓展海外市场能减少国内市场的竞争，获取更多收益，帮助企业规避国内市场不景气带来的经营风险。

（5）营业收入分销售渠道分析。比较直销和渠道销售营业收入所占的比例可以了解企业主要的销售模式。采用直销可能意味着公司更加依赖自有销售团队，采用渠道销售可能意味着企业通过分销商或合作伙伴来销售产品。比较不同渠道的毛利率可以评估渠道的效率，较高的毛利率可能意味着渠道更加高效。如果企业有电子商务渠道，可以比较电子商务渠道与其他销售渠道的营业收入，这有助于评估电子商务在公司销售中的重要性和增长潜力。

（二）阅读费用类主要项目

1. 营业成本

营业成本项目反映企业经营主要业务和其他业务发生的实际成本总额。它是与营业收入相关的、已经确定了归属期和归属对象的费用。在不同类型的企业里，营业成本有不同的表现形式：在工业企业里，营业成本表现为已经销售产品的生产成本；在商品流通企业里，营业成本表现为已经销售商品的购进成本；在服务类企业里，营业成本则表现为所提供劳务的服务成本。

工业企业产品销售成本是指已售产品的实际生产成本，这是根据已售产品的数量和单位生产成本计算出来的。已销售商品成本即商品采购成本，是商品流通企业为销售商品而支付的成本。

营业成本作为利润的减项，对利润的高低有重要影响。分析营业成本主要关注其变动，而由于营业成本与营业收入有配比关系，因此，营业成本变动须与同期营业收入的变动一起分析，并结合行业特征、企业生产规模等因素来评价营业成本的合理性。

2. 税金及附加

税金及附加项目是指企业从事生产经营活动，按税法的规定应该缴纳的消费税、城市维护建设税、教育费附加、资源税、土地增值税等。税金及附加不构成产品的生产成本，是企业为了取得营业收入而必须发生的一项费用支出。税金及附加体现了企业在生产经营环节的税收负担，反映企业对国家财政贡献的大小。

分析税金及附加应该与营业收入配比，观察企业取得收入环节的税负是否与国家对相关行业的税金政策一致。

3. 销售费用

销售费用是指企业在销售商品、提供劳务的过程中发生的费用，一般包括企业负担的运输费、装卸费、包装费、销售佣金、差旅费、展览费、广告费、销售人员的薪酬以及专设销售机构的经营性费用等。

从销售费用的构成看，有些与企业的业务活动规模有关，如运输费、装卸费、保险费等；有些与企业从事销售活动人员的待遇有关，如销售佣金、营销人员薪酬等；有些与企业未来发展、开拓市场、扩大品牌知名度等有关，如广告费、促销费等。

计算销售费用在营业收入中的占比，通过与同行业平均水平对比，能够判断企业营销能力在整个行业中的竞争力或与主要竞争对手的差距；将本期销售费用在营业收入中的占比和本企业前后期比较，能够判断企业营销成效的变化趋势。

实际经营中，有些企业因为销售费用占营业收入的比例较高而大幅削减销售费用，可能会导致销售团队的规模缩减、培训和发展机会减少，从而降低销售团队的绩效和能力；同时随着销售费用减少，可能无法进行足够的市场推广和销售活动，致使市场份额损失，错失业务发展的机会；还可能因为削减销售费用，而无法提供足够的关怀和支持给现有客户，客户流失会给企业带来更大损失。

因此，降低销售费用可能会导致销售能力下降、市场份额损失、客户关系受损等负面影响。企业在决策时应综合考虑成本和效益，并确保在降低销售费用的同时不影响核心销售能力和市场竞争力。

4. 管理费用

管理费用是指企业行政管理部门为管理和组织企业生产经营活动而发生的各项费用支出，包括由企业统一负担的管理人员的薪酬、差旅费、办公费、劳动保险费、职工失业保险费、业务招待费、董事会会费、工会经费、职工教育经费、咨询费、诉讼费、商标注册费、技术转让费、排污费、矿产资源补偿费、聘请中介机构费、修理费、审计费及其他管理费用等。

管理费用的支出规模一般与企业规模相关，将管理费用占营业收入的比率与同行业平均水平比较，能反映企业管理效率。管理费用大多是固定性支出，有效控制固定性行政管理费用，将会给企业带来更多收益。将企业历年管理费用进行纵向比较，能判断企业管理水平的波动或者业务量的波动。

知识拓展

一般来说，企业对管理层的薪酬、职工教育经费等的控制或者压缩，对利润的增长有显著作用，但同时也会对企业的长远发展产生不利影响。"以人为本"的发展理念，结合科学合理的薪酬管理体系和人才培养机制，能有效激励员工不断提高组织工作效率，为企业的可持续发展提供人才支持与保障。因此，促进管理效率提升，不应盲目大幅控制或压缩管理人员的薪酬和职工教育经费等。

5. 研发费用

研发费用是指企业与研究及开发相关、直接作为费用计入利润表的相关资源消耗，包括研发人员的人工费用、研发中的直接投入费用、与研发有关的固定资产折旧费及新产品设计费用等。

研发费用按会计准则要求，在会计核算时计入管理费用。我国在 2018 年之前，研发费用是在管理费用项目中披露的，从 2018 年开始国家要求上市公司年度报告中，将研发费用作为一项单独的费用在利润表上列示，以帮助报表使用者直观看到企业支出的研发费用金额。

研发费用的金额反映企业对技术创新的重视程度。当期研发费用会直接减少企业的利润，但从企业未来持续发展来看，不间断的研发投入对维持企业的技术能力、保持竞争力具有积极的战略意义。研发费用的规模及其有效性很大程度上与企业未来的竞争力甚至生存能力有关，尤其对一些科技类型的企业影响更大。

知识拓展

研发费用是企业用于研究和开发新产品、技术或服务的成本投入，一般可以为企业带来长期的收益，但这些收益通常具有不确定性和滞后性，主要原因如下。

（1）技术风险。企业无法保证研发投入一定能够成功地实现预期的技术突破或产品开发，因为技术的成功与失败往往取决于多种因素，包括市场需求、竞争对手、技术可行性等。

（2）时间周期。从研发开始到最终产品推向市场，可能需要数年的时间。在这个过程中，企业需要持续地进行资金投入，但在产品推向市场之前，无法实现直接的收益。

（3）市场不确定性。市场需求的变化、竞争对手的行动等因素都可能对研发投入带来影响。因此，即使研发投入成功地实现了技术突破或产品开发，但如果市场需求不足或竞争激烈，收益可能不如预期。

---

6. 财务费用

财务费用主要是指企业为筹集生产经营所需资金而发生的各项费用。财务费用包括利息支出（利息收入冲减财务费用）、汇兑损益、金融机构手续费等。需要注意的是，借款费用中的利息支出应当考虑资本化问题，只有非资本化的金额才计入财务费用。

一般来说，企业主要的财务费用与企业贷款相关，企业贷款利息水平主要取决于贷款规模、贷款利率和贷款期限，应该结合企业业务发展需求来判断贷款利息总支出的合理性。分析财务费用时还应将财务费用与营业收入配比，通过行业平均水平、企业规模及本企业历史水平分析，考察企业财务风险的水平。

7. 其他收益

其他收益项目反映计入其他收益的政府补助，以及其他与日常活动相关且计入其他收益的项目。

政府补助一般以现金方式增加企业的现金流，能够迅速提高企业的盈利能力，若政府补助的力度大、时间长，容易导致企业对其形成过度依赖。政府补助政策容易变化，靠政府持续补助生存的企业不会有持续的竞争力。

8. 投资收益

投资收益反映企业以各种方式对外投资所取得的收益。一般来说，投资收益是由企业拥有或者控制的资产所带来的收益，其大小取决于被投资资产的收益情况和分红政策，具有一定的波动性和不可预见性。有些因处置资产而获得的投资收益具有"一次性"的特点，不具备持续性。因此，投资收益只是企业利润的补充，不能将投资收益作为企业的主要利润来源，投资收益也不能反映企业的核心竞争能力。

（三）阅读利润类主要项目

多步式利润表结构呈现营业利润、利润总额和净利润3个层次的利润，阅读时应该区分三者之间的差异。

1. 营业利润

营业利润是以营业收入为基础，减去营业成本、税金及附加、销售费用、管理费用、财务费用等项目，再加上其他收益、投资收益、公允价值变动收益等项目计算得出的一个数值，反映企业在生产经营活动中实现的经营性利润。

需要特别指出，利润表"营业收入"中的"营业"概念与"营业利润"中的"营业"概念口径上存在较大的差异。"营业收入"按照会计准则核算要求，反映企业为完成其经营目标所从事的经常性、经营性活动以及与之相关的其他活动而实现的总流入，包含主营业务收入和其他业务收入。而"营业利润"中的"营业"范围更广，既包括企业经常性、经营性活动，也包括其他收益、投资收益、资产减值损失、资产处置收益等非经常性或非经营性项目。

基于以上原因，如果一家企业的其他收益、投资收益、资产处置收益等项目的金额不大，其营业利润基本上能反映企业的经常性、经营性业务创造利润的能力。反之，判断企业经常性、经营性业务的盈利能力需要排除非经常性、非经营性业务的影响，不能采用利润表中的营业利润项目数据直接判断。

2. 利润总额

营业利润加上营业外收入，减去营业外支出得到利润总额。利润总额是衡量企业一定时期盈利能力的重要指标。利润总额的绝对数可以反映企业当期利润的规模，利润率可以反映企业的相对盈利能力，利润的构成分析以及与现金流量的比较可以反映企业利润的质量。

利润总额分析一方面要对绝对金额和相应的利润率指标进行纵向比较，以反映企业自身利润水平的变化趋势；另一方面要对利润率指标在同行业不同企业之间进行横向比较，以评价企业在该行业中的获利能力。

3. 净利润

净利润又称为税后净利，它是利润总额减去所得税费用后的余额，如果为净亏损，则以"-"号在表中填列。净利润归属于企业所有者，企业若产生净利润，就增加了所有者权益，而产生净亏损则会减少所有者权益。

净利润不仅包括经营性的盈利，也包括投资、资本运作等的盈利和非经常性损益，它的增减变动是营业利润和利润总额增减变动的综合结果。因此，分析形成净利润的各项目增减变动及其结构变动，发现其中变动差异较大的重点项目，有助于找到企业当期盈利能力变化的原因。任何企业，其营业利润必须是构成净利润最重要的部分，其金额应远远大于非经营性损益项目的金额；反之，说明企业正常的生产经营能力和生存能力存在问题。

净利润还应该结合企业自身历史数据进行纵向比较，判断企业盈利能力的成长性。

> ### 📎 知识拓展
>
> 一般来说，只要企业的营业利润较高，利润总额和净利润也会较高，但实际生活中有些异常情况应该关注：第一，如果企业的利润总额和净利润主要为非营业利润，则该企业利润实现的持续性可能较差；第二，如果企业的营业利润主要来自投资收益，虽然应肯定企业以前的投资决策是正确的，但同时也意味着企业内部生产经营活动的

创新能力不足，或者经营管理上存在其他较为严重的问题。净利润的构成存在以上问题，即使金额较大，也不能代表企业有较强的盈利能力。

任务训练 15-2

查找自己感兴趣的上市公司最近年度的利润表，用以上项目阅读方法分析各个项目的情况，初步分析该上市公司利润的主要来源及发展性。

任务二　分析企业盈利能力

盈利能力是指企业在一定时期内获取利润的能力。利润是企业生存和发展的物质基础，企业经营管理者、债权人、投资人都非常关心企业的盈利能力，并重视对盈利能力及其变动趋势的分析和预测。

企业盈利能力分析通常包括 5 方面的财务指标：与营业收入相关的盈利能力分析指标，与成本费用相关的盈利能力分析指标，与资产相关的盈利能力分析指标，与资本相关的盈利能力分析指标，与收取现金相关的盈利能力分析指标。

一、与营业收入相关的盈利能力分析指标

与营业收入相关的盈利能力分析指标，主要是以营业收入为基础计算的，包括营业毛利率、营业利润率和营业净利率。

（一）营业毛利率

营业毛利率是指营业毛利与营业收入之间的比率，其中营业毛利是营业收入扣除营业成本后的余额，它是形成净利润的基础。营业毛利率反映了营业活动流转额的初始获利能力，体现了企业的获利空间和基础。该指标反映了企业主营业务盈利能力，是判断企业盈利能力的一个重要财务指标。营业毛利率也常被简称为毛利率，其计算公式为：

$$营业毛利率 = \frac{营业毛利}{营业收入} \times 100\%$$

$$= \frac{营业收入 - 营业成本}{营业收入} \times 100\%$$

本企业毛利率与同行业其他企业的毛利率对比，可以揭示企业在定价决策、成本控制等方面存在的问题，还可以表明企业在同行业中的市场竞争力。毛利率的下降可能意味着价格竞争正在损害企业利益，或者成本可能失去控制，或者企业的产品组合可能发生变化。

毛利率有明显的行业特点。一般来说，营业周期短、固定成本低的行业的毛利率水平比较低，如商品流通企业；而营业周期长、固定成本高的行业的毛利率高，如工业制造企业。

📖 知识拓展

毛利率较高，可能有以下几种原因。

（1）企业通过市场营销、品牌建设等方式，获得较高的市场份额，拥有更大的定价权，从而获得较高的毛利率。

（2）企业通过优化供应链、降低原材料成本、提高生产效率等方式加强成本控制，有效降低产品或服务的成本，从而获得比同行更高的毛利率。

（3）企业选择差异化竞争策略，通过研发创新、提供个性化定制等方式，为消费者提供独特、高品质的产品或服务，使消费者愿意支付更高的价格，从而获得较高毛利率。

（4）企业提供的产品具有独特、品牌价值高或市场供不应求的特点，企业可以通过合理的定价策略来提高产品的售价，从而获得较高的毛利率。

（二）营业利润率

营业利润率是企业一定时期营业利润与营业收入的比率，通常也简称为利润率。其计算公式为：

$$营业利润率=\frac{营业利润}{营业收入}\times100\%$$

利润率反映企业正常经营活动的获利水平，它与毛利率相比，不仅考核日常经营业务的盈利能力，而且考核投资业务的盈利能力，这在企业多元化经营的今天，具有重要的意义。利润率综合反映了企业具有稳定性和持久性的收入及支出因素，它所揭示的企业盈利能力具有稳定和持久的特点。利润率越高，表明企业正常经营活动的盈利能力越强，发展潜力越大。

（三）营业净利率

营业净利率是净利润与营业收入之比，通常也简称为净利率。其计算公式为：

$$营业净利率=\frac{净利润}{营业收入}\times100\%$$

净利率反映的是企业经营活动的最终获利能力，该比率越高，最终获利能力越高。对单个企业来说，净利率越高越好，但各行业内的竞争能力、行业经营的特征不同，使不同行业各企业间的净利率大不相同。因此，分析该指标时，要注意与同行业其他企业进行对比分析。

营业收入包含主营业务收入和其他业务收入。利润并非都由营业收入产生，还受到投资收益、营业外收支等因素的影响。需要注意的是，净利润是否受到大额的非经常性项目损益或大额的非经营性项目的影响，通过分析利润表项目判断，非经常性、非经营性项目金额不大的可以忽略。利润主要来自营业收入时，企业盈利才具有可持续性。

二、与成本费用相关的盈利能力分析指标

与成本费用相关的盈利能力分析指标主要是成本费用利润率。

成本费用利润率是企业一定期间的利润总额与成本费用总额的比率，反映企业每付出 1 元成本费用可获得多少利润，体现了经营耗费所带来的经营成果。其计算公式为：

$$成本费用利润率=\frac{利润总额}{成本费用总额}\times100\%$$

$$=\frac{利润总额}{营业成本+税金及附加+期间费用}\times100\%$$

成本费用利润率综合反映企业经济效益的好坏。分析该指标可以促使企业努力降低成本费用水平，增强盈利能力。成本费用利润率越高，表明企业付出相同代价获得的利润越高，或者表明企业为取得相同利润付出的代价越小。

三、与资产相关的盈利能力分析指标

与资产相关的盈利能力分析指标主要是总资产收益率。

总资产收益率是用来衡量每单位资产创造多少净利润的指标，即净利润与总资产平均余额之比。其计算公式为：

$$总资产收益率=\frac{净利润}{总资产平均余额}\times100\%$$

$$=\frac{净利润}{（期初总资产+期末总资产）\div2}\times100\%$$

总资产收益率越高，表明企业的资产利用效益越好，经营管理水平越高，企业利用全部资金为股东创造收益的能力越强。在分析这一指标时，通常要结合同行业平均水平或先进水平，以及企业前期的水平进行对比分析，才能判断总资产收益率变动对企业的影响，从而了解企业总资产的利用效率，发现企业在经营管理中存在的问题，调整经营方针，以达到提高总资产利用效率的目的。

四、与资本相关的盈利能力分析指标

与资本相关的盈利能力分析指标主要包括净资产收益率、每股收益和市盈率。其中，净资产收益率和每股收益是最基本、运用最普遍的两个盈利能力分析指标。

（一）净资产收益率

净资产收益率（return on equity，ROE）也叫权益报酬率，是财务报表分析中非常传统也非常经典的财务指标。它主要用于衡量投资者投入企业的资本所获得的回报水平，是企业一定时期净利润与净资产平均余额的比率。其计算公式为：

$$净资产收益率=\frac{净利润}{净资产平均余额}\times100\%$$

$$=\frac{净利润}{股东权益}\times100\%$$

$$=净利率\times总资产周转率\times权益乘数$$

这个指标对普通投资者非常有意义，股东可以用这个指标和自己要求的收益率相比较，决定是否继续投资。对管理层来说这个指标也有实际意义，用这个数据和企业的总资产收益率相比较，如果比总资产收益率高很多，则说明企业利用财务杠杆为股东创造了更多价值。该指标也是证券市场监督管理部门衡量上市公司盈利能力、提出监管要求（如 IPO、再融资等）的常用指标。

在 20 世纪初期，美国杜邦公司——一家以化学工业为主的跨国公司，当时面临着管理和决策的挑战。为了更好地评估公司的财务状况和业绩，杜邦公司的高级管理层委托内部财务分析师开发了一种新的财务分析方法，后被称为"杜邦分析法"。

杜邦分析法的核心思想是净资产收益率等于净利率、总资产周转率和权益乘数 3 个关键指标的乘积，分析导致净资产收益率较高或较低的原因，最终可以细分到企业各方面情况的分析。杜邦分析法的另一个重要作用是帮助制定盈利目标，然后确定各方面的指标。例如，原来的净资产收益率是 16%，分解为净利率×总资产周转率×权益乘数，即 4%×2×2。由于经济形势向好，产品销售向好的趋势超预期，管理层要求下半年的净资产收益率提升 4 个百分点，变为 20%。由分解的公式知道，可以从 3 个方面提高净资产收益率，即提高净利率、加快总资产周转或者提高企业的财务杠杆。

> **✐ 知识拓展**
>
> 杜邦分析法还可以透视公司竞争战略的选择与实施情况。采用不同竞争战略的企业在财务上有着不同的特征。成功实施差异化战略的企业（如贵州茅台）通过技术专利、品牌形象等构筑了很高的竞争壁垒，一般的竞争者根本无法跨越，从而保证了自身的竞争优势，企业的毛利率、净利率等指标比较高且盈利能力很强。而实施成本领先战略的企业（如沃尔玛）一般都无法建立竞争壁垒，行业进入门槛不高，没有特别核心的技术，对竞争者的要求主要集中在效率上，因此，企业主要通过提高总资产周转率来增强盈利能力。

（二）每股收益

每股收益又称每股税后利润、每股盈余，反映企业普通股股东持有每一股份所能享有的企业利润或承担的企业亏损。其计算公式为：

$$每股收益=\frac{净利润-优先股股利}{发行在外的普通股的加权平均数}$$

每股收益是测定股票投资价值的重要指标之一，是分析每股价值的一个基础性指标。该指标计算简便，易于理解，是普通股股东最关心的指标之一。在企业利润质量较好的情况下，每股收益越高，表明股东的投资效益越好，股东获取较高股利的可能性也就越大，当然，股利的实际支付还要受企业现金状况的影响。需要注意的是，每股收益仅仅代表企业某年每股的收益情况，在企业普通股数量变化较大时，该指标没有连续纵向比较的意义。

（三）市盈率

市盈率也称本益比，是指普通股每股市价与普通股每股收益的比率。其计算公式为：

$$市盈率=\frac{普通股每股市价}{普通股每股收益}$$

市盈率是反映上市公司盈利能力的一个重要财务指标，也是投资者做出投资决策的重要参考因素之一。它反映了投资者对每 1 元净利润愿意支付的价格，可以用来估计股票的投资报酬与风险。一般来说，市盈率越高，公众对该公司的股票评价越好，但投资风险也会越大。不同行业的平均市盈率会有较大差异，如一些成长性较好的高科技行业有较高的平均市盈率，而金融行业的平均市盈率普遍较低，所以不同行业的企业市盈率没有可比性。市盈率会受不同市场估值的影响，还可能由于宏观经济环境的波动而出现不正常的变动，所以无法单纯依赖企业股票的市盈率来判断股票的投资价值。

五、与收取现金相关的盈利能力分析指标

与收取现金相关的盈利能力分析指标主要是净利润现金比率，它反映了企业净利润中由现金流量支持的比例，通常也称为净利润含金量。该比率可以提供有关企业盈利质量和现金流状况的重要信息。其计算公式为：

$$净利润现金比率 = \frac{经营现金流量净额}{净利润} \times 100\%$$

公式中的经营现金流量净额来自现金流量表项目。利润表的编制基础是权责发生制，收入和费用的确认时间与企业实际收付现金的时间并不一致。但是一般来说，在企业收款和付款等各项经营活动相对正常的情况下，利润与现金流量之间会保持一个大体稳定的比例关系，这个关系的稳定性一定程度上反映了利润的真实性，所以分析考察净利润现金比率，能更准确地判断企业利润的质量。

净利润现金比率较高，说明企业的净利润主要由现金流量支持，表明企业的盈利能力较强，意味着企业能够将营业收入转化为现金，并保持稳定的现金流入。较高的净利润现金比率还可以显示企业的资金管理和风险控制能力，因为它表明企业能够有效地管理和利用现金资源。相反，如果净利润现金比率较低，说明企业的净利润主要依赖于非现金项目（如应收账款、预付款项等）。这表明企业可能存在收款延迟或其他现金流问题，或者可能存在利润操纵的情况。较低的净利润现金比率可能意味着企业的盈利能力不稳定，或者存在潜在的利润虚假风险。

素质拓展

康美药业是一家主要从事中药饮片、中成药、化学药剂等产品的生产和销售的上市公司，曾经是A股市场上首个突破千亿市值的医药企业。然而，康美药业却在2016年至2018年，通过多种手段进行了大规模的财务造假，累计虚增货币资金886.8亿元，累计虚增营业收入291.28亿元，累计虚增营业利润41.01亿元，累计多计利息收入5.1亿元。这一案件被认为是中国证券史上规模最大的财务造假案之一。

2020年的最后一天，11名投资者就康美药业虚假陈述案向广州市中级人民法院提起普通代表人诉讼。2021年4月16日，广州市中级人民法院发布案件转为特别代表人诉讼的公告。康美药业案成为新《证券法》实施以来全国首单特别代表人诉讼案、中国证券集体诉讼首案。

2021年11月12日，判决结果显示，康美药业作为上市公司，承担24.59亿元的赔偿责任；公司实际控制人及4名原高管人员组织策划实施财务造假，属故意行为，承担100%的连带赔偿责任；另有13名高管人员按过错程度分别承担20%、10%、5%

的连带赔偿责任。同时，康美药业的审计机构广东正中珠江会计师事务所被判决承担100%的连带赔偿责任。

康美药业在财务造假事件中损害了投资者的利益，影响了行业声誉和社会信任。企业应把诚信放在经营的首要位置，坚持真实透明、公正公平的原则，以赢得市场的信任和长期发展。同时，企业应建立完善的内控制度，在规范经营的前提下，积极推进发展之路，获得更好的经济效益。

任务训练 15-3

根据任务训练 15-2 查找到的上市公司利润表，计算以上盈利能力分析指标，判断该上市公司盈利能力如何，与同行业其他企业相比是否有优势。

模块 16
现金流量表分析

学习目标

【知识目标】

1. 熟悉现金流量表中现金的基本构成
2. 了解现金流量表的编制基础——收付实现制
3. 了解现金流量主要指标的分析与应用

【能力目标】

1. 能区分企业常见的现金流入和流出并进行分类
2. 能简单计算不同类别的现金流量
3. 能进行简单的现金流量指标分析

【素质目标】

1. 提升搜寻上市公司公开财务信息的能力
2. 培养通过阅读现金流量表了解经营状况和现金流量状况的能力
3. 培养分类处理、合理规划的思维

引例

　　如果要评价一个公司的生存能力，现金流量往往比会计盈利能力重要。2001 年，美国安然公司破产案再一次说明了现金管理能力的重要性。2000 年，安然公司的营业收入曾一度在财富美国 500 强排名中位居第七。从资产负债表和利润表分析，安然公司无疑是一个创造高企业价值的公司，但分析公司的现金流量表却发现，其现金与营业收入不成比例，通过进一步分析安然公司的收入，不难发现其存在收入记录不当的情况。安然公司从事能源中介业务，公司在签订合同之时即确认收入，导致合同签订越多，收入越多。但是在合同履行之前，公司却不会有现金流入，也正是由于现金流动性差，当公司发生债务危机时无法弥补现金缺口，导致其很快破产。

　　【点评】如果说企业的"家底"与财务健康状况可以通过资产负债表体现，企业的"面子"与盈利情况可以通过利润表体现，那通过现金流量表所体现出的现金流量则决定着企业的生存能力。企业可以没有利润，但是不能没有现金。资产少、家底薄、赚钱少的企业会活得很艰难，但至少可以存续下去，而现金流量不足的企业则随时面临破产清算的风险。因此，一家优秀的企业必须拥有源源不断的现金、较大的利润空间和相对合理的资产负债结构。企业现金流量是衡量企业经营周转是否合理、偿债能力是否良好、是否过度扩张、对外投资是否恰当等问题的重要指标，决定着企业的长期生存和发展能力。

任务一　阅读现金流量表

一、现金流量表认知

（一）现金流量表

现金流量表是反映企业在一定会计期间现金和现金等价物流入和流出的报表，可以为企业内部和外部的财务报表使用者提供企业一定会计期间内现金和现金等价物的流入和流出信息，便于财务报表使用者了解和评价企业获取现金和现金等价物的能力，并据以预测企业未来现金流量。

（二）现金流量表中的基本概念

1. 现金

会计上所说的现金通常指企业的库存现金，即存放于企业的、通常由出纳人员保管的各种纸币和硬币（包括外币和人民币）。广义上的现金是指企业的库存现金以及存放于银行可以随时用于支付的各种存款。

现金流量表中的"现金"是指企业资产负债表中的货币资金项目，不仅包括"库存现金"账户核算的库存现金，也包括企业"银行存款"账户核算的存入银行等金融机构、随时可以用于支付的存款，同时还包括"其他货币资金"账户核算的外埠存款、银行汇票存款、银行本票存款和在途货币资金等其他货币资金。

银行存款和其他货币资金中涉及的不能随时用于支付的存款，如不能随时支取的定期存款和已被冻结的存款等不应作为现金；但如果提前通知银行等金融机构便可支取的定期存款则包括在现金范围内。

2. 现金等价物

现金等价物是企业在编制现金流量表时所使用的概念，既不是某个会计科目，也不是资产负债表中的某个项目，是指企业持有的期限短、流动性强、易于转换为已知金额现金、价值变动风险很小的投资。

现金等价物虽然是投资，不是传统意义上的现金，但因其"期限短、流动性强、易于转换为已知金额现金、价值变动风险很小"的特性，其支付能力与现金的差别不大，企业在编制现金流量表时将其视为现金。现金等价物常见于企业为保证支付能力，必须持有必要的现金，但为了不使现金闲置而购买的短期债券。在需要现金时，短期债券随时可以变现。

需要注意的是，一项投资被确认为现金等价物必须同时具备 4 个条件：期限短、流动性强、易于转换为已知金额现金、价值变动风险很小。其中，期限短，一般是指从购买日起，3 个月内到期。例如，可在证券市场上流通的 3 个月内到期的短期债券等。企业为了避免现金闲置而购入的上市公司股票虽然流动性也很强，但其具体变现金额往往取决于企业将其变现时的市场条件，其价值变动风险较大，因此不能将短期的股权性投资作为现金等价物看待。

3. 现金流量

现金流量表中的现金流量是某一段时期内企业现金流入和流出的数量。在进行投资决策时，企业也可以通过对某一具体项目的现金流量进行预测，从而做出合理的投资决策。

对企业而言，现金流量产生的原因不同，用途也不同。例如，企业通过销售商品、提供劳务、出售固定资产、向银行借款等取得现金，形成企业的现金流入；通过购买原材料、接受劳务、购建固定资产、对外投资、偿还债务等支付现金，形成企业的现金流出。

现金流量信息能够表明企业经营状况是否良好，资金是否紧缺，偿付能力的大小，从而为投资者、债权人、企业管理者的分析和决策提供有用的信息。需要注意的是，在进行企业现金流量统计时，企业现金形式的转换不能被视为现金的流入和流出，即企业现金流量。例如，企业从银行提取现金，是企业现金存放形式的转换，并未流出企业，因而不构成现金流量；同样，现金与现金等价物之间的转换也不属于现金流量，如企业购买将于 3 个月内到期的国库券，或者已纳入现金等价物范围的 3 个月内到期的国库券变现等都不作为现金流量进行统计。

4. 自由现金流量

自由现金流量反映企业经营所产生的，可以向企业所有资本供应者（包括债务和股本）提供的税后现金流量。自由现金流量是企业财务管理中的常用概念，通常是指企业正常的营业现金流量，不属于现金流量表项目，但可以利用现金流量表所提供的数据计算。

（三）现金流量表的编制基础

现金流量表所反映的现金及现金等价物流入或流出是以实际收付为判断依据的，因此，现金流量表的编制不同于基于权责发生制的资产负债表及利润表的编制，其是基于收付实现制编制的。

收付实现制是以款项的实际收付为标准来判断和处理经济业务的会计处理基础。在收付实现制下，凡在本期实际以现款付出的费用，不论其是否在本期收入中获得补偿，均应作为本期应计费用处理；凡在本期实际收到的现款收入，不论其是否属于本期，均应作为本期应计的收入处理；反之，凡本期还没有以现款收到的收入和没有用现款支付的费用，即使它归属于本期，也不作为本期的收入和费用处理。

当以收付实现制作为现金流量表的编制基础时，表中相关项目金额的计算，强调现金的实际收付期间。

例如，2020 年企业销售了一批货物应该向购货方收取货款 100 万元，到 2020 年 12 月 31 日该笔货款仍未收回，则该笔货款不能算作企业 2020 年的现金流量，但是仍然可以按照权责发生制的处理基础体现在 2020 年度的企业资产负债表和利润表中。2021 年 3 月实际收回了该笔业务应收的 100 万元货款，因现金的实际收付发生在 2021 年，该现金收取会计入 2021 年度现金流量的相关项目，不会关注其销售业务发生在 2020 年。

以收付实现制编制现金流量表的意义在于：一方面可以与利润表中对应的各项收入和费用加以区分，进一步体现利润质量；另一方面则体现企业非计划性支付现金的能力。

二、现金流量的分类

现金流量分为 3 类，即经营活动产生的现金流量、投资活动产生的现金流量和筹资活动产生的现金流量。

（一）经营活动产生的现金流量

现金流量表中所指的经营活动是指企业除了投资活动和筹资活动以外的所有交易和事项。各类企业因行业特点和经营范围的不同，对经营活动的认定也不同。对工商企业而言，经营活动主要包括销售自产或外购商品、提供相关服务、购进生产所需的材料或计划对外销售商品、接受相关服务以及支付相关税费等。对商业银行而言，吸收存款、发放贷款、同业拆借等业务构成其经营活动。对保险公司而言，原保险业务、再保险业务等构成其经营活动。对证券公司而言，自营证券、代理承销证券、代理兑换证券、代理买卖证券等业务构成其经营活动。

以工商企业的现金流量表为例，经营活动产生的现金流入项目主要有：销售商品、提供劳务收到的现金；收到的税费返还；收到其他与经营活动有关的现金。经营活动产生的现金流出项目主要有：购买商品、接受劳务支付的现金；支付给职工以及为职工支付的现金；支付的各项税费；支付其他与经营活动有关的现金。

（二）投资活动产生的现金流量

现金流量表中的投资活动不仅包括现金等价物范围外的对外投资及其处置活动，同时也包括企业固定资产、无形资产、在建工程、其他资产等持有期限在 1 年或超过 1 年的 1 个营业周期的资产的购建和处置活动。因此，企业的投资活动既包括实物资产投资，也包括金融资产投资，但不包括现金等价物范围内的投资。

不同行业对投资活动的认定也存在差异，如购入或处置股票投资带来的现金流量，在专门从事股票交易等投资性企业里属于经营活动产生的现金流量，而在利用闲散资金从事短期股票投资的工商型企业中则属于投资活动产生的现金流量。

以工商企业的现金流量表为例，其投资活动产生的现金流入项目主要有：收回投资收到的现金；取得投资收益收到的现金；处置固定资产、无形资产和其他长期资产收回的现金净额；处置子公司及其他营业单位收到的现金净额；收到其他与投资活动有关的现金。投资活动产生的现金流出项目主要有：购建固定资产、无形资产和其他长期资产支付的现金；投资支付的现金；取得子公司及其他营业单位支付的现金净额；支付其他与投资活动有关的现金。

（三）筹资活动产生的现金流量

现金流量表中的筹资活动是指权益性筹资和债务性筹资导致的权益规模变动，以及因此所导致的后续的资本退出、债务偿还、支付股利、支付利息等活动。

发行股票或直接接受投资者投资都属于权益性筹资，权益性筹资会进一步增加企业的注册资本，而资本退出则会导致企业注册资本减少。筹资活动中资本规模的变动，既包括实收资本（股本）的增减变动，也包括资本溢价（股本溢价）的增减变动。发行债券或对外举债会形成企业债务，借款、发行债券以及偿还债务等都会引起企业债务规模的变动。

需要注意的是，应付账款、应付票据等应付款本质上属于购买商品或服务产生的债务，因此，属于经营活动所产生的负债，不属于筹资活动。

以工商企业现金流量表为例，筹资活动产生的现金流入项目主要有吸收投资收到的现金，取得借款收到的现金，收到其他与筹资活动有关的现金。筹资活动产生的现金流出项目主要有偿还债务支付的现金，分配股利、利润或偿付利息支付的现金，支付其他与筹资活动有关的现金。

此外，企业非日常经营活动和不经常发生的特殊项目，如保险赔款、捐赠、自然灾害损失等，应将其相应的现金流量归并于相关类别的现金流量中。通常与存货有关的保险赔款归并于经营活动产生的现金流量，与固定资产有关的保险赔款归并于投资活动产生的现金流量等。

三、现金流量表的结构

现金流量表通常由正表及补充资料构成，如表 16-1 所示。

表 16-1　现金流量表

编制单位：　　　　　　　　　　年　　月　　　　　　　　　　　　单位：元

项目	本期金额	上期金额
一、经营活动产生的现金流量：		
销售商品、提供劳务收到的现金		
收到的税费返还		
收到其他与经营活动有关的现金		
经营活动现金流入小计		
购买商品、接受劳务支付的现金		
支付给职工以及为职工支付的现金		
支付的各项税费		
支付其他与经营活动有关的现金		
经营活动现金流出小计		
经营活动产生的现金流量净额		
二、投资活动产生的现金流量：		
收回投资收到的现金		
取得投资收益收到的现金		
处置固定资产、无形资产和其他长期资产收回的现金净额		
处置子公司及其他营业单位收到的现金净额		
收到其他与投资活动有关的现金		
投资活动现金流入小计		
购建固定资产、无形资产和其他长期资产支付的现金		

项目	本期金额	上期金额
投资支付的现金		
取得子公司及其他营业单位支付的现金净额		
支付其他与投资活动有关的现金		
投资活动现金流出小计		
投资活动产生的现金流量净额		
三、筹资活动产生的现金流量：		
吸收投资收到的现金		
取得借款收到的现金		
收到其他与筹资活动有关的现金		
筹资活动现金流入小计		
偿还债务支付的现金		
分配股利、利润或偿付利息支付的现金		
支付其他与筹资活动有关的现金		
筹资活动现金流出小计		
筹资活动产生的现金流量净额		
四、汇率变动对现金及现金等价物的影响		
五、现金及现金等价物净增加额		
加：期初现金及现金等价物余额		
六、期末现金及现金等价物余额		

四、现金流量表的编制方法

（一）经营活动产生的现金流量

（1）销售商品、提供劳务收到的现金项目，因现金流量表以收付实现制为编制基础，该项目既包括企业本期销售商品、提供劳务并在本期收到的现金，也包括企业前期销售商品、提供劳务但在本期收到的现金，同时还包括企业本期预收的销售商品、提供劳务的款项。如果存在本期销售本期退回商品和前期销售本期退回商品的情况，退货导致本期实际支付的现金应从销售商品、提供劳务收到的现金项目扣除。同时，企业销售材料和因代购代销业务收到的现金、因销售商品和提供劳务向客户代收的增值税也在本项目反映。

（2）收到的税费返还项目，反映企业根据相关政策规定并在本期实际收到的所得税、增值税、消费税、关税和教育费附加等各种税费的返还款。

（3）收到其他与经营活动有关的现金项目，反映源自企业经营活动但不属于"销售商品、提供劳务收到的现金"和"收到的税费返还"的现金流入，如企业经营租赁收到的租金等其他与经营活动有关的现金流入。同时，企业实际收到的政府补助，也需要在收到其他与经营活动有关的现金项目中列示。

（4）购买商品、接受劳务支付的现金项目，反映企业本期购买商品、接受劳务本期实际支付的现金（包括增值税进项税额），以及本期支付前期购买商品、接受劳务的未付款项和本期预付款项；如果存在购货退回情况，需要减去本期发生的购货退回收到的现金。同时企业购买材料和代购代销业务支付的现金，也在本项目列示。

（5）支付给职工以及为职工支付的现金项目，反映企业本期实际支付给职工的工资、奖金、各种津贴和补贴等，以及为职工缴纳的社会保险、住房公积金，代扣代缴的职工个人承担的个人所得税也在本项目列示。

（6）支付的各项税费项目，反映企业本期发生本期支付、以前各期发生本期支付以及本期预缴的各项税费，包括企业所得税、增值税、消费税、印花税、资源税、房产税、土地增值税、车船税、城市维护建设税、教育费附加等。

（7）支付其他与经营活动有关的现金项目，常见为企业经营租赁支付的租金、差旅费、业务招待费、保险费、罚款支出等其他与经营活动有关的现金流出。

（二）投资活动产生的现金流量

（1）收回投资收到的现金项目，反映企业出售、转让或到期收回除现金等价物以外的对其他企业的权益工具、债务工具和合营中的权益。

（2）取得投资收益收到的现金项目，反映企业除现金等价物以外的对其他企业的权益工具、债务工具和合营中的权益投资收回的现金股利和利息等。

（3）处置固定资产、无形资产和其他长期资产收回的现金净额项目，反映企业出售或报废固定资产、无形资产和其他长期资产所取得的现金（包括因资产毁损而收到的保险赔偿收入），减去为处置这些资产而支付的有关费用后的净额。

（4）处置子公司及其他营业单位收到的现金净额项目，反映企业处置子公司及其他营业单位所取得的现金减去相关处置费用，以及子公司及其他营业单位持有的现金和现金等价物后的净额。

（5）购建固定资产、无形资产和其他长期资产支付的现金项目，反映企业购买、建造固定资产，取得无形资产和其他长期资产所支付的现金（含增值税税款等），以及用现金支付的应由在建工程和无形资产负担的职工薪酬。

（6）投资支付的现金项目，反映企业取得除现金等价物以外的对其他企业的权益工具、债务工具和合营中的权益所支付的现金以及支付的佣金、手续费等附加费用。

（7）取得子公司及其他营业单位支付的现金净额项目，反映企业购买子公司及其他营业单位购买出价中以现金支付的部分，减去子公司及其他营业单位持有的现金和现金等价物后的净额。

（8）收到其他与投资活动有关的现金、支付其他与投资活动有关的现金项目，反映企业除上述（1）至（7）项目之外实际收到或支付的其他与投资活动有关的现金流入或流出，金额较大的应当单独列示。

（三）筹资活动产生的现金流量

（1）吸收投资收到的现金项目，反映企业以发行股票、债券等方式筹集资金实际收到的款项，减去直接支付给金融企业的佣金、手续费、宣传费、咨询费、印刷费等发行费用后的净额。

（2）取得借款收到的现金项目，反映企业举借各种短期、长期借款而收到的现金。

（3）偿还债务支付的现金项目，反映企业以现金偿还债务的本金。

（4）分配股利、利润或偿付利息支付的现金项目，反映企业实际支付的现金股利、支付给其他投资单位的利润或用现金支付的借款利息、债券利息。

（5）收到其他与筹资活动有关的现金、支付其他与筹资活动有关的现金项目，反映企业除上述（1）至（4）项目外，收到或支付的其他与筹资活动有关的现金流入或流出，金额较大的应当单独列示。

（四）汇率变动对现金及现金等价物的影响

汇率变动对现金及现金等价物的影响反映下列项目之间的差额。

（1）企业外币现金流量折算为记账本位币时，所采用的现金流量发生日的即期汇率或按照系统合理的方法确定的、与现金流量发生日即期汇率近似的汇率折算的金额。

（2）现金及现金等价物净增加额项目中，外币现金净增加额按期末汇率折算的金额。

✎ 知识拓展

现金流量表中不管是投资活动产生的现金流量还是筹资活动产生的现金流量，具体流量项目均涉及关于子公司的相关内容。实际上子公司是与母公司相对应的法律概念，母公司是指拥有另一公司一定比例以上的股份或通过协议方式能够对另一公司实行实际控制的公司，而子公司是指一定比例以上的股份被另一公司所拥有或通过协议方式受到另一公司实际控制的公司。

母公司与子公司之间的关系往往基于股份的占有或控制协议而产生，一般而言，拥有股份多的股东对公司事务具有更大的决定权，因此，一个公司如果拥有了另一个公司50%以上的股份，就能够对该公司实行实际控制。如按照《公司法》规定，公司（一人有限责任公司除外）可以设立子公司，子公司具有法人资格，依法独立承担民事责任。除控制股份之外，订立某些特殊契约或协议，也可以使某一个公司控制另一个公司。

母公司、子公司各自为独立法人，子公司虽然受母公司实际控制，在许多方面受到母公司的制约和管理，但是在法律上，子公司属于独立的法人，可以以自己的名义从事经营活动，独立承担民事责任。同时子公司有自己的公司章程，有董事会等公司经营决策机构，但母公司往往有权决定子公司董事的任免；子公司有自己的独立财产，其实际占有、使用的财产属于子公司，需要编制独立的财务报表。

另外，子公司也可以通过控制其他公司一定比例以上的股份而实际控制该公司，如A公司能够控制B公司，则A公司为"母公司"，B公司为"子公司"，如果B公司能够控制C公司，则C公司会成为A公司的"孙公司"。母公司通过控制众多的子公司、孙公司，从而形成规模庞大的集团公司。

📚 任务训练 16-1

归纳财务报表的分类图，简述不同现金流量所反映的主要内容。

任务训练 16-2

找一家熟悉的上市公司，搜索该上市公司最近一年的现金流量表。

任务二　分析企业现金流量状况

一、现金流量表的作用

对现金流量表内的有关数据进行分析、比较和研究，可在全面了解企业的财务状况和现金流量状况的基础上，发现企业在财务方面存在的问题，预测企业未来的财务状况，揭示企业的现时及未来支付能力，为报表使用者的决策提供可靠的依据。

另外，现金流量表的分析既要在掌握现金流量表的结构及特点的基础上，分析现金流入及流出情况、各部分现金流量的内部构成，同时也需要结合利润表和资产负债表进行综合分析，以求全面、客观地评价企业的财务状况和经营业绩。

二、现金流量表分析的意义

（1）进行现金流量表分析，能够进一步说明企业对应期间内现金流入和流出的具体原因。例如，企业当期偿还银行借款 200 万元，偿还银行利息 2 万元。如果只考虑该项业务导致的现金流动，会在筹资活动产生的现金流量项目中具体体现为偿还债务所支付的现金 200 万元，分配股利、利润或偿付利息支付的现金 2 万元。这些信息恰恰是资产负债表和利润表不能反映的。

（2）进行现金流量表分析，能够进一步说明企业的偿债能力和支付股利的能力。通常财务报表使用者会更多地关注利润表，关注企业的获利情况，并且往往以获利的多少作为衡量企业优劣的标准。虽然企业获利的多少在一定程度上也能说明企业的现金支付能力，但是以权责发生制为基础计算出的企业盈利并不代表企业真正具有偿债能力或支付能力。在某些情况下，虽然企业利润表上反映的经营业绩很可观，但仍可能出现不能偿还到期债务等财务状况；反观有些企业虽然利润表上反映的盈利并不可观，但却有足够的偿付能力。出现这种情况的原因是多样的，进行会计核算时所采用的权责发生制、配比原则等所含的估计因素是其主要原因之一。

现金流量表完全以现金的收支为基础，消除了由于会计核算采用的估计等所产生的获利能力和支付能力。分析现金流量表能够了解企业现金流入的构成，分析企业偿债和支付股利的能力，可以进一步增强投资者的投资信心和债权人收回债权的信心，有利于企业资金的筹集。

（3）进行现金流量表分析，能够进一步说明企业未来期间获取现金的能力。现金流量表中的经营活动产生的现金流量，代表企业运用其经济资源创造现金流量的能力，分析一定期间内产生的净利润与经营活动产生现金流量的差异，可以进一步评价企业利润的质量。而投资活动产生的现金流量，揭示了企业运用资金产生现金流量的能力。筹资活动产生的现金流量，代表企业通过外部筹资获得现金的能力。现金流量表中的其他财务信息，可用于分析企业未来获取或支付现金的能力。

（4）进行现金流量表分析，能够进一步说明企业投资和理财活动对经营成果和财务状况的影响。资产负债表能够反映企业一定日期的财务状况，它所提供的是静态的财务信息，并不能反映财务状况变动的原因，也不能表明资产、负债给企业带来多少现金，又用去多少现金；利润表虽然反映企业一定期间的经营成果，提供动态的财务信息，但利润表只能反映利润的构成，也不能反映经营活动、投资活动和筹资活动分别给企业带来多少现金、支付多少现金，而且利润表不能反映投资活动和筹资活动的全部事项。

现金流量表提供一定时期现金流入和流出的动态财务信息，表明企业在报告期内由经营活动、投资活动和筹资活动所获得的现金，反映企业获得的这些现金是如何运用的，说明资产、负债及净资产的变动原因，可以对资产负债表和利润表起到补充说明的作用，从而搭建起联系资产负债表和利润表的桥梁。

（5）进行现金流量表分析，能够进一步提供不涉及现金的投资活动和筹资活动的信息。现金流量表除了反映企业与现金有关的投资活动和筹资活动外，还通过附注方式提供不涉及现金的投资活动和筹资活动方面的信息，使财务报表使用者能够全面了解和分析企业的投资和筹资活动。

需要注意的是，虽然现金流量表分析的意义重大，但并不意味着只通过对现金流量表进行分析就能够替代对其他财务报表的分析。现金流量表分析只是企业财务分析的一个方面，现金流量表分析也有其局限性。

三、现金流量表结构分析

现金流量表结构分析，通过观察企业现金的流入来源、流出去向及具体流量金额，可以反映企业生存和可持续发展的能力。

（一）现金流入结构分析

现金流入结构是指经营、投资、筹资 3 项活动分别产生的现金流入量占现金流入总量的比例。现金流入结构分析，有助于企业掌握和理解各项活动产生的现金流对支撑企业经营活动的现金供应情况，比较经营活动产生的现金流是否得到进一步增强或形成结构上的绝对优势，可以进一步揭示企业自身的"造血"能力和经营效率。其计算公式如下。

$$某项活动现金流入比重 = \frac{某项活动现金流入量}{现金流入总量} \times 100\%$$

任务训练 16-3

在网上查找比亚迪公司 2022 年的现金流量表，分析其各项活动现金流入在其现金总流入中的占比。

（二）现金流出结构分析

现金流出结构是指经营、投资、筹资 3 项活动分别产生的现金流出量占现金流出总量的比例。

现金流出结构分析，有助于企业掌握各项活动引起的现金流出结构的比重及比重变化对企业资金供需平衡产生的影响，可以揭示企业资金的主要流出去向。其计算公式如下。

$$某项活动现金流出比重 = \frac{某项活动现金流出量}{现金流出总量} \times 100\%$$

任务训练 16-4

在网上查找比亚迪公司 2022 年的现金流量表，并对比亚迪因筹资活动导致的现金流出进行分析。

素质拓展

《礼记·中庸》有云："凡事豫则立，不豫则废。言前定则不跲，事前定则不困，行前定则不疚，道前定则不穷。"豫，亦作"预"，意思是做任何事情，事前有准备就可以成功，没有准备就会失败。说话先有准备，就不会词穷理屈站不住脚；行事前计划先有定夺，就不会发生错误或让人后悔的事。

在企业经营过程中，也需要结合自身的生产和销售计划、投资需求、筹资能力、现金流量历史信息来对未来期间的现金流入和流出进行预计，即编制现金预算，从而避免因预计不足出现资金短缺或大量资金闲置的不利状况。同时，现金预算编制过程通常以经营活动现金流入和流出预算为重点，基本思路则体现公司的资本结构、现金创造、现金管理、资金筹集及资产配置的相互影响，并形成资金流动的完整循环过程。

（三）现金流入流出比分析

现金流入流出比分析主要针对各项活动导致的现金流入和现金流出比进行分析。

知识拓展

企业根本的现金流量是经营活动产生的现金流量，企业除了要关注经营活动现金流量的结构，同时也要关注经营活动现金流量的质量。

经营活动现金流量质量，是指经营活动现金流量对公司真实经营状况的客观反映程度，以及对公司财务状况与经营成果的改善、对持续经营能力的增强所具有的推动作用，主要包括经营活动现金流量的真实性、充足性、稳定性和成长性 4 个方面。经营活动是公司经济活动的主体，也是公司获取持续资金的基本途径，因此，在公司各类现金流量中，经营活动现金流量显得更为重要。

四、进一步分析企业的偿债能力

企业的绝大多数债务是需要以现有的或未来取得的现金予以偿还的，企业是否有足够的现金偿还债务，一方面考虑企业的现金获取能力，另一方面也需要考虑企业负债率的高低。虽然流动比率、速动比率能反映资产的流动性或偿债能力，但因为真正能用于偿还债务的是现金，所以流动比率、速动比率仍有一定的局限性。分析企业现金流量表，可以进一步了解企业偿还债务的能力。

（一）现金获取能力

现金获取能力通常是指经营活动现金净流入和投入资源的比值，投入资源可以是销售收入、总资产、净营运资金、净资产或流通股股权。另外，也可以通过计算销售现金比率单独分析企业销售商品、提供劳务取得现金的能力。其计算公式如下。

$$销售现金比率=\frac{经营活动现金净流入}{营业收入总额}$$

（二）现金到期债务比

到期债务是指本期即将到期的长期债务和应付票据。若对同业现金到期债务比进行考察，则可以根据该指标的大小判断公司的即期偿债能力。其计算公式如下。

$$现金到期债务比=\frac{现金余额}{本期到期债务金额}$$

（三）每股营业现金流量

每股营业现金流量是指经营活动现金净流入与流通在外的普通股股本数量的比值，可以进一步说明企业进行资本支出和支付股利的能力。其计算公式如下。

$$每股营业现金流量=\frac{经营活动现金净流入}{普通股股本数量}$$

（四）全部资产现金回收率

全部资产现金回收率是经营活动和投资活动现金的流入与全部资产的比值，该指标可进一步说明企业资产产生现金的能力。其计算公式如下。

$$全部资产现金回收率=\frac{经营活动现金流入+投资活动现金流入}{资产总额}\times100\%$$

五、企业发展阶段与现金流量的关系

不同类型的企业及同一企业的不同发展阶段其现金流量往往不同，企业往往可以根据现金流量特征和自身所处的发展阶段预测未来现金需求。

（一）处于初创期的企业

一般而言，处于初创期的企业需要投入大量资金以形成相应生产规模或开拓市场，资金来源只有举债、融资等筹资活动。其现金流量往往表现出以下特征。

（1）经营活动现金净流量为负数（主营业务无盈利或亏损，或经营活动中大量货币资金未回笼）。

（2）投资活动现金净流量为负数（需要大量的投资和研发支出）。

（3）筹资活动现金净流量为正数（需要通过各种途径进行融资）。

（二）处于成长期的企业

处于成长期的企业，一般而言，经营活动现金净流量为正数（经营活动中大量货币资金回笼），投资活动现金净流量为负数（为了扩大市场份额，企业仍大量追加投资），筹资活动现金净流量为负数（仅靠经营活动现金流量净额可能无法满足所需投资，必须筹集必要的外部资金作为补充）。

（三）处于成熟期的企业

处于成熟期的企业，一般而言，经营活动现金净流量为正数（经营活动中大量货币资金回笼），投资活动现金净流量为正数（进入投资收回期），筹资活动现金净流量为负数（需要偿还外部资金，以保持企业良好的资信）。

（四）处于衰退期的企业

处于衰退期的企业，一般而言，经营活动现金净流量为负数（主营业务无盈利或亏损；经营活动中大量货币资金未回笼；市场萎缩，产品销售的市场占有率下降，经营活动现金流入小于流出），投资活动现金净流量为正数（不得不大规模收回投资以弥补现金的不足），筹资活动现金净流量为负数。